アマテラス大神を祀る伊勢神宮内宮の御正殿。
（神宮司庁提供）

新穀を捧げ豊穣に感謝する伊勢神宮の神嘗祭。（神宮司庁提供）

内宮を流れる五十鈴川。かつて神宮に参拝する
人々はこの川で身を清めたという。

遷宮が行なわれている内宮。唯一神明造の本殿がふたつ並ぶのは20年に1度の風景。（G・GERSTER／PPS通信社）

抜穂祭の風景。伊勢神宮では1年を通じて1000以上の神事が行なわれる。（Alamy／PPS通信社）

布教に用いられたといわれる伊勢参詣曼荼羅（両宮曼荼羅）。
（伊勢神宮徴古館提供）

39個の銅鐸が出土した島根県雲南市の加茂岩倉遺跡。
（島根県古代文化センター提供）

358本の銅剣と16本の銅鉾、6個の銅鐸が出土した神庭荒神谷遺跡。銅剣は整然と並べられた状態で発見された。

板絵著色神像に描かれたスサノオの像。社伝によれば893(寛平5)年、巨勢金岡の作といわれる。

（八重垣神社提供）

出雲大社境内の旧本殿跡の発掘で発見された宇受柱。古代の超高層建築の存在が現実のものとなりつつある。

（島根県立古代出雲歴史博物館提供）

オオクニヌシ神の国譲りが行なわれた稲佐浜。現在は、八百万の神々が依り来る神在月、神迎神事の舞台となる。

かつて杵築大社と呼ばれた出雲大社の全景。（島根県古代文化センター提供）

出雲大社の巨大な注連縄。

図説 日本人の源流をたどる！

伊勢神宮と出雲大社

瀧音能之［監修］

青春新書
INTELLIGENCE

はじめに

「伊勢（いせ）」「出雲（いずも）」――。

いずれも旧国名であるが、ほかの旧国名とは違ったイメージがあるように思われる。それは何かしら落ち着くとか、安まるとかといった感情に近いものである。

そうした心持になる背景には、とりもなおさず伊勢神宮（いせじんぐう）と出雲大社（いずもたいしゃ）の存在がある。両社ともいうまでもなく神社の代表といってよい存在であり、参拝したことのない人にもその名前は広く知れわたっている。古代から日本人の篤（あつ）い崇敬（すうけい）を受け、今も「お伊勢さん」、「だいこくさま」といった愛称で多くの人々によって信仰されている。

しかしながら、伊勢神宮と出雲大社について、私たちはどれほどの知識を持っているのであろうかというと、少し心もとない。

たとえば、伊勢神宮の祭神はアマテラス大神とトヨウケ大神である。しかし、伊勢神宮というと、アマテラス大神のイメージがあまりにも強すぎて、トヨウケ大神の名が出ると、おやっと思う人も多いかと思う。

また、出雲大社のある島根県の位置もテレビの情報番組では、その認知度はかなり下位のほうになっていた。

このように見ていくと、伊勢神宮や出雲大社に関して私たちは案外知らないことが多い。そうした疑問の数々に答えるのが本書である。社殿建築、神事、創建の経緯、歴史などテーマを挙げながら、伊勢神宮と出雲大社を比較することで、両社の対称性が浮き彫りになると同時に、一冊で二大神社の概観がわかる一石二鳥の内容としている。また、平易な文章とともに豊富な図版を用いることで、神社や歴史が苦手な人にも手に取りやすいよう心掛けた。

近年、しばしば「癒しの空間」、「聖地」、「パワースポット」といった言葉で神社が取り上げられている。たしかに、樹木に覆われた神社の境内に足を踏み入れると、日常の喧騒から解放され、異空間へと解き放たれた気分になる。ましてや、伊勢神宮、出雲大社といった歴史と伝統を持つ古社の場合はなおさらである。この機会に両社について、その違いを楽しみながらさらによく知ってもらい、時代を生き抜くパワーの源にしていただければ、監修者として望外の幸せである。

瀧音能之

二章 日本の創世と祭祀 59

三章 ヤマト政権と出雲の興亡 81

●本文写真提供／PPS通信社、有限会社ジェノイド・プロトデザイン、大林組、伊勢神宮徴古館、神宮司庁、八重垣神社、金屋子神社、大阪府立弥生文化博物館、斎宮歴史博物館、和鋼博物館、島根県古代文化センター、島根県立古代出雲歴史博物館、松江市役所、熊野市役所、糸魚川市教育委員会、毎日新聞社、瀧音能之
●本文デザインDTP／ハッシィ

序章
伊勢と出雲

伊勢神宮と出雲大社

大和朝廷が奉じた皇祖の社と、
出雲国造が奉じた国津神の大社

❋神社の頂点に君臨する伊勢神宮

全国に約八万社存在するといわれる日本の神社のなかでも、三重県伊勢市に鎮座する伊勢神宮と、島根県出雲市に鎮座する出雲大社は、その代表格として挙げられると同時に、対称的な性格を持つ。まずはそれぞれの神社が経てきた歴史を振り返ってみよう。

古代日本に君臨したヤマト政権が奉じた伊勢神宮は、皇祖神アマテラス大神を祀るがゆえに最も格式の高い神社とされ、内宮と外宮に分かれる。五十鈴川の川上に鎮座する内宮はアマテラスを祀り、山田原に鎮座する外宮は食物の神トヨウケ大神を祀る。両宮にはそれぞれ別宮、摂社、末社、所管社など一二五の宮社が付属しており、それらの総称が伊勢神宮でもある。

その起源は、天孫降臨の際にアマテラス大神がニニギ命に授けた鏡を、長い巡幸ののちに伊勢に祀ったことに由来する。その後、雄略天皇の御世にアマテラス大神の神託により、食物の神、トヨウケ大神が外宮に鎮座した。また、摂社と末社の多くは、内宮鎮座以前か

伊勢神宮内宮の図（平成25年遷宮後）

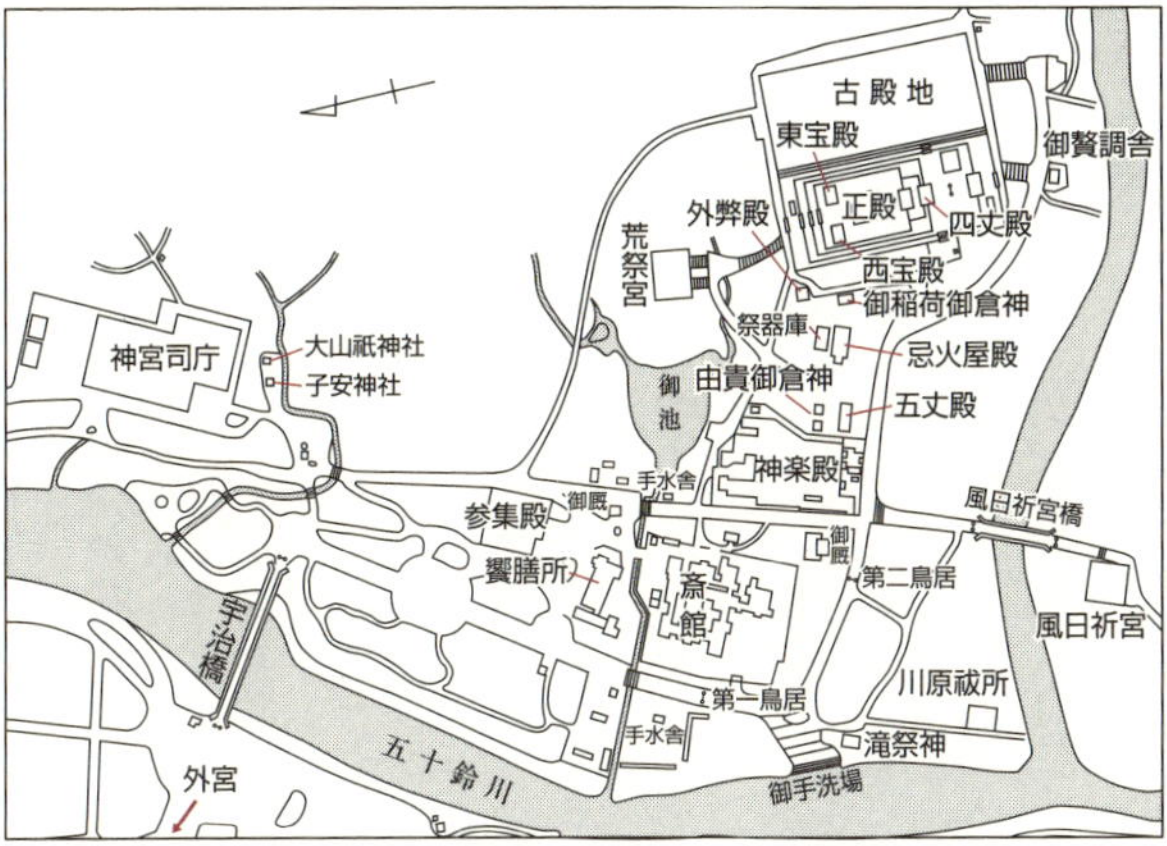

アマテラス大神を祀る伊勢神宮の内宮。広大な境内には多くの別宮や摂社・末社が鎮座している。

ら伊勢の集落ごとに祀られてきた神々が、神宮の鎮座に伴って傘下に入ったものという。

ただし、伊勢神宮が神社の頂点に君臨するのは、七世紀の天武天皇以降のことである。皇祖神アマテラスの信仰を強く打ち出した天武天皇と続く持統天皇により、皇祖の社となり国が奉祭する神社へと神格が高まると、桓武天皇の時代には私幣禁断の神社となり、天皇のみの祭祀しか許されない神社となる。しかし中世以降、律令制度が崩壊すると、貴族、武士階級の参詣が許され、さらには一般庶民にまで開放されるに至る。同時に当初は僧の重源が、近世にかけては御師と呼ばれる神職が伊勢信仰を日本各地に浸透させていった。とくに御師は各地に檀家を持ち、全国を巡って布教に努めたため、一般庶民にも信仰の裾野を広げていった。

やがて、戦国時代が終わり、泰平の江戸時代を迎えると、伊勢信仰は爆発的な人気を獲得していく。伊勢踊りの流行、一生に一度は出かけるという伊勢参りの隆盛、さらには六十年周期で発生する御蔭参りなど、何度かの熱狂的な流行を繰り返しながら、信仰は民衆に根付き、今に至っている。

出雲勢力が崇敬した出雲大社

神庭荒神谷遺跡や加茂岩倉遺跡の発掘調査で大量の青銅器が発見され、近年、祭祀王国として注目を集めている島根県東部の出雲地方。この出雲を象徴する神社が、オオクニヌシ神の鎮座する出雲大社である。かつては杵築大社と呼ばれ、毎年十月には全国の神々がこの大社に参集すると言い伝えられるなど、格式の高さで知られている。

その起源も神話時代にさかのぼり、記・紀（『古事記』『日本書紀』）神話にも登場する。国土を作ったオオクニヌシが、高天原の神々に国土を献上する代償として、自分のために天神のような宮殿の築造を求めた。それが出雲大社だという。そして、オオクニヌシ神の祭祀を命じられたアメノホヒの子孫である出雲国造家が、代々奉祀している。

出雲大社復元図

（復元：株式会社大林組／画：張仁誠）

平安時代の出雲大社本殿の復元。現在の本殿の高さは24メートルであるが、当時の社殿は倍の48メートルを誇り、社殿の前まで湖が迫っていたという。

出雲神話関連地図

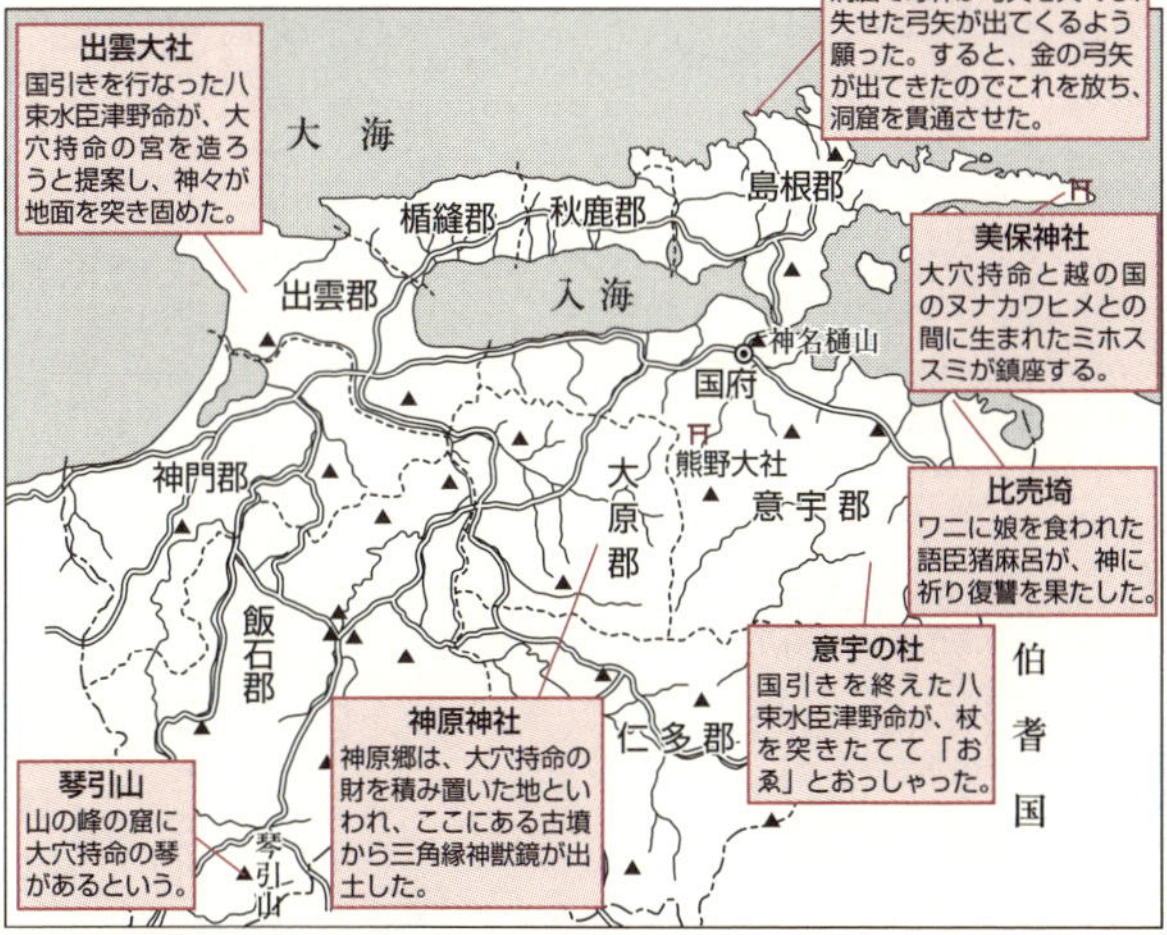

加賀の神埼
佐太大神の誕生地。その際、洞窟で母神が弓矢を失くし、失せた弓矢が出てくるよう願った。すると、金の弓矢が出てきたのでこれを放ち、洞窟を貫通させた。
出雲大社
国引きを行なった八束水臣津野命が、大穴持命の宮を造ろうと提案し、神々が地面を突き固めた。
大　海
島根郡
楯縫郡
秋鹿郡
美保神社
大穴持命と越の国のヌナカワヒメとの間に生まれたミホススミが鎮座する。
出雲郡
入　海
神名樋山
国府
熊野大社
神門郡
大原郡
意宇 郡
比売埼
ワニに娘を食われた語臣猪麻呂が、神に祈り復讐を果たした。
飯石郡
意宇の杜
国引きを終えた八束水臣津野命が、杖を突きたてて「おゑ」とおっしゃった。
伯耆国
神原神社
神原郷は、大穴持命の財を積み置いた地といわれ、ここにある古墳から三角縁神獣鏡が出土した。
仁多郡
琴引山
山の峰の窟に大穴持命の琴があるという。
琴引山

『出雲国風土記』には記・紀神話に記されない神話が数多く記載され、独自の神話世界を形成している。

こうした出雲神話が記・紀に導入されている点から考えても、出雲に宗教王国が存在していた可能性は高いだろう。しかし、一方ではこの神話の裏に隠されたのは出雲の敗北と服属の歴史である。出雲国造家は本来、出雲東部の意宇（おう）の地を本貫（ほんがん）とした一族とされるが、古墳時代にヤマト政権に服属してのち、出雲国造（くにのみやつこ）となり、律令制下では意宇郡大領（たいりょう）（郡司（ぐんじ）の長官）を兼務。その後、西部へと移って杵築大社の奉祀に従事するに至った。

では、ヤマト政権が奉じた伊勢神宮と、出雲の地元勢力が奉じた出雲大社。この両社の持つ特徴と性格の違いから、伊勢、大和（やまと）、出雲の歴史を繙（ひもと）いてみたい。

伊勢・出雲・大和関連年表

弥生時代中期	出雲型銅剣が造られる（神庭荒神谷遺跡）。
弥生時代後期	神庭荒神谷・加茂岩倉遺跡に青銅器が大量埋納・四隅突出型墓が築かれる。
239年	邪馬台国の女王卑弥呼が魏に遣いを送る。
300年頃	高地性集落が盛んに建設される。
4世紀	出雲に古墳が出現する。
500年頃	出雲各地で玉作りが隆盛。
527年	筑紫君磐井の乱が起こる。
550年頃	玉造周辺での玉作りが隆盛。額田部臣銘の鉄刀が作られる。 →岡田山1号墳に埋葬される。
593年	聖徳太子が推古天皇の摂政となる。
645年	中大兄皇子、蘇我入鹿を暗殺。
659年	出雲国造に命じて神の宮を修造させる。 →出雲大社の創建か?
663年	白村江の戦い。
672年	壬申の乱が起こる。
706年	意宇郡の大領を出雲国造が兼任するようになる。
710年	平城京への遷都が行なわれる。
713年	全国に「風土記」の編纂が命じられる。
716年	出雲国造の出雲臣果安が「出雲国造神賀詞」を奏上する。
733年	『出雲国風土記』が成立する。
876年	渤海国使が出雲国に来着する。
1017年	熊野・杵築の両大神一世一代の奉幣を受ける。
1061年	杵築大社が顛倒する。
1110年	杵築大社造営用の巨木100本が稲佐浜に漂着する。
1141年	杵築大社が顛倒する。

一章

伊勢神宮と出雲大社の原像

伊勢神宮と出雲大社の社殿群

他を圧倒する
伊勢・出雲の社の特徴

一二五社が鎮まる広大な神域

日本有数の神社である伊勢神宮と出雲大社は、ともにほかの神社には見られない、独特な社殿構成を持つ。

まず伊勢神宮最大の特徴は、他を圧倒する広大な神域であろう。三重県伊勢市など数市にまたがる広大な神域のなかに、アマテラス大神を祀る皇大神宮（内宮）とトヨウケ大神を祀る豊受大神宮（外宮）の二所大神宮を中心として、十四の別宮、一〇九の摂社・末社・所管社から成り立つ。

内宮と外宮は祭祀、職制などはほぼ共通しているが、神職のひとつ「禰宜」は明治時代まで内宮を荒木田氏、外宮を度会氏がそれぞれ務めてきた。

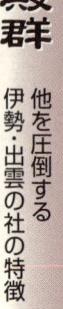

三重県伊勢市を流れる五十鈴川のほとりに鎮座する内宮は、天照皇大神宮、伊須受能宮とも呼ばれ、『日本書紀』によると、前五（垂仁二十五）年、アマテラスが当地を気に入り、ここに鎮まったのを起源とする。別宮としてアマテラスの荒御魂を祀る荒祭宮ほ

広大な敷地を誇る伊勢神宮

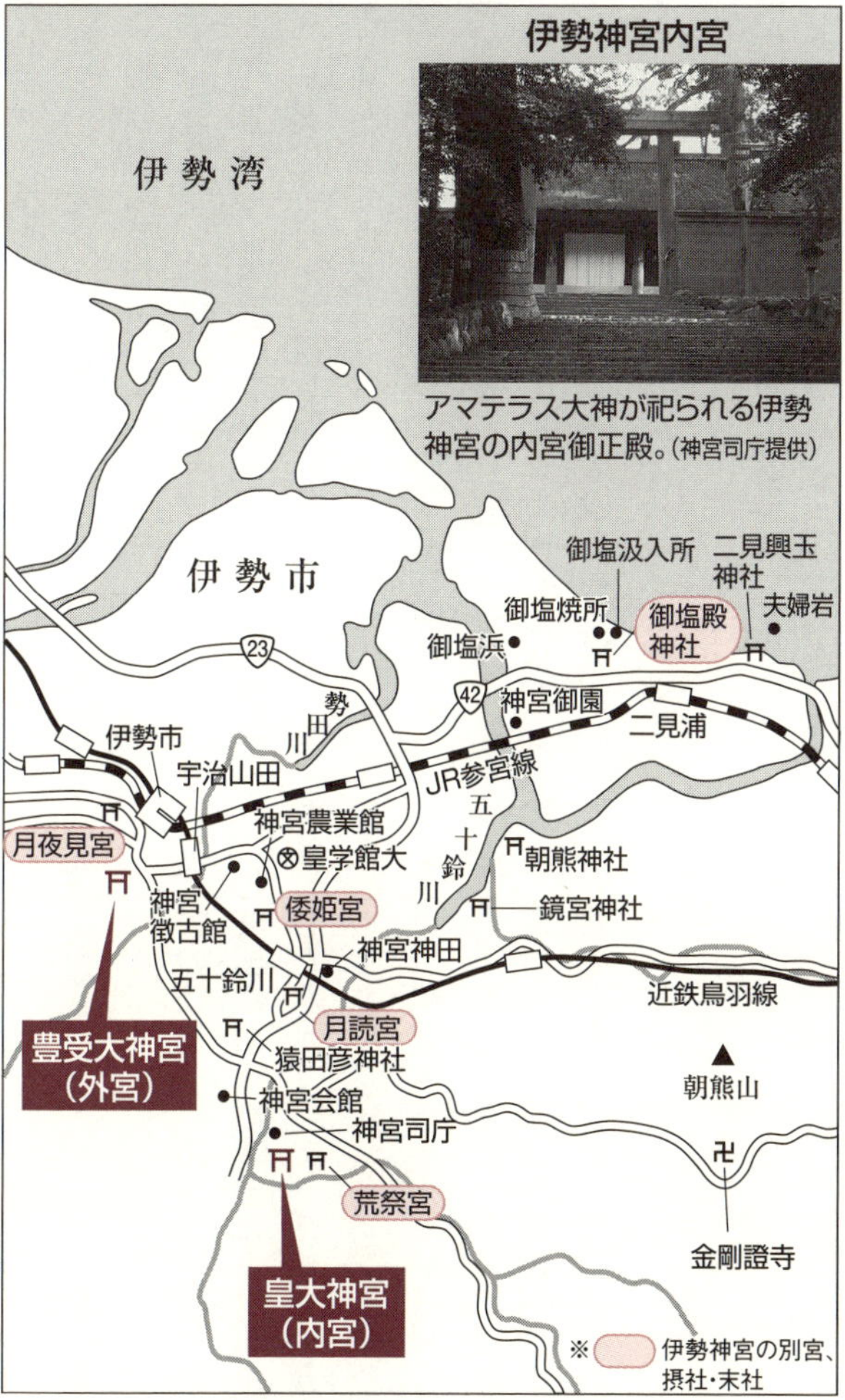

アマテラス大神が祀られる伊勢神宮の内宮御正殿。（神宮司庁提供）

伊勢神宮は日本で最も格の高い神社。内宮・外宮と14の別宮、109の摂社・末社から成り、伊勢市周辺に社殿が点在している。

か月読宮、伊佐奈岐宮などの八宮と二座を持つ。

外宮創建は内宮から遅れること四八二年。四七八（雄略二十二）年に、内宮の北西五キロの地に祀られた。

この起源については記・紀には記載がなく、神道五部書のひとつ『止由気宮儀式帳』に詳しい。雄略天皇の夢のなかにアマテラスが現われ、丹波国比治の真奈井から食物を司るトヨウケ大神を迎えて欲しいとの宣託を下した。それにしたがって、アマテラスに食事を供する神として丹波からトヨウケを迎え入れたというものである。外宮には御饌殿があり、食物を司るトヨウケ大神がここから内宮のアマテラス大神に供奉するのだという。

両宮とも社殿の配置そのものは古来より変動しておらず、主神、相殿神が鎮まる正殿など、建物はすべて一般の神社と同じく南向きである。御垣内の社殿は外宮がやや小ぶりで、両宮の構成については東宝殿と西宝殿が内宮では正殿の前方に、外宮では正殿の後方に配されるなど、若干相違はあるが、ほぼ準じた配置となっている。

西向きに鎮座するオオクニヌシ神

二十四メートルもの高さを誇る壮大な社殿で知られる出雲大社は、明治時代までは杵

トヨウケ大神の前歴

『丹後国風土記』逸文より

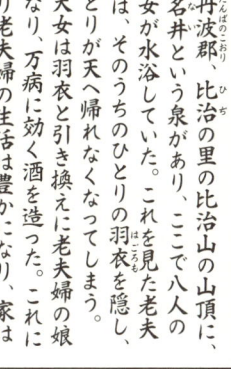

丹波郡、比治の里の比治山の山頂に、真名井という泉があり、ここで八人の天女が水浴していた。これを見た老夫婦は、そのうちのひとりの羽衣を隠し、ひとりが天へ帰れなくなってしまう。

天女は羽衣と引き換えに老夫婦の娘となり、万病に効く酒を造った。これにより老夫婦の生活は豊かになり、家は栄えた。

しかし、老夫婦はやがて娘を疎んじるようになり、ついには家から追い出してしまう。

天女は嘆き悲しみながら丹後をさまよい、竹野郡の奈具に至って鎮座した。この天女が豊宇賀能売命であるという。

築大社と称されてきた。祭神は国作りを成し遂げたオオクニヌシ神。その縁起は、オオクニヌシがアマテラスの子孫である皇祖ニニギ命に国土を譲り渡し、自らは大社に隠棲したという伝承に基づく。このときオオクニヌシのために建てられた宮殿、天日隅宮（『日本書紀』）が出雲大社の起源である。

本殿にはオオクニヌシ神のほか、アメノトコタチ神、ウマシアシカビヒコジ神、カムムスヒ神、タカミムスヒ神、アメノミナカヌシ神といった客座五神も祀られているが、じつはその社殿の向きに特色がある。神社の神座はたいてい参拝者に対して真正面を向いているものだが、出雲大社の本殿は南向きながら、なぜか神座が西向きなのである。したがって、参拝者に対して御神体は横を向いており、側面から拝む形になってしまう。では、なぜ神座が西向きになっているのだろうか。古くは異国防御のためという説や、本州の南西を守護するためなどという説が挙げられた。またはオオクニヌシの父スサノオを祀る素鵞社が御本殿の後方にあるため、尻を向けないように遠慮したという説もある。

さらに、海が意識されているという考えもある。出雲大社の西方には日本海が広がっており、その先には九州・朝鮮半島が位置している。オオクニヌシは農耕神・開拓神といった内陸性の性格が強調されるが、海との関係もたしかに見逃せないものがある。

なお、出雲大社も多くの摂社や末社を持つが、出雲ならではの社といえるのが十九社だ。これは拝殿と本殿を囲む廻廊の東西両側に並ぶ細長い建物を指すが、じつは普段神様はいない。旧暦十月に縁結びなどを相談するために全国から出雲に集まる神のための宿舎なのである。その後方には大社の祭祀を担う出雲国造家の祖神であるアメノホヒを祀る摂社や、ウカノミタマを祭神とし、古伝新嘗祭に使用する釜が収められた末社が建つ。本殿の廻廊内には宗像三女神の一神でオオクニヌシの妃となったタキリビメが祀られた摂社・筑紫社や、オオクニヌシの正妻スセリビメを祭神とする御向社などが配されている。

出雲大社の社殿配置と本殿の構図

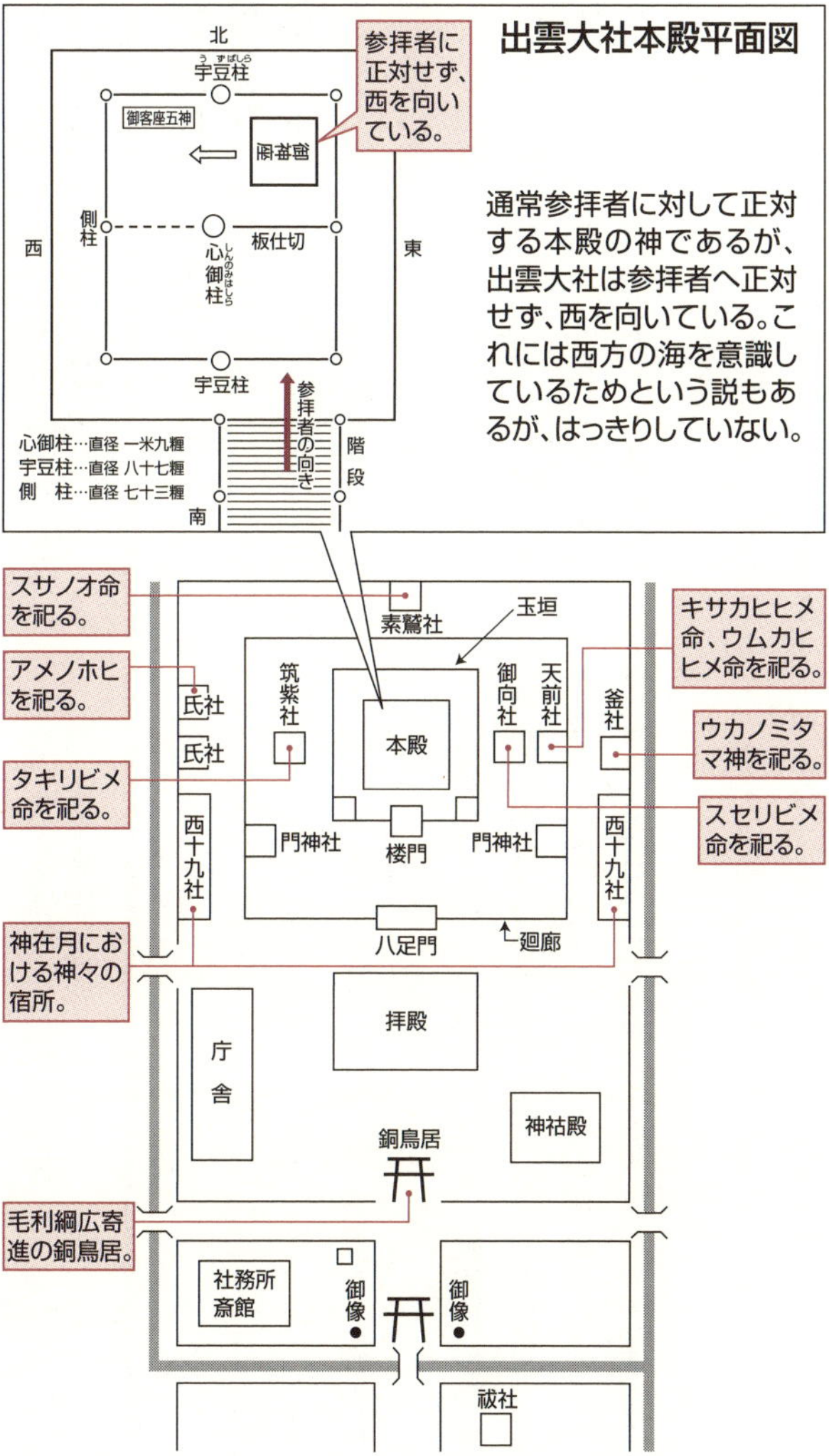

通常参拝者に対して正対する本殿の神であるが、出雲大社は参拝者へ正対せず、西を向いている。これには西方の海を意識しているためという説もあるが、はっきりしていない。

神明造と大社造

式年遷宮により伝えられた最古の建築様式

神社の代表的建築様式

出雲大社と伊勢神宮の社殿は、一定期間ごとに忠実に建て替えられる遷宮により最古の社殿様式が脈々と伝えられ、今日に至っている。伊勢神宮の構造は「神明造」、出雲大社の方は「大社造」と称されるそれぞれ異なる建築様式で、両社本殿には共通して神の依り代と伝わる心御柱がある。

ふたつの様式はともに屋根の頂点にある水平材の棟と軒の長さが同じで、両側に屋根が半開き状に広がった切妻造の構造を持つ。屋根が平行に見える方を平、三角形に見える方を妻といい、大社造と神明造の相違点はこの切妻造の向きにある。神明造は神殿の平の部分が正面になる「平入り」構造であり、大社造は屋根の三角の面が正面になる「妻入り」構造になっているのが特徴だ。

このほかにも細かい違いはいくつかあるが、まずは神明造から見てみよう。

平入りの神明造の屋根は、反りを持たず平面になっている。破風が屋根を貫いた千木が

神明造と大社造

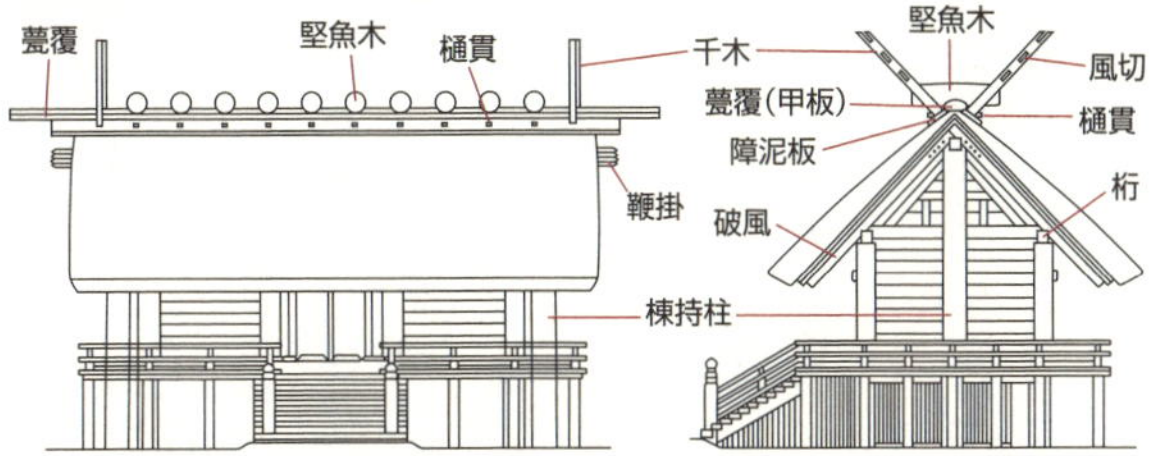

神明造(伊勢神宮内宮本殿)

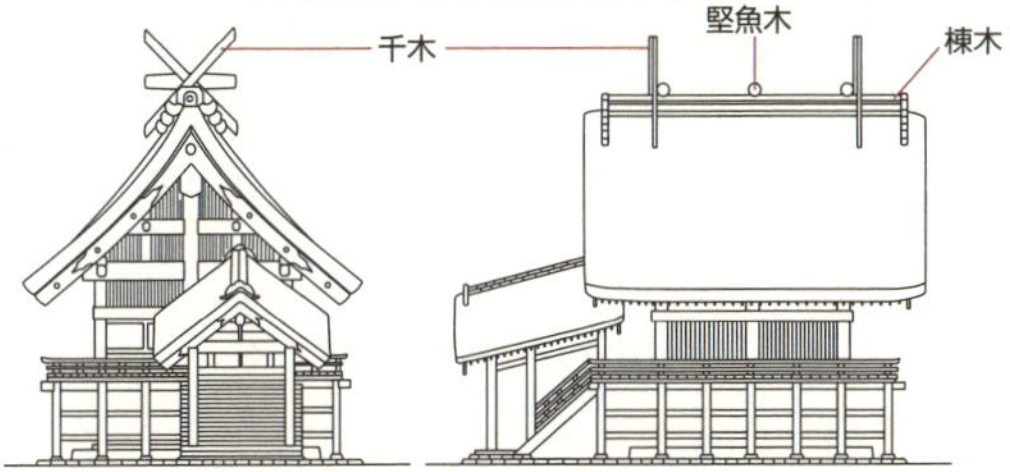

大社造(出雲大社本殿)

伊勢神宮、出雲大社ともに社殿建築を代表する神殿である。とくに伊勢神宮は、建築家ブルーノ・タウトの絶賛を受けたこともある。神殿の屋根と平行な面が正面となる「平入り」構造の社殿である。一方の出雲大社は、神殿の屋根の三角形を成す面が正面となる「妻入り」の構造となっている。

コラム　目立たないシンボル「心御柱」

伊勢神宮では遷宮の際、最初の神事となるのが心御柱を伐採することである。心御柱は、神が降りてくると考えられた神の依り代で、起源はヒモロギ（榊などで作った神の寄坐）ともいう。神殿のなかで最も大切な部分であり、かつて伊勢神宮では心御柱が倒壊した際には、臨時の遷宮が行なわれた。心御柱は出雲の大社造では棟に向かって伸びているが、伊勢神宮の神明造は地下から床の下までしかなく、そのため象徴的な存在ともいわれている。

伸び、棟上に堅魚木が並ぶ。礎石を地下に埋め、その上に柱を建てる掘っ立て式で、太い棟持柱が棟木を支え、中心の心御柱は、床の下から地表下に埋められている。

一方、妻入りの大社造は屋根に軽い反りを持ち、柱は正方形平面に九本の柱が三本ずつ建つ。中心にある太い心御柱は棟までしっかり通っているのが特徴である。

じつは大社造は建築史上、技術革新をもたらした画期的な方法だった。『古代を考える　出雲』（上田正昭編　吉川弘文館）によると、切妻造は妻壁上部の三角形の部分を完全に塞ぐことができなかったが、大社造は妻部分を張り込むことに成功したのだという。すると室内の暖房が可能になるため、煙出しが不要になったが、煙出しがなければ萱葺きは傷みが早く、長持ちしない。それが出雲大社のような檜皮葺き屋根を発達させる要因となり、萱葺きの一般民家と異なる建築を生み出した。同書は遷宮を前提とした伊勢神宮と異なり、出雲大社は永久建築を目指した日本最古の建物だったと推察している。

※神殿が高床式になったわけ

前出の『古代を考える　出雲』によると、神社建築は日本の思想上の大きな転換を示す表象もなったという。

主な神明造と大社造

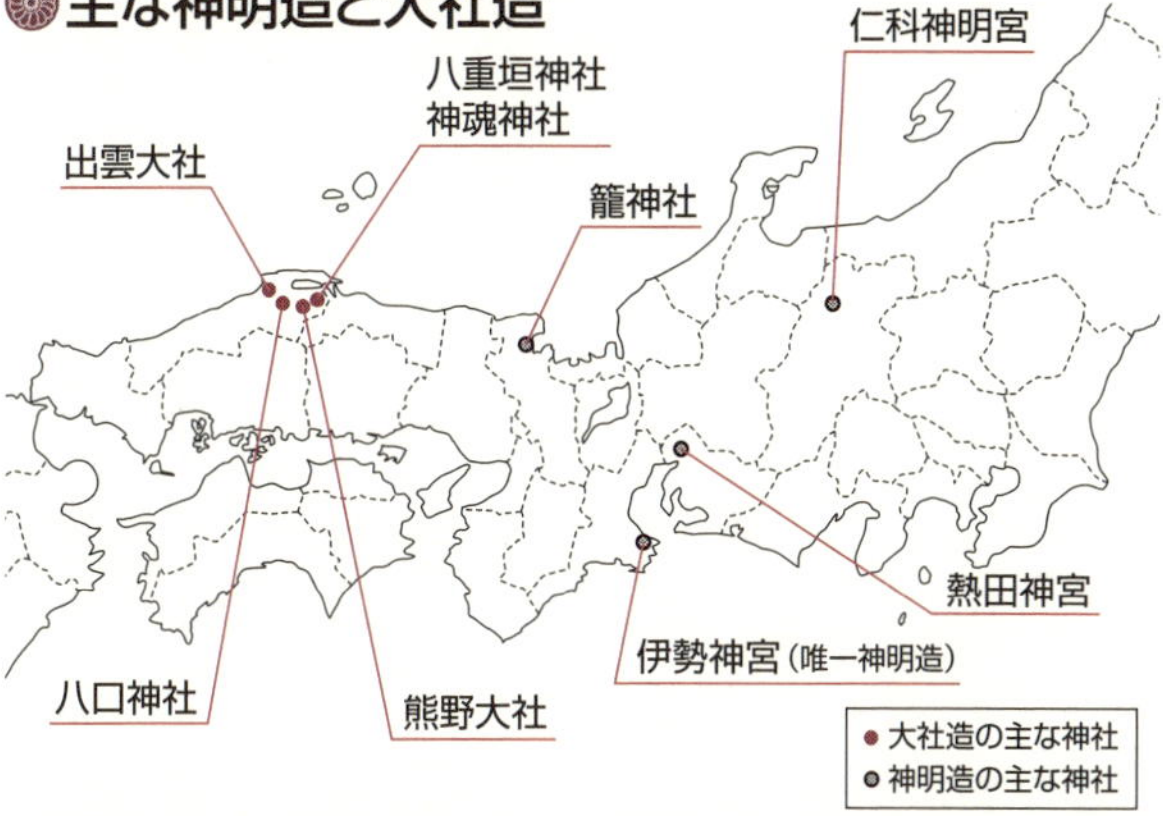

伊勢神宮の社殿建築を起源とする神明造は全国に広がるが、伊勢神宮のものだけは古式に厳格な独自のもので、唯一神明造と呼ばれる。また、出雲大社の大社造の神社は、山陰地方を中心に見られる。

かつて大地と一体になった古墳が大王(おおきみ)の象徴とされたが、時代が下るにつれ、死と結びつく地面から切り離した高床宮殿が天皇の象徴となっていった。神社にも見られる高床(たかゆか)式建築は、当時の新しい思想に基づいた最新鋭の建築様式だったのである。

出雲では『日本書紀』に見られるように、オオクニヌシ神が国を譲り、身を隠す代わりに、天子の宮殿である高床宮殿と同じような高床の神殿、出雲大社の造営が行なわれている。

出雲は国譲りの重要な舞台である、という強い思いを持っていた出雲の人々は、大社造を生み出した伝統と気概をもとに、聳(そび)え立つような出雲大社を生み出していったようだ。

神殿建築の謎

四十メートルを超える巨大神殿は実在したか

※比類なき高層神殿の真実

最古の建築様式を伝承している出雲大社と伊勢神宮の社殿にはともに大きな謎がある。出雲大社の社殿は、現在も高さ二十四メートルとかなりの高層神殿だが、社伝によれば、中古は倍の四十八メートル、上古はさらに倍の九十六メートルという想像を絶する高さだったといわれてきた。あまりの高さゆえに現実的ではないとみなされてきたが、中古の四十八メートルの高さについてはまったく根拠がないわけではない。

有力な根拠は次のふたつ。ひとつ目は平安中期の九七〇年に源為憲が著した『口遊』にある「雲太・和二・京三」の記事である。これは当時の高層建築の順位で、一番目が出雲大社、二番目が東大寺大仏殿、三番目が平安京の大極殿を示す。東大寺が四十五メートルの高さだったため、一位の出雲大社に四十八メートルの高さがあったとしても不思議ではない。

ふたつ目は出雲国造家の千家家に伝わる『金輪造営図』（出雲大社の図面）に描かれた

雲太・和二・京三

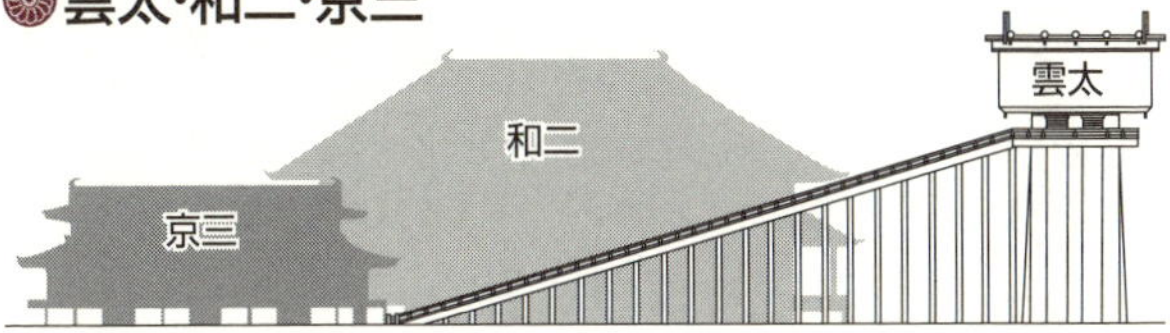

平安時代に源為憲が著した『口遊』のなかに、「雲太、和二、京三」という当時の高い建物の順位を表わした記述があり、これはそれぞれ出雲大社（出雲）、東大寺大仏殿（大和）、大極殿（京）を示している。

出雲大社本殿分解図

高さが16丈あった当時の出雲大社に詣でるには、100メートルを超える長いスロープ状の階段をのぼり、ようやく神殿に至った。神殿の間取りは現在と変わらないが、これを支える9本の柱は、大木を3本も組み合わせて造られていた。

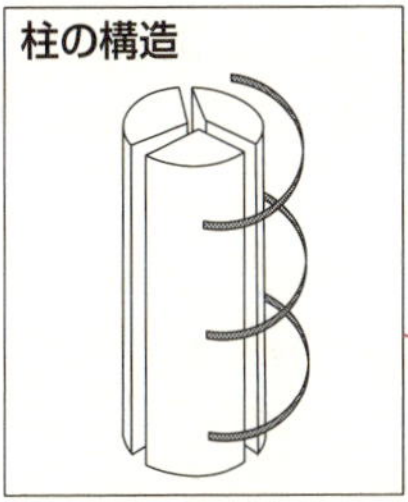

巨木を3本組み合わせて縛り、長大な柱を造る。

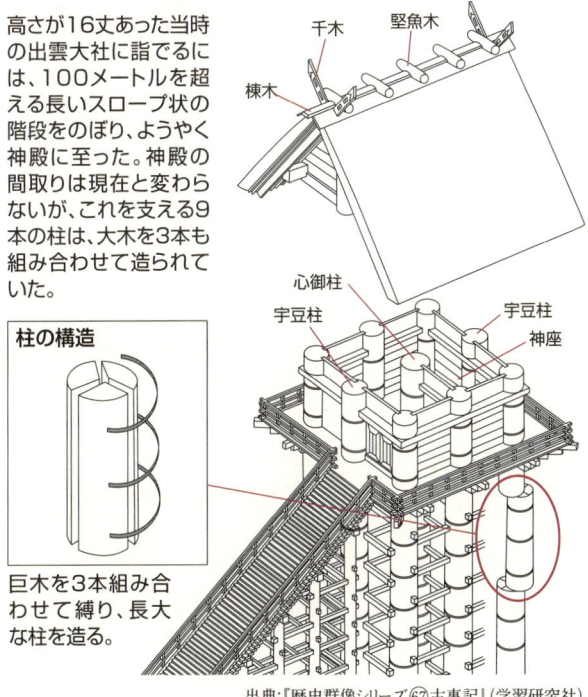

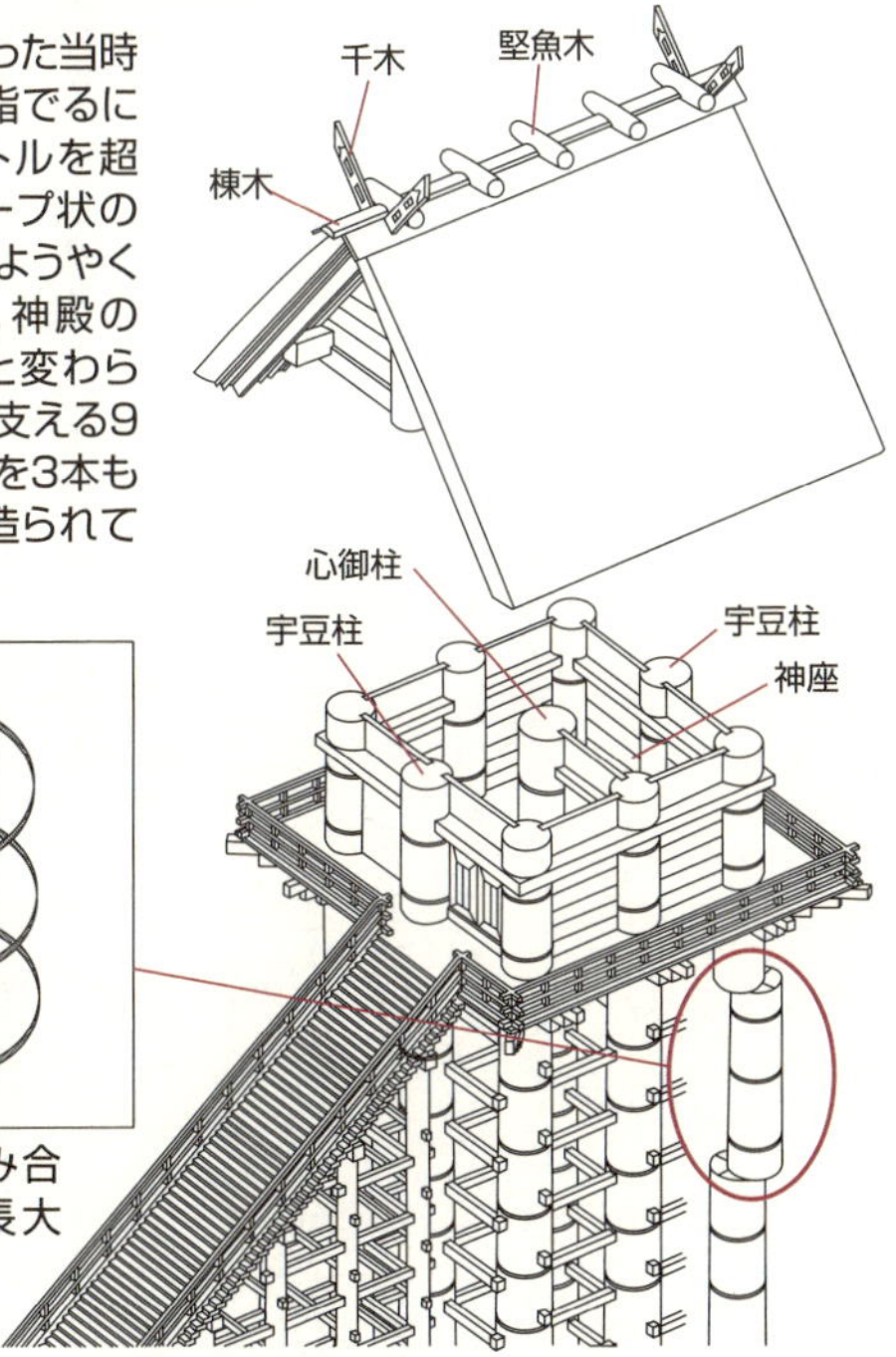

出典：『歴史群像シリーズ㊼古事記』（学習研究社）

柱の断面図である。これには九本の柱の断面を描いた円のなかに三本の小さな円が記されており、大きな円の直径が三メートル以上。小さな柱を三本束ね、太い柱にして使ったと推測されるが、これほど大きな柱を使った建物ならば高層建築だった可能性も高いという。

そのほかにも平安期以降には出雲大社の転倒記録が頻出するなど、これらの諸条件から、高層建築の実在が有力視されたが、あくまで伝説の域を出なかった。

ところが二〇〇〇(平成十二)年、ついに鎌倉時代初期の遺構が発見され、伝説が事実となりつつある。出雲大社の発掘調査で、三本の柱を合わせた直径三メートルにもなる巨大柱の痕跡が、古代の神殿跡と見られる地表下から出現したのだ。この巨大柱は神殿を支える九本柱のうちの一本であることも判明し、高層建築が実在した可能性が高くなった。

じつは古代の出雲大社が巨大建造物だったとしても驚くにはあたらない。というのも古代、日本海沿岸には巨木信仰が発達し、巨大な建物跡の遺構がいくつか発見されている。巨木信仰の集大成として、高層の出雲大社が誕生していても不思議ではないだろう。

外宮の祭神は男神だったのか

伊勢神宮については内宮と外宮の正殿の造りの違いが謎とされてきた。そのひとつが屋

伊勢神宮のふたつの本殿

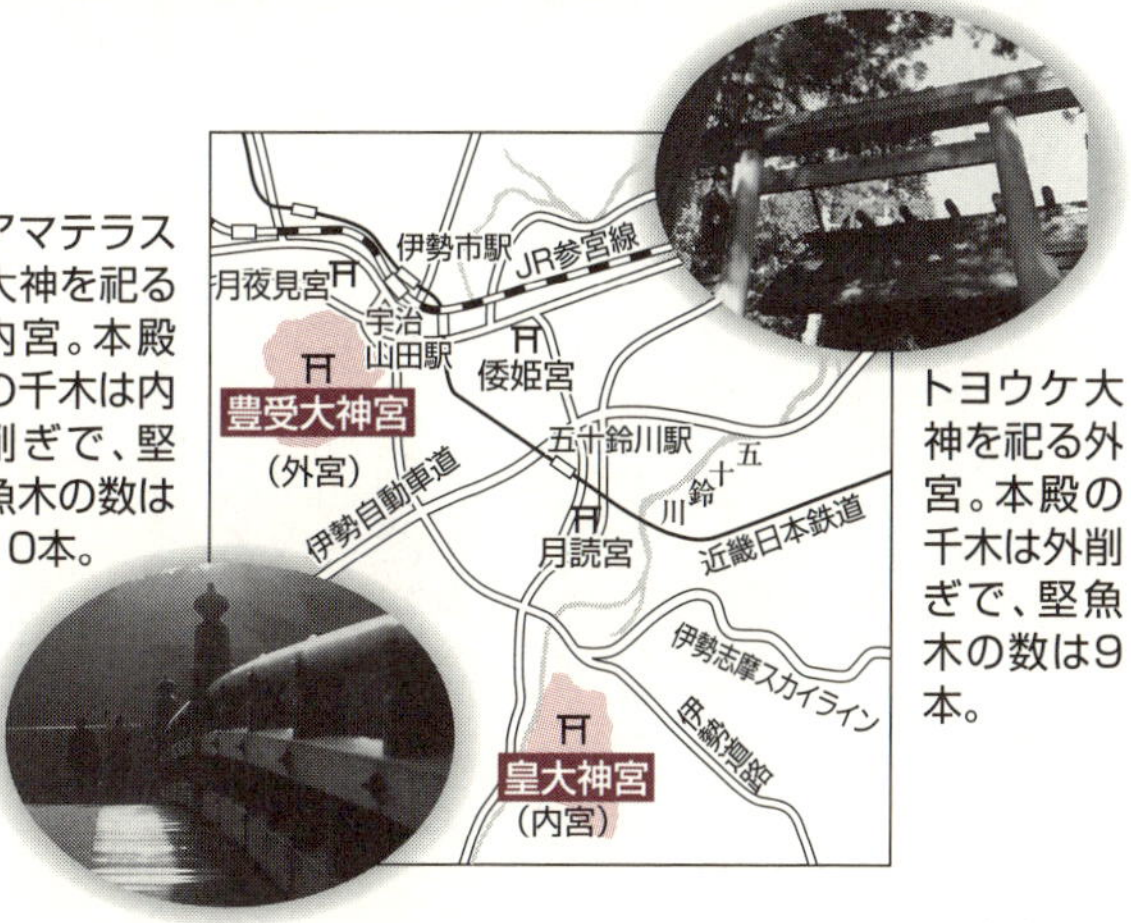

アマテラス大神を祀る内宮。本殿の千木は内削ぎで、堅魚木の数は10本。

トヨウケ大神を祀る外宮。本殿の千木は外削ぎで、堅魚木の数は9本。

根の端に突き出たように延びる千木である。神社では一般的に、男神を祀る場合は千木の先端は垂直に切る外削（そとそ）ぎであり、女神を祀る場合は水平に切る内削（うちそ）ぎとなっており、出雲大社の場合もこの原則に準じている。

ところが伊勢神宮の場合は、両宮とも女神を祀る神社であるにもかかわらず、内宮の千木は内削ぎながら、外宮のものは外削ぎなのである。その理由については諸説あるが、松前健氏は外宮がトヨウケ大神を祀る前は男神を祀っていたのではないかと推察している。

屋根の上の堅魚木も内宮は十本（偶数）、外宮は九本（奇数）など、内宮と外宮がつねに対称的な関係にあることを考えれば、その可能性も否定できない。

遷宮

二十年に一度行なわれる
その理由とは

※遷宮によって維持される清浄な神域

伊勢神宮では二十年に一度式年遷宮が行なわれる。式年遷宮とは一定期間ごとに社殿を建て替えて、神霊を旧神殿から新神殿へと移す神社特有の儀式のことで、かつては住吉大社や鹿島神宮、香取神宮などでも行なわれていた。遷宮に先立って建物を新造し、装束や神宝も一新し、祭神を移す際には遷宮祭が行なわれる。『大神宮諸国雑記』などの資料によると、伊勢神宮の遷宮は六九〇（持統四）年に始まり、二十年に一度行なう旨が記されている。それ以降、数年の遅れや戦国時代に中断はあったものの、伝統は綿々と受け継がれ、二〇一三（平成二十五）年には六十二回目の遷宮が執り行なわれる予定である。

いまや伊勢神宮の重要な儀式となった式年遷宮だが、遷宮が行なわれる理由についてははっきりしていない。

理由のひとつは、掘っ立て柱に萱葺き屋根、素木造りの建物の耐久性の問題が挙げられるが、それだけの理由ならばわざわざ建て替えずとも部分補修で足りるという指摘も多い。

『昭和四年度御遷宮絵巻』（伊勢神宮所蔵）

30に及ぶ遷宮の行事

20年に1回の式年遷宮であるが、それまでに約8年にわたって30に及ぶ祭儀が行なわれていく。

- 山口祭（やまぐちさい）
- ↓ 木本祭（このもとさい）
- ↓ 御杣始祭（みそまはじめさい）
- ↓ 御樋代木奉曳式（みひしろぎほうえいしき）
- ↓ 御船代祭（みふなしろさい）
- ↓ 御木曳初式（おきひきぞめしき）
- ↓ 木造始祭（こづくりはじめさい）
- ↓ 御木曳行事（おきひきぎょうじ）（第一次）
- ↓ 仮御樋代木伐採式（かりみひしろぎばっさいしき）
- ↓ 御木曳行事（おきひきぎょうじ）（第二次）
- ↓ 鎮地祭（ちんちさい）
- → 宇治橋渡始式（うじばしわたりはじめしき）
  内宮の宇治橋を新しく架け替える。渡女を先頭に全国から選ばれた三代揃いの夫婦が渡り初めを行なう。
- ↓ 立柱祭（りっちゅうさい）
- ↓ 御形祭（ごぎょうさい）
- ↓ 上棟祭（じょうとうさい）
- ↓ 檐付祭（のきつけさい）
- ↓ 甍祭（いらかさい）
- ↓ 御白石持行事（おしらいしもちぎょうじ）
- ↓ 御戸祭（みとさい）
- ↓ 御船代奉納式（みふなしろほうのうしき）
- ↓ 洗清（あらいきよめ）
- ↓ 心御柱奉建（しんのみはしらほうけん）
- → 杵築祭（こつきさい）
- ↓ 後鎮祭（ごちんさい）
- ↓ 御装束神宝読合（おんしょうぞくしんぽうとくごう）
- ↓ 川原大祓（かわらおおはらい）
- ↓ 御飾（おかざり）
- ↓ 遷御（せんぎょ）
  大御神が神殿へと移る、遷宮中でも重要な行事。
- ↓ 大御饌（おおみけ）
- ↓ 奉幣（ほうへい）
- ↓ 古物渡（こもつわたし）
- ↓ 御神楽御饌（みかぐらみけ）
- ↓ 御神楽（みかぐら）

また、特別な技術を要する宮大工(みやだいく)など職人技術の伝承という観点から二十年ごとに建て替えるという説もある。生物が親から子へと新たな命として受け継いでいくように、伝統や技術も綿々と伝えられて新たに甦(よみがえ)る。この世代間の伝承を成立させるために、二十年が適当だと判断されたのだという。

さらに、神がおわす空間を清浄に保つためという説もある。古来の神社は祭事のときだけ社殿を設けるという移動式のため、常に神を迎えるにふさわしい真新しい空間が造り出されていた。しかし、社殿が営まれるようになり、その規模が大きくなると毎年の新造は難しくなった。そこで二十年ごとに建て替えて、定期的に清浄な空間へと移し替えたのだという。その背景には太陽が昇って沈むように、稲を月満ちて刈り取るように、すべての物事は死と再生を繰り返して永遠に続くという日本古来の思想も潜んでいた。

日本の国の神も二十年ごとに再生し、若々しく栄え続けてほしいという意図がこめられていたのだろう。

甦った出雲大社の本殿

一方、出雲大社は一定期間に建て替えられる式年遷宮はないが、一応、六十年に一度、

出雲大社本殿の位置変遷

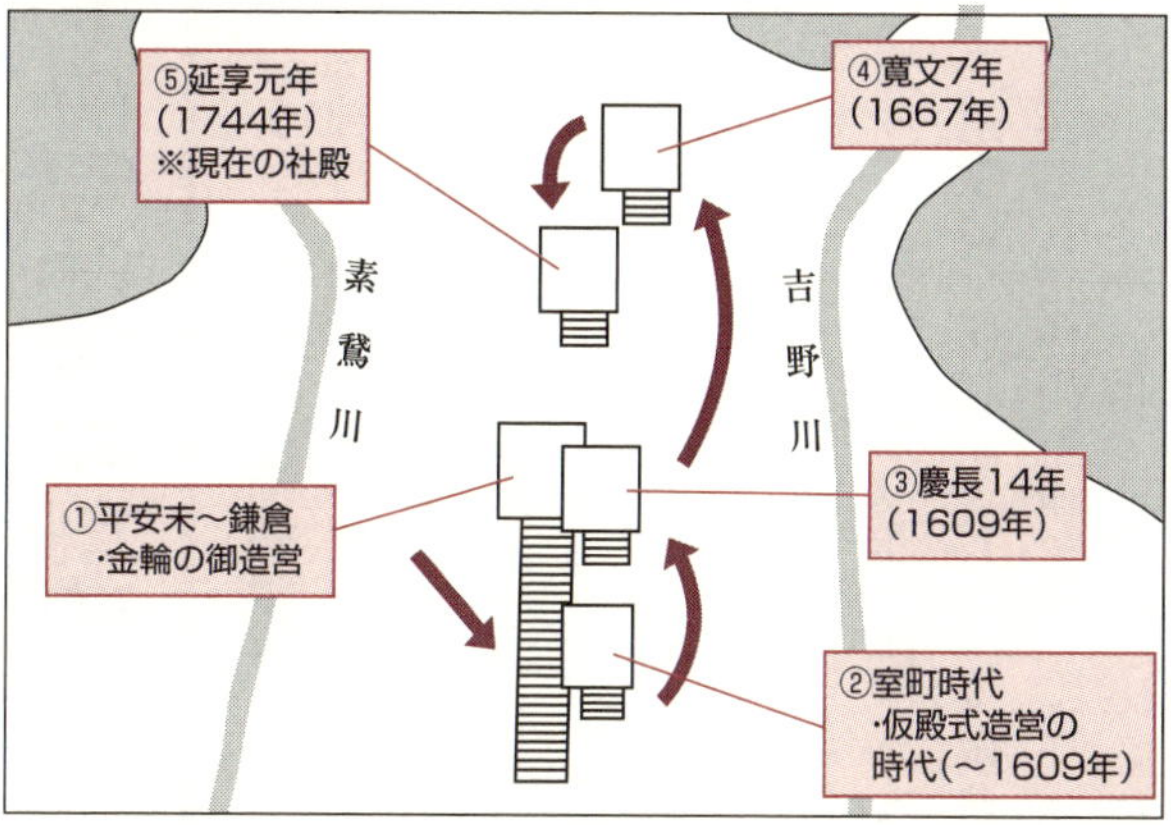

出雲大社は建て直されるたびに場所を移してきたが、次第に規模を縮小していった。

遷宮する慣例になっていた。江戸時代までは遷宮の都度、規模などを変えていたが、中世には面積、高さともに規模が縮小され「仮殿式」と称された建物が建造された。

大規模な神殿が復活したのは江戸時代に入った一六六七（寛文七）年である。高さは往時の半分の二十四メートルながら、面積はほぼ本来の姿に匹敵する神殿を「正殿式」として復活させ遷宮した。その形を踏襲して一七四四（延享元）年に造営されたのが現在の本殿である。

その後、一八〇九（文化六）年、一八八一（明治十四）年、一九五三（昭和二十八）年と三度の遷宮（屋根などの葺き替え）が実施され、現在に至っている。

伊勢神宮の創建

日本神話に彩られた神宮創建の謎と真実

❋アマテラスの巡幸と伊勢鎮座

伊勢神宮の創建については、『日本書紀』に記・紀では第十代崇神天皇から第十一代垂仁天皇の時代とする記事があり、また、伊勢神道の『倭姫命世記』では大和から伊勢に至るアマテラスと倭姫命の巡幸が詳細に記されている。

『日本書紀』によれば、前九十二（崇神六）年、アマテラス大神の魂である八咫鏡を皇居から大和国笠縫邑に遷座させて皇女・豊鍬入姫を祭司者に任じた。次の垂仁天皇の御世、皇女・倭姫は、豊鍬入姫の跡を受けてアマテラスが鎮まる聖地を求めて各地を巡幸する。美濃を経て伊勢まで来たとき、アマテラスが「伊勢はよい国だ。私はここに留まりたい」と仰せられたので伊勢の五十鈴川のほとりに祠を建てた。これが内宮の起源である。

この巡幸には異説がある。『倭姫命世記』では、豊鍬入姫は笠縫邑から丹波や吉備を、後事を託された倭姫も伊賀、美濃、尾張などを巡幸し、二代にわたる漂泊の末、伊勢に至るという壮大なドラマで語られている。また、この伝承から、伊勢鎮座以前にアマテラ

『倭姫命世記』による倭姫とアマテラスの巡幸

籠神社

吉佐宮跡と伝わる丹後の籠神社。天上界から水を引いたといわれる真名井神社もあり、アマテラス誕生の地とも伝わる。

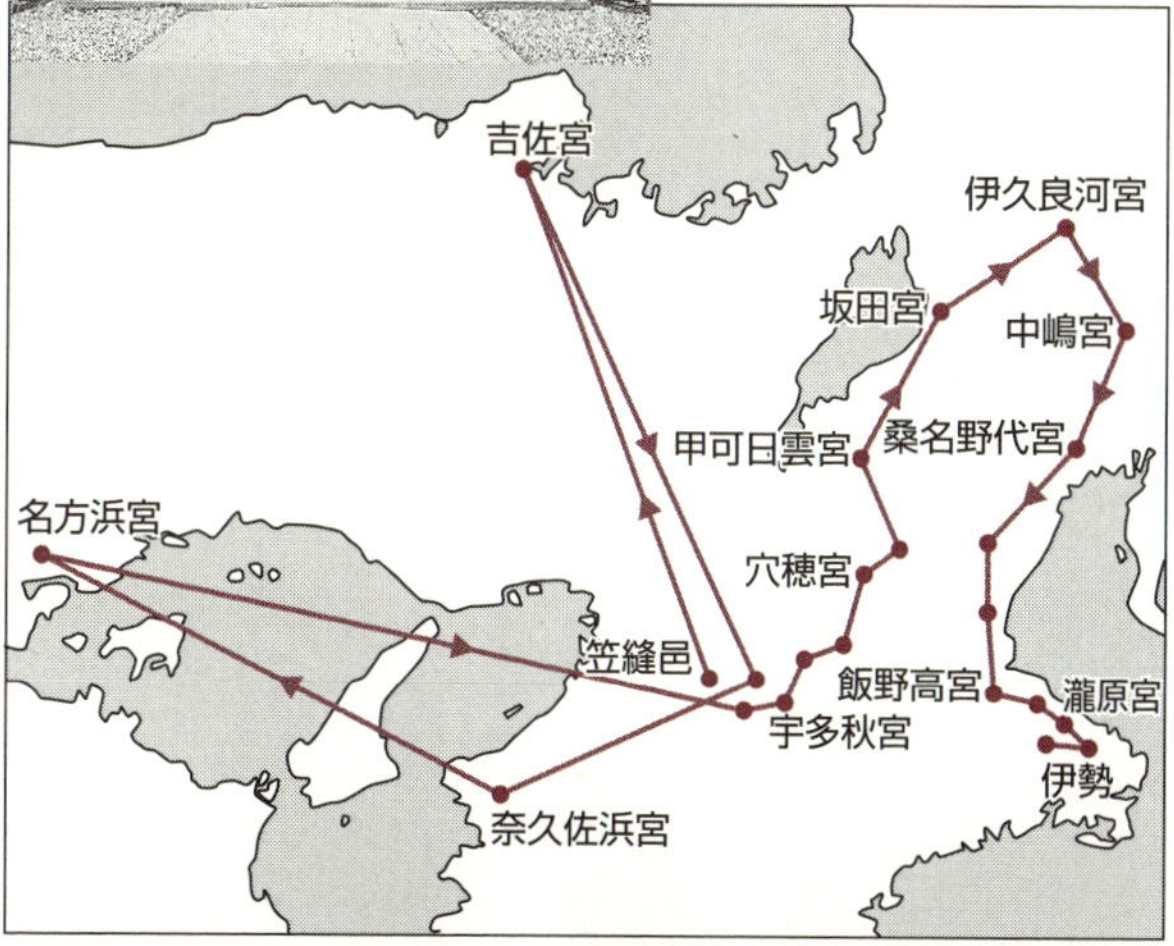

『倭姫命世記』には中国地方から中部地方にわたる、天照大神の鎮座地を探しての倭姫の巡幸の経過が詳細に記されている。この伝承に基づき、アマテラス大神が通った場所には元伊勢が存在している。

瀧原宮

伊勢に鎮座する直前にアマテラス大神が鎮座した瀧原宮。

スが鎮まった地に、丹波の籠神社など「元伊勢」を称する古社が多く生まれた。

※天孫降臨神話を生んだ歴史的背景

しかしこれはあくまでも伝承であり、伊勢神宮の成立は六七二（天武元）年の壬申の乱後とする説が有力だ。

壬申の乱は天智天皇の崩御後、大海人皇子と大友皇子が繰り広げた、皇位を巡る内乱だが、同時にこの戦いはアマテラス信仰の大きな転機となった。というのも大海人皇子は伊勢の朝明郡の迹太川のほとりでアマテラスを遥拝し戦勝を祈ったとされ、この加護のおかげか勝利を収めると、六七二（天武元）年、斎王（42ページ）として皇女の大伯皇女を伊勢へ派遣した。

これらは天武天皇（大海人皇子）がアマテラス信仰を強く打ち出したことを意味している。天武天皇は、天皇が天神の子孫であるというアマテラス信仰を王権の根拠として、天皇の神格化をはかったのである。そのため、「大王」から「天皇」への改称も行なった。その信仰は次の持統天皇（天武天皇の皇后）にも受け継がれる。愛息・草壁皇子の早世後、自ら即位した女帝は、アマテラス信仰を軸に天皇の神聖性を強めると、同時に、孫軽皇子への

天武・持統朝の伊勢神宮関連記事

天武	672(天武元)年	6月、壬申の乱に際して伊勢国朝明郡に至った大海人皇子が、天照大神を遥拝した。
	673(天武2)年	4月、大伯皇女を天照太神宮に遣わせようとして、泊瀬の斎宮にいたらしめる。
	674(天武3)年	10月、大伯皇女が泊瀬の斎宮から伊勢神宮へ向かう。
	675(天武4)年	2月、十市皇女と阿閉皇女が伊勢神宮へ参向する。
	678(天武7)年	4月、天皇、斎宮へ行幸するべく占トを行なう。
持統	686(朱鳥元)年	4月、天皇、多紀皇女、山背姫王、石川夫人を伊勢神宮に遣わす。
	692(持統6)年	3月、天皇、中納言三輪朝臣高市麻呂の諫言を振り切り、伊勢神宮へ行幸を行なう。 5月、御幣を伊勢・大倭・住吉・紀伊の大神に奉らしめた。

皇位継承を正当化しようと強い意志を持って臨んでいた。その意志は神話にも反映される。アマテラスは持統天皇をモデルとし、アマテラスが孫神であるニニギに天孫降臨を命じたのは、持統天皇が孫の軽皇子へ皇位を継承する形式を反映したものとみるわけである。

そのアマテラス信仰の核となったのが伊勢神宮である。社殿の造営時期は定かではないが、持統天皇が伊勢行幸をした六九二（持統六）年には完成していたようだ。

その意味で正式に開創したのは六九八（文武二）年といえようが、そこにも皇位を継承した文武天皇（軽皇子）の手によって開創することに意義があるという持統天皇の意志が見て取れる。

出雲大社の創建

記・紀と風土記で異なるその記述

天を衝く巨大神殿はなぜ建てられたのか

伊勢神宮同様、出雲大社の創建も神話に彩られている。記・紀、『出雲国風土記』とも、神話時代にオオクニヌシ神のために壮大な宮殿が建てられたというが、その経緯の詳細は異なる。

『古事記』では、国土を造りたもうたオオクニヌシは、国譲りを迫る高天原の神に対し、天子の御殿のような住処を建設してくれるのならば国を献上し、天子に仕えると答え、そこで天の神々が出雲の多芸志に立派な御殿を建てた。これが出雲大社の起源だという。『日本書紀』でも、宮殿に関しては天子のものである高床宮殿という但し書きがつけられている。両書ともに国譲りの代償として建てられたと記しているのだ。

一方、『出雲国風土記』は楯縫の郷にカムムスヒ神の命で神々が大社を作ったという記事があるものの、杵築の郷では出雲の神々が自らの発意で宮殿を建てたとする。ここでは国引きを行なったヤツカミズオミヅノ命が、国土を造った大神の宮を造ろうと申し出たと

古代出雲の地形と国造家が奉じた二大社

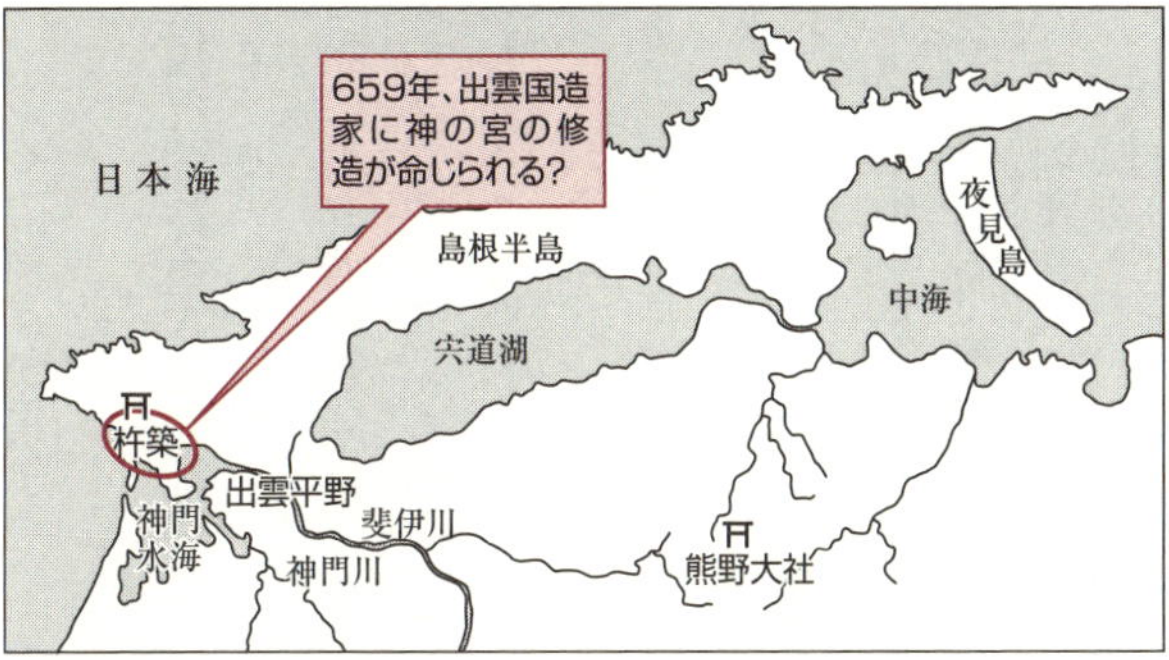

国造家はかつて出雲東部に拠点を置き、熊野大社を奉じていた。

出雲大社の創建伝承

『古事記』	国譲りの際、オオクニヌシ神が高い宮を建てることを条件とする。
『日本書紀』	神代紀下巻一書にオオクニヌシ神が幽界の神事を司る代わりに、宮を造ることをタカミムスヒ神が宣言する。 崇神天皇60年の記事に、〝出雲大神宮〟の記述が見られる。 斉明天皇5年の記述に、出雲国造に命じて神の宮を作らせたとする記事あり。
『出雲国風土記』	楯縫の郷の記事に神魂命がオオナモチ命（オオクニヌシ神）のために宮を造るよう命じたとする。 杵築の郷に、ヤツカミズオミヅノ命が、オオナモチ命のために宮を建てることを提案したとする記事が登場する。

出雲大社の創建については、『古事記』、『日本書紀』、『出雲国風土記』ともに異なる伝承を掲載している。事実上の創建については、これまで8世紀とする説が強かったが、『日本書紀』斉明天皇5年の記事に求める説が有力になりつつある。

ころ、多くの神々が集まって造ったという。出雲大社の創建と国譲りとは無関係である。

王権と関わる大社の創建

では、記・紀で出雲大社の創建と国譲り神話が結びついたのはなぜだったのだろうか。

実際に出雲大社が創建されたのは、「出雲国造に命じて、神の宮を修厳しむ」という記事のある六五九（斉明五）年説が有力とされる。一連の記事からこの造営は国家主導で行なわれたことがわかるが、この時期は、律令国家の形成期にあたり、天皇の国家支配が強められた時代でもある。それに伴い神話も変容したようだ。

本来の国譲り神話は、各地の王がヤマト政権に服従し、屯倉を差し出す。その代わりに自治権を認められるという国造体制を投影したものだった。つまり国土は高天原の神に献上するが、自分たちが政治と国津神の奉斎をするという形だったのだろう。

ところが中央集権体制への移行に伴い、地方の政務も祭祀も国家が統括することになった。つまり、国津神はお隠れになり、代わって天孫である大王が国を治めていくのである。

それゆえ国津神に隠れて（鎮まって）もらう場所として設けられたのが出雲大社だったのだ。これまで信仰を集めてきた国津神の象徴オオクニヌシが自らの宮殿建築を条件に国譲

出雲大社全景

神々の手によって築かれた出雲大社。その背後には神域とされる山々がそびえる。（島根県教育庁文化財課古代文化センター提供）

りを承諾したという神話に反映され、出雲大社は国津神すべての祭祀の象徴となった。

宗教上、出雲が特別な存在とみなされていたのは、出雲国造の就任式においても明らかである。このとき、出雲国造は天皇の長寿と繁栄を祝う神賀詞を奏上し、出雲国造が数々の神宝を献上するのが慣例となっていた。『日本書紀』には、崇神天皇の時代に出雲で神宝の献上をめぐり兄弟で争った記事が見える。

ここまで出雲国造が天皇をことほぎ、神宝を献上する形を喧伝し、また国家がそれを受け入れた理由については、かつての服属儀礼という解釈だけではもはや十分とはいえない状況になっており、今後の研究に待つところが多い。

祭主と斎王

アマテラス大神に身を捧げる伊勢神宮の神職

伊勢神宮を差配する祭主

多くの神社では宮司が祭司を取り仕切るが、伊勢神宮の祭司担当者は祭主と呼ばれる。祭主は伊勢神宮の一切の政務を司る伊勢神宮の神官の長であり、全国神職の上位に立つ。政務のほか、禰宜らを統率し、斎王の祭儀に供奉した。平安末期には巨大な荘園を所有する祭主も登場し、伊勢と中央との文化交流の担い手としても活躍したと伝えられる。

祭主は推古朝の中臣御食子を初代として、中臣氏の世襲が明治時代まで続いた。明治初期に行なわれた大幅な制度改革で、神宮の祭事は皇族または公爵の担当となり、第二次世界大戦後は皇族、元皇族のなかから祭主が任命される決まりとなった。一方、明治時代には、大御手代（依り代）としてアマテラス大神に奉仕する役目も加わった。

アマテラスに奉仕する斎王

かつてこの大御手代の役割を担い、アマテラスに仕えてきたのは、斎王もしくは斎宮（または、いつきのみや）である。これは天皇に代わってアマテラス大神に奉仕する役職で、天皇即位の際に未婚の皇女のなかから選ばれた。

　起源はアマテラスの聖地を探して巡幸した豊鍬入姫、倭姫に求めることができる。その後、雄略天皇の頃には皇女が伊勢滝原（たきはら）の「伊勢大神」を奉祀する目的で伊勢に赴いた例もあるが、斎宮が制度化されたのは七世紀後半。天武天皇の御世である。大伯皇女（おおくのひめみこ）を皮切りに、南北朝期に廃止されるまで歴代四十九名の斎王が伊勢に派遣されている。

　斎王に選ばれた皇女には四十人の女官がつけられ、以降、俗界と離れ、厳粛な潔斎（けっさい）生活に入る。平安時代以降の制度によると、まずは皇居内の特定の場所に移ってほぼ一年にわたる斎戒（さいかい）沐浴（もくよく）に入り、ついで宮外に新造

伊勢の斎王

かつて伊勢神宮にはアマテラス大神の依り代として仕えた皇女たちがいた。

された離宮院でさらに潔斎を重ねていく。京都の野宮神社もこの野宮跡のひとつとされる。やがて斎戒を終えた斎王は、天皇に別れを告げ、護衛の人々に守られていよいよ伊勢へと向かった。

その豪華な行列とは裏腹に、斎宮が伊勢を退下できるのは、天皇の崩御か両親の喪などの場合に限られていた。

そのためいつ都へ還ることができるか分からない旅路であり、実際、長い場合は、斎宮での生活が何十年にも及んだという。

伊勢で斎王の宮殿となる斎宮は伊勢神宮の西一〇キロほどの斎宮村にあり、東西約二キロ、南北七〇〇メートル、面積一四〇ヘクタールの面積を誇った。斎宮は内、中、外の三院からなり、中院は神祇官と事務官僚の居所、外院には事務方が置かれていた。内院は斎宮の居所にあたり、神殿、寝殿、出居殿、御汗殿などと池を備えた寝殿造の様式である。斎王はここで、ひたすらアマテラスに奉仕する祭祀と行事に明け暮れる厳粛な日々を過ごすのである。

斎王がここから外に出るのは神宮に参向するときであり、その際には途中の離宮院で一泊して禊祓を済ませた上で、外宮、内宮の順に奉祀されるのがならわしだったという。

伊勢神宮と斎宮

斎宮跡

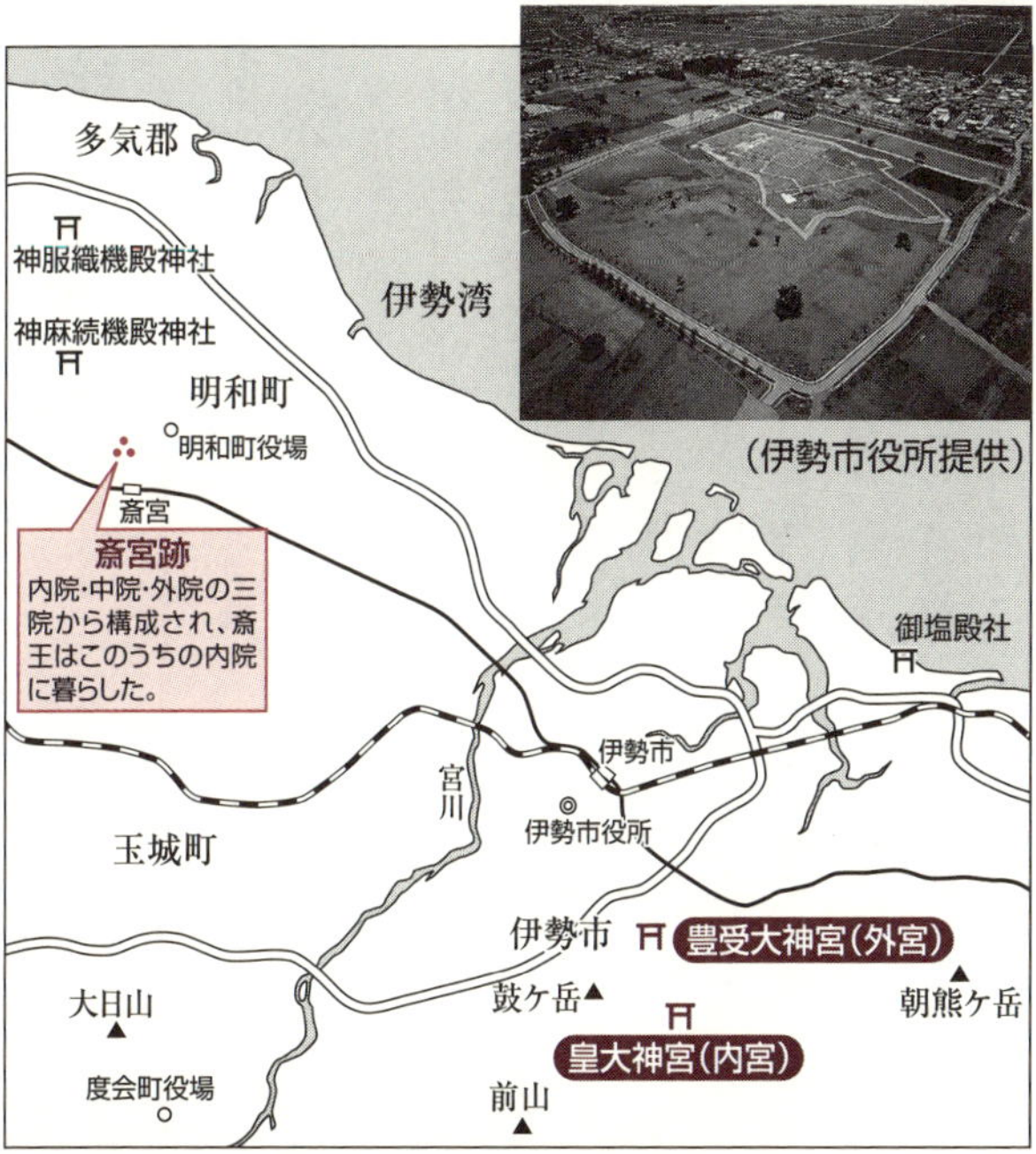

コラム　参拝の方法

神社の参拝方法は二拝二拍一拝が一般的だが、出雲大社では二拝四拍一拝という独特の方法をとっている。つまり、四回手を叩くのである。

また、伊勢神宮には内宮と外宮があるが、アマテラス大神を祀る内宮が一般的には有名である。遷宮も内宮、外宮の順で行なうが、参拝の場合は外宮、内宮の順で行なう「外宮先拝」が慣例となっている。その理由は神嘗祭（かんなめさい）がこの順序で行なわれているため、これに倣ったものといわれている。

出雲国造家

弥生時代から
出雲の祭祀を担い続ける一族

※政治権力を奪われた出雲の首長

出雲大社の宮司を務め、大社の祭祀を主宰するのは出雲国造家（こくそうけ）である。祖神のアメノホヒより現在まで連綿と八十四代にわたって受け継がれてきた。

出雲国造が出雲大社の祭祀を担う由来は、国譲りをしたオオクニヌシのためにタカミムスヒが天日隅宮（あめのひすみのみや）を造り、その祭祀をアメノホヒに命じたという記・紀神話に由来する。

この出雲国造の祖神アメノホヒは記・紀神話ではオオクニヌシに国譲りの説得に赴いたが、三年間復奏（ふくそう）しなかった神である。しかし一方では皇祖アマテラスの子神でもある。これを祖神に戴（いただ）く出雲国造家は朝廷から特別な存在と認められていたのだろう。

もともと出雲国造は出雲東部の意宇（おう）を本拠に置き、オオクニヌシではなくクマノ大神を奉斎していた豪族といわれている。次第に勢力を伸長し、六世紀前半には出雲全域を手中に収めると、出雲の王として君臨。六世紀後半に入り大和朝廷の勢力が出雲地方にもおよぶとこれに服属して出雲国造に任ぜられ、地方君主として出雲の政務、祭祀を司った。

『国造本紀』ではその任官を崇神天皇の御世とし、初代をアメノホヒの子孫である鵜濡渟命としているが、正確な時期については議論がある。

しかし中央から国司が派遣され、出雲国造は意宇郡大領として郡司に任命されるに至り、次第に政治的権力者から出雲大社の祭祀を担う宗教的権威者へとなっていった。すなわち、国内の統治者から出雲大社の祭祀者へと転換したのである。その後、出雲国造は意宇から西部の杵築の地に移転し、もっぱら出雲大社の宮司として祭祀を主宰するようになった。時を経て、十四世紀に千家家と北島家の二家に分かれ、今に続いている。

出雲国造家系図

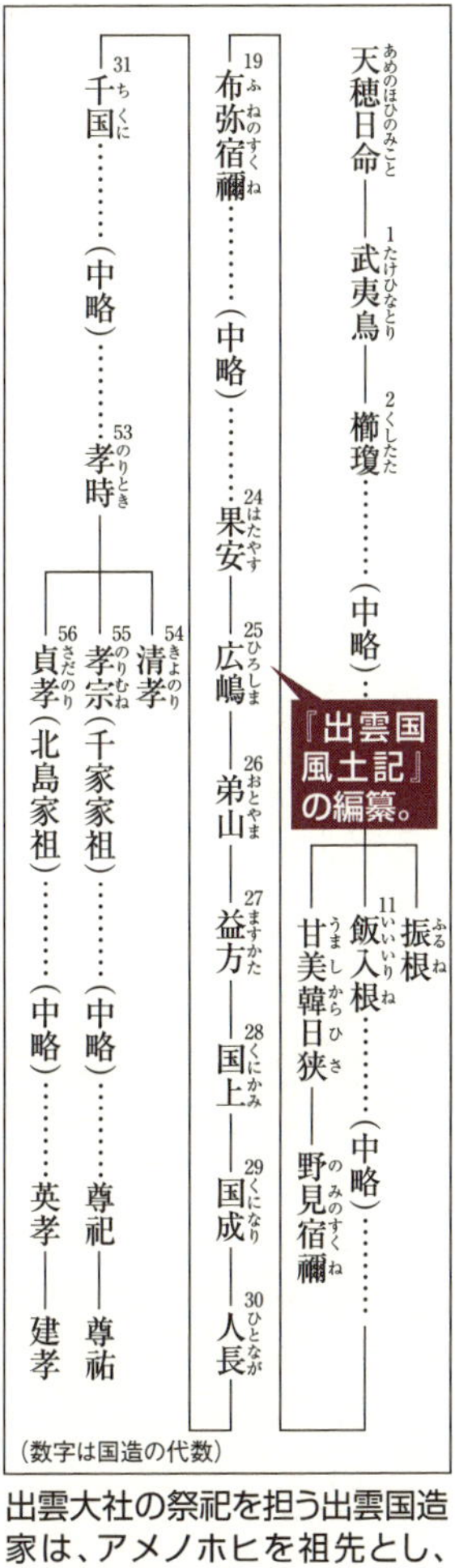

出雲大社の祭祀を担う出雲国造家は、アメノホヒを祖先とし、『出雲国風土記』編纂者の広嶋などが輩出した。

❋国造家に受け継がれる「神火相続式」

出雲国造の代替わりの際には重要な儀式が行なわれている。

そのひとつが出雲国造に宗教的権威を付与していく「神火相続式」である。国造が死去すると新国造はただちに熊野大社に参向し、火燧臼と火燧杵で切り出した神火を相続し、この火で調理した食事を神とともに食べた。

これによりアメノホヒと同体となり、はじめて出雲国造の祭祀を継承できるのである。この神火こそ出雲国造の生命の象徴であり、この神火を通してアメノホヒは永遠に生き続けているのだという。

また、出雲国造は、その代替わりの際、国家においても重要な儀式を果たすならわしがあった。

天皇の前で、「出雲国造神賀詞」を奏上するのである。天皇家の繁栄を祝うとともに出雲国造の祖先神アメノホヒの活躍を語り、出雲国造家の歴史を述べるこの儀式は、天皇と出雲国造との宗教上の深いかかわりを示すものだ。そこでは記・紀神話において国譲りに成功しなかったアメノホヒが国譲りに重要な役割を果たしており、国家平定に貢献するなど、独自性の強い神話になっている。

出雲国造家の拠点・意宇川流域

宍道湖
中海
山代二子塚古墳
出雲最大の前方後方墳。
国造館
茶臼山
意
宇
川
六所神社
国庁跡
八雲立つ
風土記の丘
出雲国造家がかつて拠点を置いていたと考えられる意宇川流域。天平時代以降の国庁もこの付近にあり、かつてはこの付近が出雲の中心地であった。
神魂神社
国造の代替わりの際、潔斎が行なわれていた。
熊野大社
もともと国造家が祀っていた神社。
神魂神社

八雲立つ風土記の丘近くに建つ神魂神社の社殿は、現存最古の大社造といわれる。

神楽

宮中の伝統を受け継ぐ伊勢と民衆に深く根付いた出雲

神楽とは神の前で演ずる舞のことである。語源は「神の座」であり、本来は神が降臨する神座の前で舞楽を行なった魂鎮めの神事であった。

その起源は神話のなかで天岩戸に閉じ籠ったアマテラスを誘い出すために踊り舞ったアメノウズメ命の舞といわれている。

神楽は、大別すると宮廷で行なう御神楽と民間の神社などで発達した里神楽に分かれるが、伊勢神宮の神楽は御神楽の流れを汲むものである。宮廷に準じて神嘗祭や式年遷宮の奉幣祭の際に奉納されてきたが、いまでも神事の際には御神楽の儀として舞われている。平常でも三十名を超える舞女たちが、神職の手伝いや祈祷の奉仕をしながら毎日、倭舞や胡蝶、萬代舞などご祈祷の神楽を奉納している。

なお、伊勢神宮の神楽を源流とするものに湯立の神楽がある。これは熱湯で祓い清める儀式に舞楽が伴ったもので、伊勢神宮では廃れたが、東海地方に伝播した。

一方、地方色を取り入れて発達した里神楽は独自の様式を持つものが多い。

出雲土着の神楽

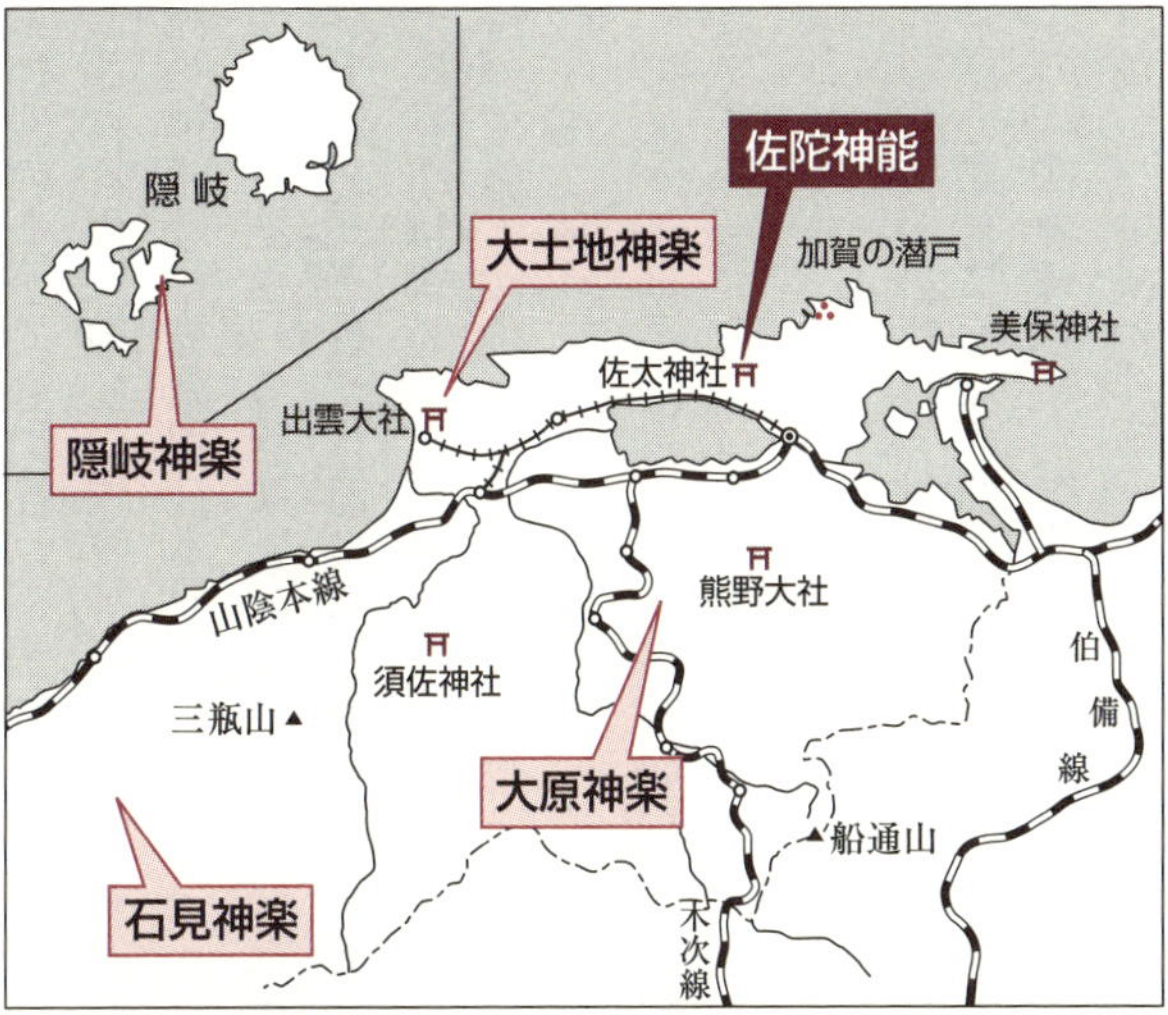

出雲各地には個性豊かな神楽が伝わる。これらの起源は、佐太神社で行なわれてきた佐陀神能にあるという。

伊勢の神楽

御神楽の流れを汲む伊勢神宮の神楽。ただし、日本古来のものだけでなく、シルクロードをたどって伝わった舞の影響を受けているものもあるという。

里神楽のなかでも出雲流神楽として分類される出雲の神楽は、安土・桃山時代に起こったとされる佐太神社の佐陀神能を起源としている。

佐陀神能は、佐太神社本殿の神座をイグサで作った新しい御座にしきかえる、御座替神事の際に奉納される神楽である。地方の神話劇を取り入れた格調高い能楽風の内容が特徴で、七座、式三番、神能の三段構成からなる。

七座神事は御神座に敷く茣蓙を清めるために行なわれるもので、剣、榊、茣蓙、鈴などを持って舞う採物舞。演目は「剣舞」「清目」「散供」「御座」「勧請」「八乙女」（現在は演じられない）「手草」からなる。続く式三番は能楽で祝事に演じる儀式的な三つの曲。とくにストーリーはなく、めでたい詞や囃子詞をつづり合わせたものとなっている。千歳（ワキ）、翁（シテ）、三番叟（狂言）の三人の舞手が順番に舞う。

神能はシテ、ワキ、ツレ、トモという役立ちで、詞と詞の間をつなぐ地謡や、笛、太鼓などの囃子を取り入れた能楽形式が、ほかの神楽には見られない独特の様式を持つ。日本神話を題材にした着面の神楽で、演目には「日本武」「恵比須」「磐戸」などがある。

この「採物舞」と「神能」を融合した独自の神楽が出雲、石見、隠岐各地に伝播し、地方色豊かな島根の神楽を生み出す要因となった。

伊勢神宮、出雲大社その原像はどのようなものだったのだろうか。それぞれの周辺にあるものや神社から、その信仰の淵源にある風景を探ってみたい。

※土着の太陽信仰との関わり

まず伊勢は、アマテラス大神が鎮まるべき土地を求めて各地を巡幸した末、自ら望んで鎮座したと伝わる五十鈴川のほとりの地である。その伊勢の地について『万葉集』では、「神風の伊勢の国は山も川も美しく、うまし国、御食つ国」と詠い、『儀式帳』には「朝日の来向かう国、夕日の来向う国、波の音の聞こえぬ国、風の音の聞こえぬ国、弓矢鞆の音の聞こえぬ国」と記されている。

そんな格式の高い伊勢神宮の周辺には神宮の営みを支える神社が数多く存在し、ネットワークを作り上げているが、史跡や神社などから浮かび上がるのが土着の太陽信仰である。

そもそも都が置かれた大和から見て東に位置する伊勢は、日昇る国であった。そんな伊勢では神々しいほどの太陽の神秘を実感できる光景が多い。二見浦の夫婦岩と伊勢神宮は夏至の日の出線で結ばれ、夏至の日には夫婦岩の真ん中からちょうど注連縄をくぐるようにして朝日が昇る。また、伊勢神宮の事務所である神宮司庁のそばには、昔の祭場を思わせるかのような大岩がそびえている。伊勢神宮に奉職していた矢野憲一氏によれば、冬至の太陽はこの大岩を照らして昇るという。二見浦が夏至で神宮の大岩が冬至とは、何らかの意図を持った仕掛けとしかいいようがないだろう。現在では、冬至の際には内宮の五十鈴川にかかる宇治橋に立つ鳥居の正面から朝日が昇り、鳥居から太陽の光が溢れ出すかのような現象が起こる。

アマテラスは天を照らす神、つまり日の神、太陽の女神である。『日本書紀』では大日孁貴と呼ばれており、太陽信仰との関わりの深さがうかがえる。

意宇を囲む四大神

一方、出雲の神といえばオオクニヌシ神がよく知られるが、出雲全域を俯瞰すると、出雲国造家が本拠としていた意宇郡を中心に、二大社四大神が配置されているさまが見て取れる。

このうち二大社とは杵築大社（出雲大社）と熊野大社であり、面白いことに序列として

伊勢神宮と太陽の動き

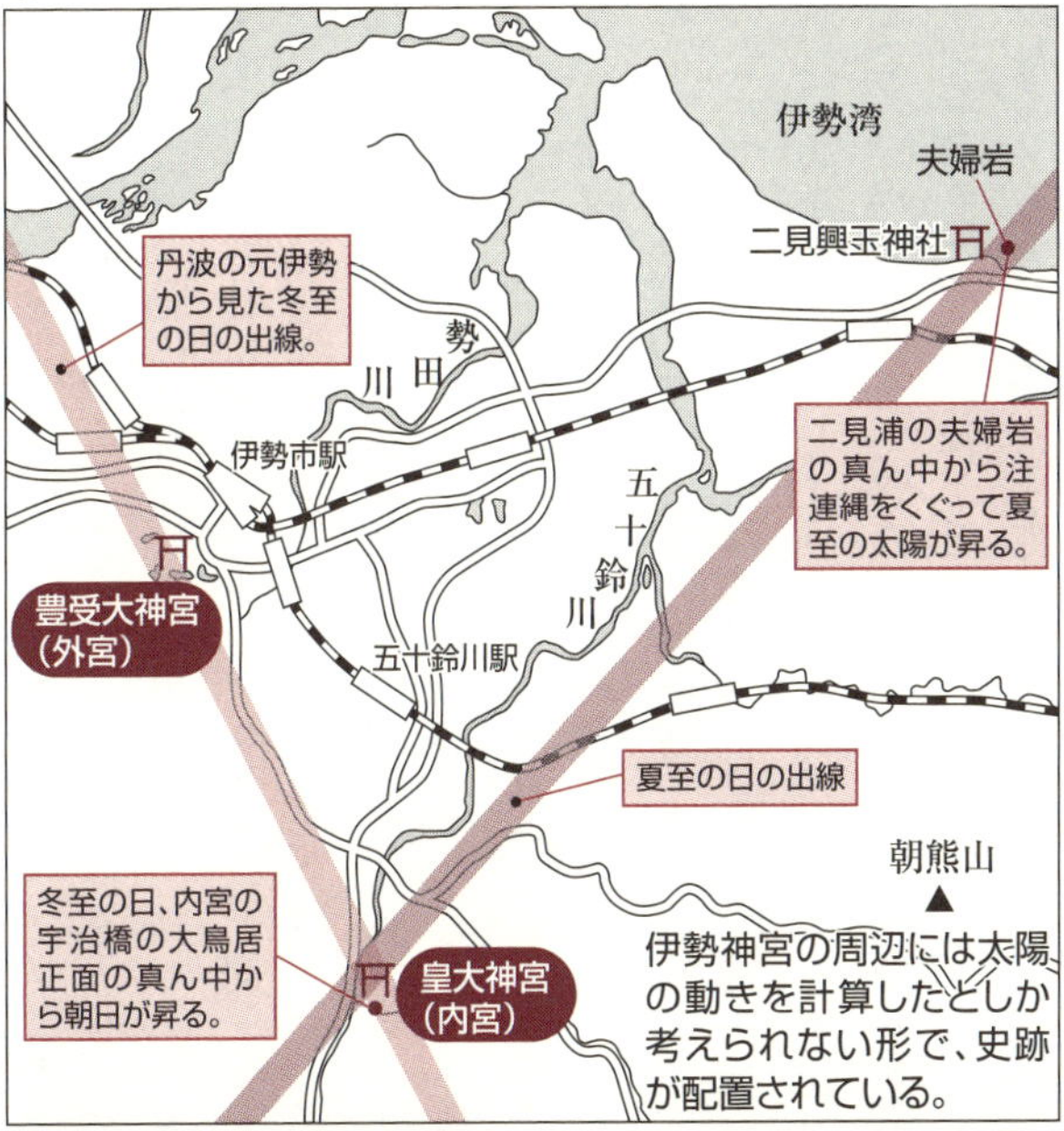
伊勢湾
夫婦岩
二見興玉神社
丹波の元伊勢から見た冬至の日の出線。
勢田川
伊勢市駅
二見浦の夫婦岩の真ん中から注連縄をくぐって夏至の太陽が昇る。
五十鈴川
豊受大神宮（外宮）
五十鈴川駅
夏至の日の出線
朝熊山
冬至の日、内宮の宇治橋の大鳥居正面の真ん中から朝日が昇る。
皇大神宮（内宮）
伊勢神宮の周辺には太陽の動きを計算したとしか考えられない形で、史跡が配置されている。

宇治橋から見た冬至の太陽

内宮の宇治橋においては、冬至の太陽が鳥居の中央を通って昇るように設計されている。

は本来、熊野大社の方が上位とされていた。また、四大神とはクマノ大神、オオナモチ命（天の下造らしし大神・オオクニヌシ神）、サダ大神、ノギ大神のことである。オオクニヌシ神以外は記・紀には登場しない出雲独自の神で『出雲国風土記』に登場している。

まず、出雲大社に祀られるオオクニヌシは、記・紀でもよく知られる国土を作った神だが、『出雲国風土記』ではオオナモチ命や天の下造らしし大神などの名で登場する。

出雲国造家が本来、祭神としていたと考えられるのが熊野大社の祭神であるクマノ大神である。クマノ大神は『令義解（りょうのぎげ）』などでも、天神とされ格の高い神とされているが、現在、信仰上においてはスサノオと同一視されることもある。

サダ大神は、熊野大社とは宍道湖（しんじこ）を挟んで島根半島側に鎮座する佐太神社の祭神で、母神はカムムスヒ神の子のキサカヒメ神。日本海に面した加賀神埼（かかのかむさき）（現・加賀の潜戸（くけど））の洞窟のなかで生まれたと記されるが、その誕生譚は神秘に彩られている。サダ大神の誕生前、母神は弓矢を紛失してしまう。そこで、生まれる子が男神なら、弓矢が出てくるよう祈ったところ、弓矢が流れてきた。そこでその弓矢を手にして暗い岩屋であると言って、その岩屋を射通すとサダ大神が誕生したという。

最後のノギ大神は、意宇郡の野城（のぎ）神社の祭神といわれる。ただし、『出雲国風土記』で

出雲に祀られる二大社四大神

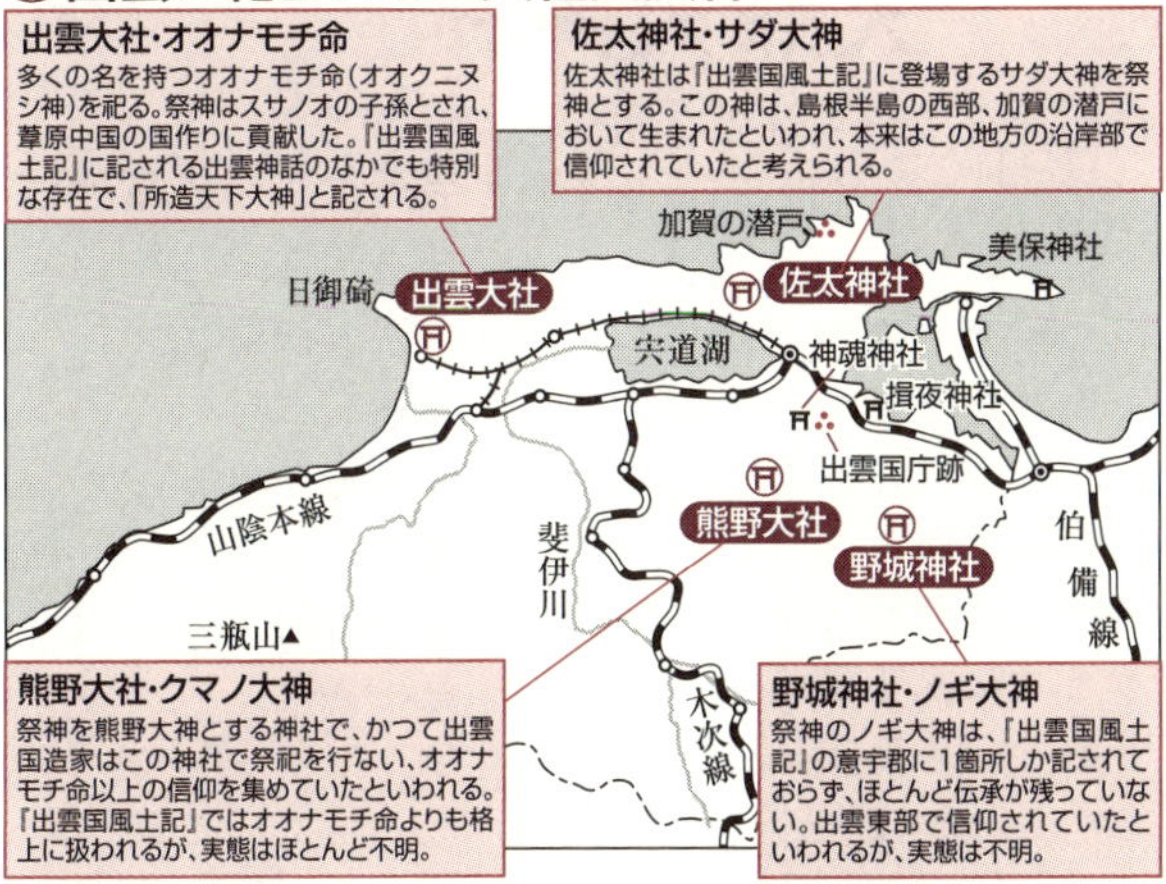

出雲大社・オオナモチ命
多くの名を持つオオナモチ命（オオクニヌシ神）を祀る。祭神はスサノオの子孫とされ、葦原中国の国作りに貢献した。『出雲国風土記』に記される出雲神話のなかでも特別な存在で、「所造天下大神」と記される。
佐太神社・サダ大神
佐太神社は『出雲国風土記』に登場するサダ大神を祭神とする。この神は、島根半島の西部、加賀の潜戸において生まれたといわれ、本来はこの地方の沿岸部で信仰されていたと考えられる。
加賀の潜戸
美保神社
日御碕
出雲大社
佐太神社
宍道湖
神魂神社
揖夜神社
出雲国庁跡
山陰本線
熊野大社
斐伊川
野城神社
伯備線
三瓶山
木次線
熊野大社・クマノ大神
祭神を熊野大神とする神社で、かつて出雲国造家はこの神社で祭祀を行ない、オオナモチ命以上の信仰を集めていたといわれる。『出雲国風土記』ではオオナモチ命よりも格上に扱われるが、実態はほとんど不明。
野城神社・ノギ大神
祭神のノギ大神は、『出雲国風土記』の意宇郡に1箇所しか記されておらず、ほとんど伝承が残っていない。出雲東部で信仰されていたといわれるが、実態は不明。

出雲国造家が本拠とした意宇を中心として、四大神が祀られている。

は意宇郡の野城駅（のぎのうまや）の条の地名伝承として神名が現われるだけで、ノギ大神自身の伝承は残されていない不思議な神である。しいていえばその鎮座地は出雲の東端にあったため、東の境を守護する重要な役割を担う存在と見られていたのかもしれない。

このクマノ大神、ノギ大神、サダ大神の存在は、意宇郡から出雲東部へと勢力を伸張していった出雲国造家の軌跡を見るかのようである。

すなわち、国造家がクマノ大神を含め、ノギ大神、サダ大神の鎮座地と宍道湖で結ばれるエリアを支配していた時期があり、支配地を囲むように鎮座するこれらの神を、国家を守護する大神として扱ったのかもしれない。

コラム　知っておきたい伊勢・出雲の神さま①

天照大御神（あまてらすおおみかみ）

伊勢神宮に祀られる皇祖神アマテラス大神は、『古事記』によれば、黄泉（よみ）国より戻ったイザナキ命が身についた穢（けが）れを落とすべく禊（みそぎ）を行なった際、左目から生まれたとされる。

その際イザナキ命は、アマテラスに高天原を治めるよう命じている。

- **祭神とする主な神社**
  伊勢神宮（内宮）、東京大神宮ほか
- **神格**
  太陽神、皇祖神
- **神徳**
  皇室守護、国家安穏、天下泰平

また、『日本書紀』においては、別名・大日孁貴（おおひるめむち）神と表されるなど、太陽神として崇められてきた。

その神格は、スサノオの乱暴に怒り岩戸に隠れた結果、世界が闇に包まれたという天岩戸神話に象徴されている。太陽が失われることによって様々な禍（わざわい）が世にはびこるのだ。

アマテラスが高天原を治めるよう命じられたように、海原の統治を命じられたスサノオは、母のいる根の国に行きたいと泣き続けたため、イザナキによって追放されてしまう。そこで、スサノオは姉のアマテラスに挨拶をするべく高天原に上った。

だが、アマテラスは弟の様子を見てその真意を疑い、武装して待ち受けた。そこでスサノオは身の潔白を証明するために誓約（うけい）を提案。結果アマテラスは、アメノオシホミミやアメノホヒなど５柱の神を生んでいる。

この誓約により身の潔白が証明されたと宣言したスサノオはその後乱行を働き、前述の天岩戸神話へと結びついていく。のちの天孫降臨では、葦原中国（あしはらのなかつくに）を統べる大国主命に国譲りを迫るよう使者を派遣している。

二章

日本の創世と祭祀

神嘗祭

伊勢神宮の最重要祭祀
神々に豊穣を感謝する

豊穣を祈る〝食国〟の祭祀

伊勢神宮には一年三六五日、毎日行なわれている神事がある。それは外宮の正殿右手奥に位置する御饌殿に朝夕二度、アマテラス大神の食事「神饌」をお供えする日別朝夕大御饌祭である。アマテラスの食事の用意をするためにトヨウケ大神が外宮に鎮座した伝承に由来したものだ。こうした日々の神事に加え、伊勢神宮では年間一〇〇〇を超える恒例の神事が行なわれている。まさに一年中神事を催していることになるが、なかでも年三度の大きな祭り、三節祭が重要視される。これは、十月に行なわれる神嘗祭と、六月・十二月に行なわれる月次祭のことであり、なかでもその年に収穫した新穀をアマテラスに奉る神嘗祭は、神に豊穣を感謝する最も大切な儀式である。そのため神宮や周辺の神社では一年を通じて神嘗祭に向けた準備の神事が執り行なわれる。

神嘗祭に至る一年の流れは大まかにいえば大体次のようなものである。

四月上旬には神嘗祭などの神事にお供えするお米の稲をまく「神田下種祭」が行なわれ

神嘗祭と付属の祭祀

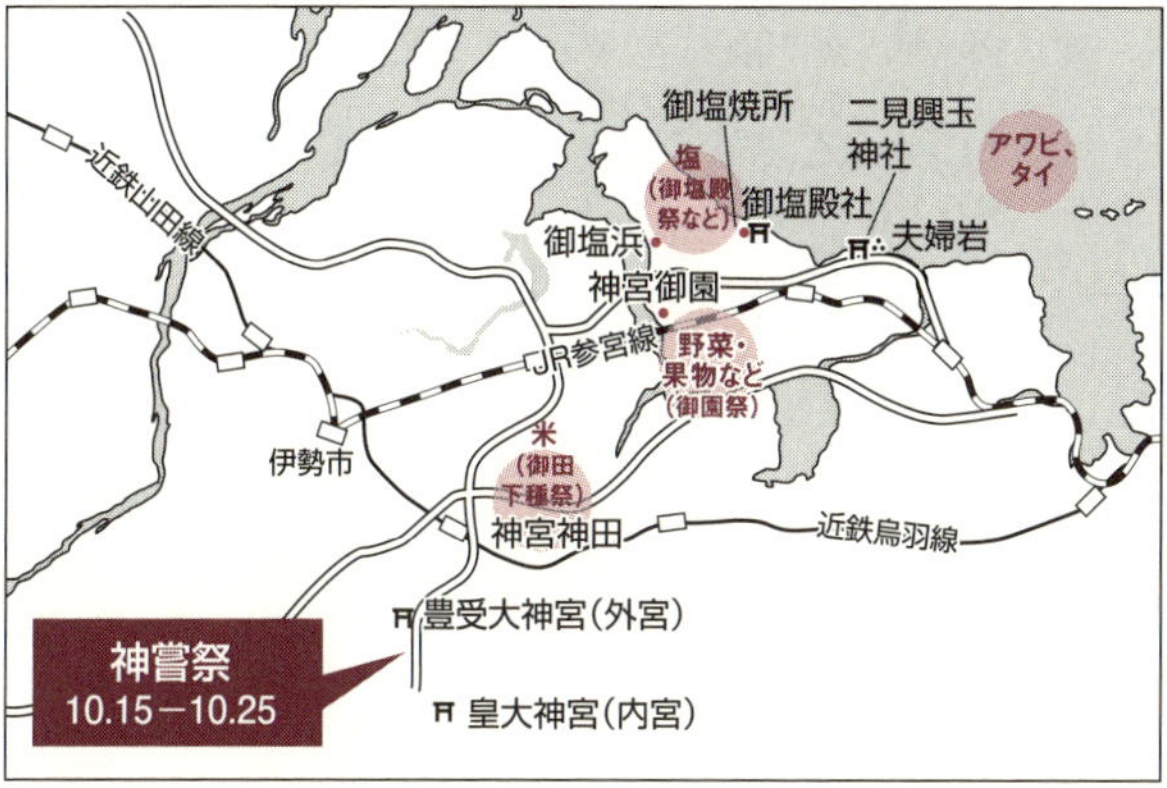

神嘗祭へ向け米や塩を作る神事は、伊勢神宮の周辺にある神社でも行なわれる。

る。神田は伊勢市楠部町と志摩市磯部町恵利原の二箇所にあり、主となる楠部の「おみた」は三万平方メートルの作付面積を誇る。由来は倭姫がこの地でアマテラスにお供えする米を作るよう定めた「大御刀代」であり、二〇〇〇年以上前から作られてきた。

五月に入ると楠部で御田植初式が行なわれる。笛や太鼓に合わせて早乙女たちが田植えをする、いまでは珍しい光景が繰り広げられる。田植えが終わると近くの摂社大土御祖神社に赴き、豊穣を祈る踊りを捧げる。

九月の抜穂祭は、神田下種祭と合わせて大切な祭りで、神饌を供えて祈り、御田に進み稲穂を忌鎌で抜く。刈り取った稲穂は宮中の御稲御倉へ納めておく。

一年の豊穣に感謝する神嘗祭

十月一日には御料酒がうるわしく醸造されるようお祈りする御酒殿祭が行なわれる。これは六月と十二月の三度に合わせて行なわれるもので、忌火屋敷で奉製した白酒、黒酒、礼酒と酒造業者の清酒を奉納する。五日に御塩殿祭などの祭典を経て十月十五日を迎える。

神嘗祭は午後十時から外宮にて行なわれる由貴夕大御饌祭から始まる。榊で御門や御垣が飾り付けられる祭場が篝火で照らされるなか、大宮司以下四十名の行列が御垣内の一番奥の院へと進む。神楽歌が静かに響くなか、禰宜が神前に進み、神座の前に置かれた白木の机の上に新米で作られた御飯三盛や神酒、鰒、乾鯛、塩、水、伊勢海老など海の幸、山の幸の三十品目の神饌を供える。続いて大宮司が祝詞を奏上。八度拝して退下する。

午前二時には由貴朝大御饌祭が繰り返される。翌日は天皇陛下の勅使が参向し、絹織物を備える奉幣の儀が執り行なわれ、その夜には御神楽の儀が行なわれる。なお、天皇陛下は皇居の水田で作った初穂（皇祖から託された稲魂を甦らせる）を勅使に託して伊勢の両宮の内玉垣の向かって右方の門の近くにかけて奉納される。内宮においてはすべて一日遅れで始まり、十六日午後十時に由貴夕大御饌祭、十七日午前二時に由貴朝大御饌祭が、一七日には奉幣が行なわれ、御神楽が披露される。これらの行事は二十五日まで続けられる。

伊勢神宮の祭祀

神嘗祭

（神宮司庁提供）

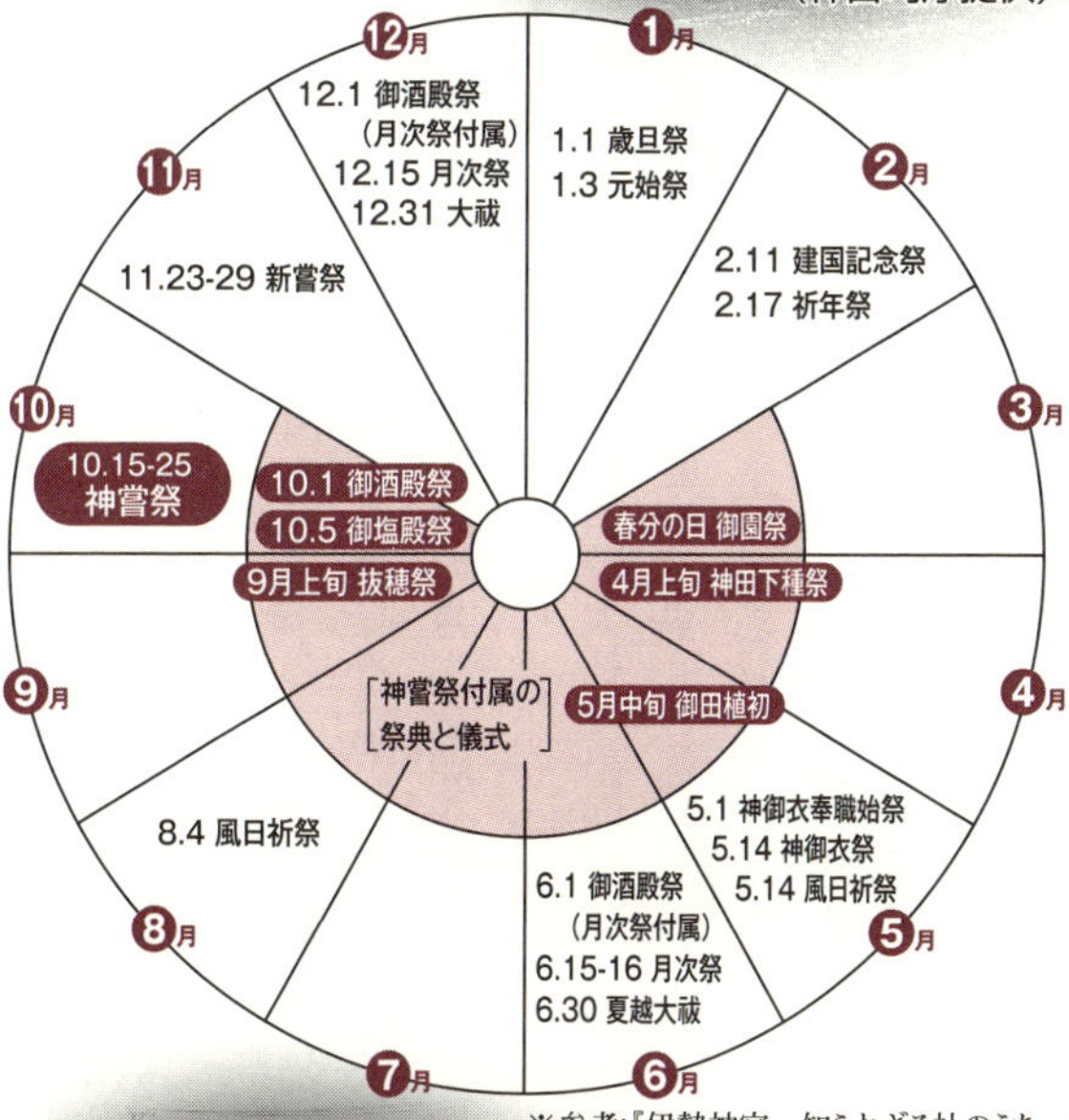

※参考:『伊勢神宮―知られざる社のうち―』
矢野憲一(角川学芸出版)

神田下種祭

古伝新嘗祭

神との共食により霊力の再生を祈る出雲大社の神事

国造家とともに移動した祭の場

毎年伊勢で催される神嘗祭に対し、出雲では十一月二十三日に古伝新嘗祭が行なわれる。新嘗祭というと、宮中で行なわれるものが有名だが、出雲の古伝新嘗祭の目的は、収穫に感謝し、新米を神と共食して弱った霊力の再生を願うもの。出雲国造が主宰する神事のうちで最も重要なもののひとつとされている。

古くは陰暦十一月の卯の日に出雲国造が熊野大社に出向いて行なっていたが、十三世紀頃から舞台を大庭の神魂神社に移し「大庭の神事」と称した。やがて、一八七一（明治四）年以降出雲大社で挙行されるようになり、「古伝新嘗祭」と称して今にいたっている。

かつて熊野大社や神魂神社で行なわれたのは、両社が古来より国造家にゆかりの深い神社だったゆえと考えられる。すなわち、熊野大社は出雲国造家が本来奉斎していたクマノ大神の鎮座地であり、神火相続式が行なわれる神社でもある。一方の神魂神社は、かつてその付近に出雲国造の邸が置かれていたという歴史を持つ。

古伝新嘗祭の流れ

11月23日夜

末社である釜社から釜を取り出し、祭場に安置する。

↓

出雲国造のいる斎館に向かい、「おじゃれもう（おいでなさいませ）」という言葉が3度響き渡る。

↓

着座した出雲国造は、新しい玄米で炊いたご飯や、新米で醸造した「醴酒」を四方に捧げ、「相嘗」を行なう。

↓

熊野大社より拝戴した火燧臼に国造が「新嘗祭御燧臼」と墨書する。

↓

2個の石を土器に盛り、これを噛む歯固めの儀を行なう。

↓

国造の前に設けられた祭壇の左側に手草を、右側にそれを受ける三方をそれぞれ置き、手草を手にした国造が100回の舞を奉納する（百番の舞）。

↓

所役が稲の束と瓶子を竹の棒に振り分けて担ぎ、「あらたぬし」と賀詞を唱えながら釜の周囲を3度回る。

出雲大社
佐太神社
宍道湖
神魂神社
熊野大社
斐伊川
伯耆
伯備線
古伝新嘗祭に先立って亀太夫神事が行なわれ、祭で使われる臼が調達される。この神事では亀太夫の役を演じる者が、出雲大社の使者に対して散々悪態をつくことから、悪態祭とも呼ばれている。

古伝新嘗祭は十一月二十三日の午後、末社の釜社から釜を取り出して祭場に安置するところから始まる。午後七時、三度の「おじゃれもう（おいでなさいませ）」という声を合図に、出雲国造を先頭に神官たちが登場。列を作って祭場へと参進し、所定の位置に着座する。出雲国造はまず新玄米で炊いた御飯と新米で醸造した「醴酒」を四方に献じる。

この後、いよいよ相嘗、すなわち神との共食をして霊力を養う場面に入る。ついで国造は土器に盛った二個の小石を噛む歯固式で長寿祈願を行なったあと、百番の舞を奉納する。この舞は五穀豊穣をもたらした神の恩恵に感謝を捧げる儀礼で、榊の手草を持った両手で弧を描くように三度手草を合わせる舞を百回繰り返すものである。これが済むと「釜の神事」を行なう。「あらたぬし」と賀詞を唱えながら神釜の周囲を三度回るというもので、これですべての行事を終え、一同は祭場をあとにして饗宴へと移る。

ユーモラスな亀太夫神事

古伝新嘗祭において新玄米で炊いた御飯を献じる場面であるが、この神事に先立って、熊野大社から神に捧げる食事の神火を切り出すための火燧杵と火燧臼を授けられる。この一連の受け渡しの儀礼が亀太夫神事である。

亀太夫神事

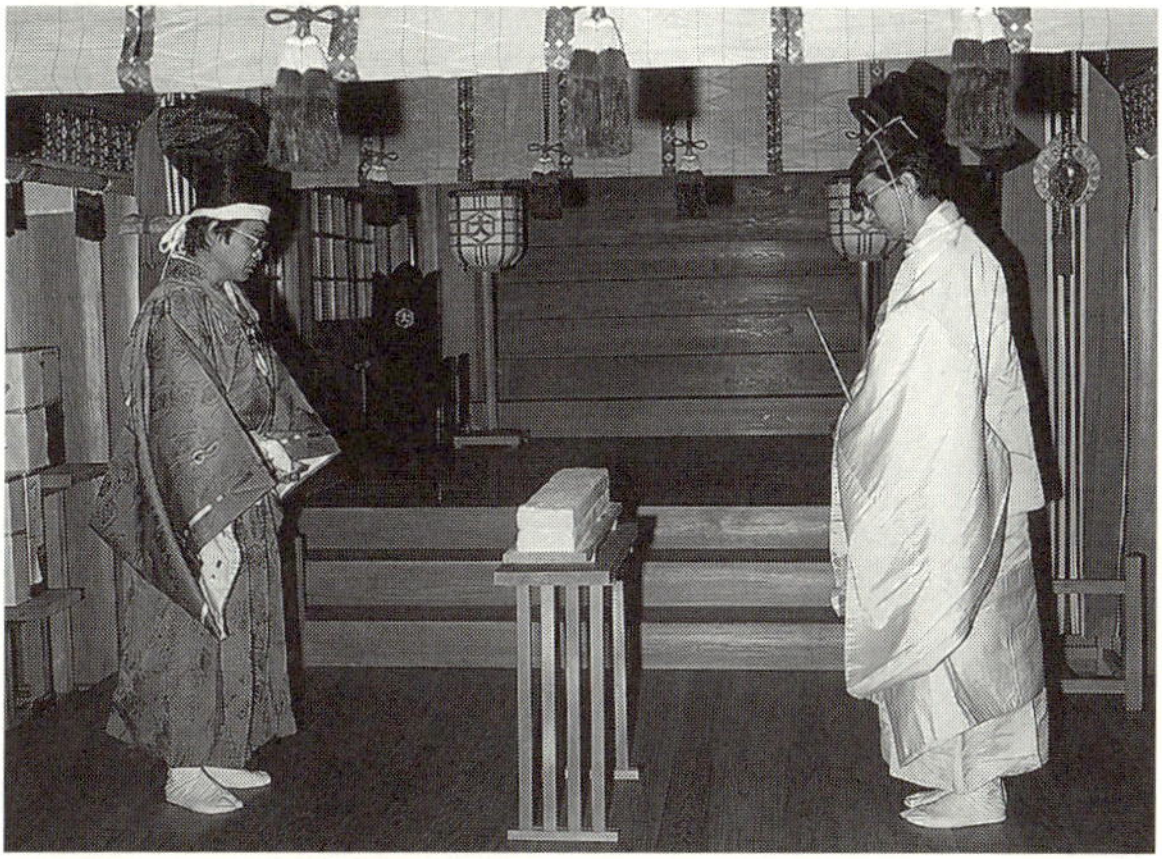
悪態祭ともいわれる亀太夫神事。

出雲国造は杵と臼を受け取るために熊野大社に出向く。その際、献上餅を一対用意して、亀太夫と称する熊野大社の社人に渡すのがならわしとなっていた。

ところがこのとき、亀太夫はすぐには餅を受け取らず、餅のでき具合が悪いなどとさんざん文句を言いつける。

国造側はそれをただひたすら我慢して聞いたあとで、ようやく杵と臼とを受け取ることができるという次第である。

この由来は、かつて熊野大社の亀太夫という人が、杵と臼を届けた際に、横柄な態度をとったのがそのまま神事になったものだともいう。今では毎年、十月十五日に熊野大社で執り行なわれている。

国譲りと神事

美保関で催される「諸手船神事」と「青柴垣神事」

※コトシロヌシのもとへ急行する「諸手船神事」

島根半島の東端にある美保神社では、記・紀の国譲り神話に登場するコトシロヌシの話をモチーフにした「諸手船神事」と「青柴垣神事」というふたつの神事が毎年行なわれる。コトシロヌシ神はオオクニヌシ神の御子神で、国譲り（134ページ）の決断を父から委ねられた宣託の神である。タケミカヅチとアメノトリフネから国譲りを迫られたオオクニヌシは、美保にいる息子のコトシロヌシに判断を委ねた。アメノトリフネがコトシロヌシを召しだして聞くと、「この国は、天津神の御子に立奉らむ」と答えて、天の逆手を打って、乗っていた船を青柴垣と化してそのなかに隠れ、この世を去ったというものである。

この神話のなかでコトシロヌシを召し出すためアメノトリフネが稲佐浜から美保へと急行した話を再現したのが「諸手船神事」であり、コトシロヌシが青柴垣のなかに隠れた場面を儀礼化したのが「青柴垣神事」だ。

まず「諸手船神事」は、二隻の諸手船の競漕と水かけが勇壮な神事である。十二月三日、

神事の場・美保関港

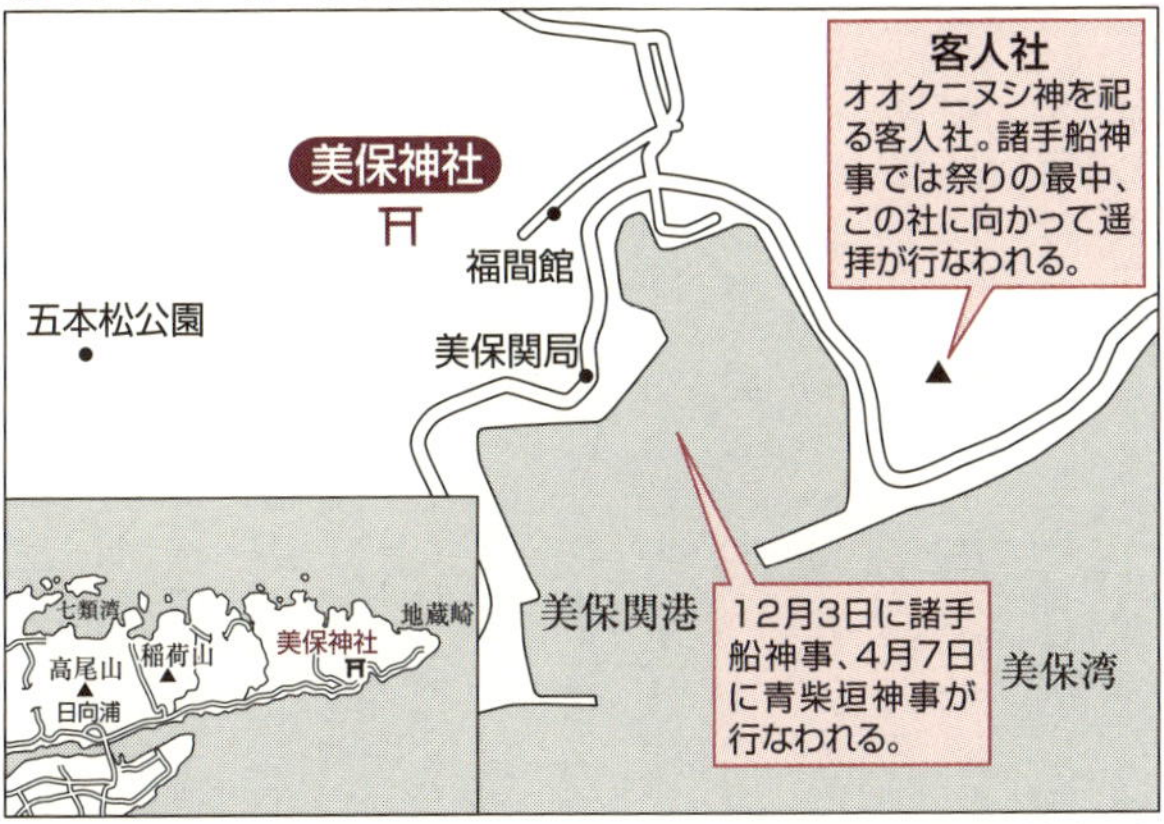

美保関港では、国譲り神話にちなんだ諸手船神事、青柴垣神事が行なわれる。

氏子から選ばれた真剣持を含めた九名がそれぞれ二隻の諸手船に乗り込む。諸手船は、古代の船舶の形態を残す長さ六メートルのくり船。美保関港内を出航した二隻は競い合うようにして東口の客人山の下を目指す。そこでオオクニヌシを祀る客人社を遥拝したあと、美保神社へと向けて競漕し、境内下の宮の灘に達したところで二隻が激しく海水をかけあう。

この競漕と水かけを繰り返した末、宮司と対面し「タカーサンドー（三度）」と唱え、乗り手も「乗って参って候」と続ける。「タカーサンドー、めでとう候」と宮司から祝辞が述べられ、さらに三度港内を競漕して美保神社に戻り、一連の祭事が終了する。

❋コトシロヌシの死と再生を描く「青柴垣神事」

「青柴垣神事」は四月七日に行なわれる。神事に参加する人々は、四隅に黒木の柱が立ち、その上部に榊の枝が取り付けられ、幕で囲み注連をはった船に乗り込むのだが、これはコトシロヌシが青柴垣に隠れた場面に見立てたものといわれている。

この神事で中心的な役割を果たすのが当屋と小忌人である。コトシロヌシの依り代となる当屋は、一年も前から「明神さんの子孫」といわれる家筋の氏子の中から選ばれ、一年間、精進潔斎をしてこの日にそなえるのだ。小忌人はその妻がなることが多い。

さて、二隻の御船に乗り込んだ当屋と小忌人は、この時、すでに神がかりで足元もおぼつかない。船内で当屋と小忌人は顔に化粧を施されるが、これはコトシロヌシの死を示すものだ。港内を一周したあと、宮の灘で氏子が扮したサルタビコとアメノウズメがふたりを出迎え、まだふらふらしている小忌人を背負って神社へ到着する。神社での奉幣を終えてようやく神がかりの状態が解けるのは、コトシロヌシが再生したことを示すという。青柴垣神事は水葬されたコトシロヌシが再びよみがえる信仰を意味したものとされる。

この神事はかつての美保神社の祭神、ミホススミ神の時代の信仰が根源とされる。岬の先端、神の依り来る地に祀られた女神が異郷から訪れる神を歓待する神事だったという。

諸手船神事・青柴垣神事の流れ

諸手船神事（12月3日）

11月27日に末社・地主社の宵祭が行なわれたのち、12月1日に御注連縄懸式、2日に宵祭が行なわれる。

↓

12月3日午前中に新嘗式が行なわれると、午後、神職を先頭にして客人社に参向。本殿にて氏子のなかから真剣持として一の当屋と二の当屋が選ばれる。また、1艘につき大櫂（舵取り）、大脇（補佐役）が1名、櫂子（漕ぎ手）が6名選ばれる。

↓

合図ののち、美保関港内に漕ぎ出した諸手船は互いに競い合いながら、港内東口の客人山の下に達する。しばらく停船したのち、オオクニヌシ神が祀られている山上の客人社を遥拝する。

↓

美保神社を目指して漕ぎ出した2艘は、再び激しく競漕する。やがて神社境内下の宮の灘に達した2艘は激しく水をかけ合う。

↓

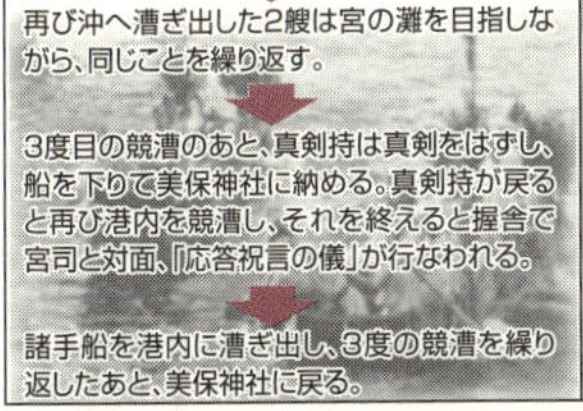

再び沖へ漕ぎ出した2艘は宮の灘を目指しながら、同じことを繰り返す。

↓

3度目の競漕のあと、真剣持は真剣をはずし、船を下りて美保神社に納める。真剣持が戻ると再び港内を競漕し、それを終えると握舎で宮司と対面、「応答祝言の儀」が行なわれる。

↓

諸手船を港内に漕ぎ出し、3度の競漕を繰り返したあと、美保神社に戻る。

青柴垣神事（4月7日）

4月6日
青柴垣神事のための御船が用意される。御船の四隅には、黒木の柱、その上部に榊の枝がとりつけられる。その周りを幕で囲み、注連が張られる。

↓

4月7日
楷絡みで結びつけられた2隻の御船に2組の当屋と小忌人が分乗する。この4人は選ばれたのち、1年を通して精進潔斎に努めなければならない。この段階で、当屋と小忌人は神がかった状態にあり、船内で化粧を施される。

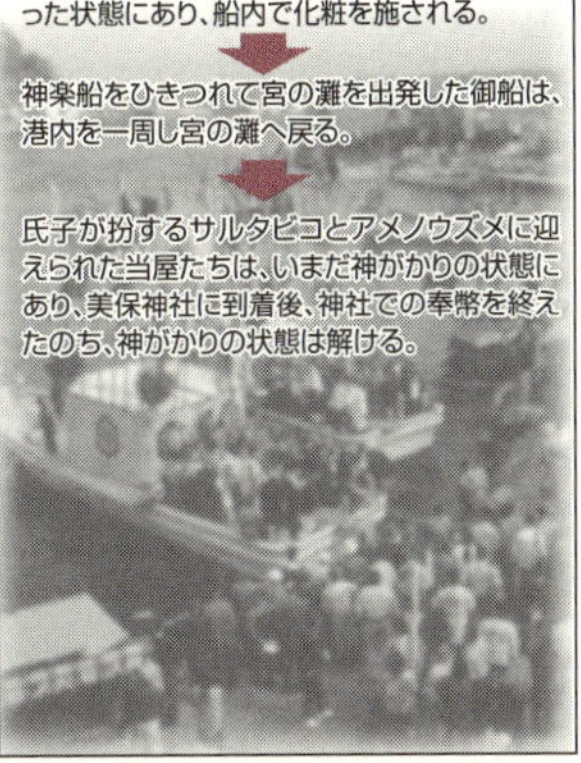

↓

神楽船をひきつれて宮の灘を出発した御船は、港内を一周し宮の灘へ戻る。

↓

氏子が扮するサルタビコとアメノウズメに迎えられた当屋たちは、いまだ神がかりの状態にあり、美保神社に到着後、神社での奉幣を終えたのち、神がかりの状態は解ける。

コラム　謎に包まれた御神体

日本の神は目に見えない存在だ。そこで御神体に神が依りついてその代わりになる。伊勢神宮がまつるアマテラスの御神体は三種の神器のひとつ八咫鏡（やたのかがみ）である。一方、出雲大社の祭神オオクニヌシ神の御神体は古くは七宝（しっぽう）の筥（はこ）ともいわれたが、江戸時代に藩主が強引に御神体を見たところ、そこにあったのは穴が九つあるアワビで、それがみるみるうちに大蛇になったという伝説もある。現在、御神体は御衾（おぶすま）に覆われた状態で、本殿の小内殿の奥深くに鎮座している。

神無月と神在月

日本の神々が出雲に集う
静寂のひと月

出雲で行なわれる神在祭

十月は神無月（かんなづき）とも呼ばれる。それはこの月に、男女の縁結びなど人々の一年間の諸事万端の相談をするため、全国の神々が出雲へと出かけてしまい、各地に神がいなくなってしまうからである。

反対に全国の神々を迎え入れる出雲では、逆に十月を神在月（かみありづき）と呼び、出雲大社などで神在祭が行なわれる。その間、神の相談に妨げがあってはならないということで、土地の人々は身をつつしみ、ひっそりと過ごすので「物忌祭（ものいみさい）」とも呼ばれている。

出雲大社の神在祭は、陰暦の十月十日の夜の神迎（かみむかえ）神事から始まり、十一日から十七日までの七日間にわたって神在祭を執り行なうのが一連の流れである。また佐太（さだ）神社など出雲各地の神社でも、これに連動して神在祭が行なわれる。

まず神迎神事では、稲佐浜（いなさのはま）に神々の先導役を果たす龍蛇神（りゅうじゃ）と神籬（ひもろぎ）を配置して海からやってくる八百万（やおよろず）の神々を出迎える。十一日からは神議り（かむはかり）がなされている間、本社や神の

八百万の神々を迎える神迎神事

稲佐浜で行なわれる神迎神事。神々は神籬に依りつき、出雲大社へ移動する。

宿所である十九社などで神在祭が行なわれる。最終日の十七日に神送りの神事である神等去出(からさで)神事を挙行して神々は送り出されて神事は終わりを告げる。

二十日からは、こんどは舞台を島根半島中央にある佐太神社に移して行なわれる。一方、出雲大社では二十六日に再び神等去出神事で神を送り出している。この神事を二回行なうのは、十七日は神々が出雲大社を去る日であり、二十六日は出雲国を出る日という意味である。

佐太神社の神在祭は春と秋の二回、挙行するならわしである。五月二〇日から二十五日まで行なわれる春の神在祭は五月神在祭とも呼ばれ、かつては四月に行なわれていた。これは秋の神在祭の際に外敵に備えるため出雲に参集できなかった住吉大神が、四月になってようやく出雲にやってきたため始まったものという。

秋の神在祭は、現在、十一月二十日から二十五日に行なわれる。二十日の夜、社殿の周囲に設けられた仮拝殿で神迎神事から始まり、最終日には神等去出神事で締めくくるが、最後は神職たちが神目山へと移動し、船出式を行なう。宮司が眼下の佐陀浦に向かい「カコ」と三回唱えて一同で神酒を飲む。そして最後に、山を下りるときには後ろを振り返らないで下り、これで神事は幕を下ろす。

神無月の由来

大々的に行なわれる神在月の神事であるが、じつは神々の出雲参集と神無月とを結びつける信仰は、いつから始まったのかは定かではない。平安時代末期にはすでにその記事が見える一方、鎌倉時代の吉田兼好の『徒然草』には神々が参集するのは伊勢ではないのかと記されており、古くは参集先が出雲とは決まっていなかったようだ。

また神無月の呼称に関しては、「神嘗月」が転訛したとも、十月は霜月祭の前の物忌みのため、神祭をしないことから神無月と呼ばれていたともいう。

神在祭の流れ

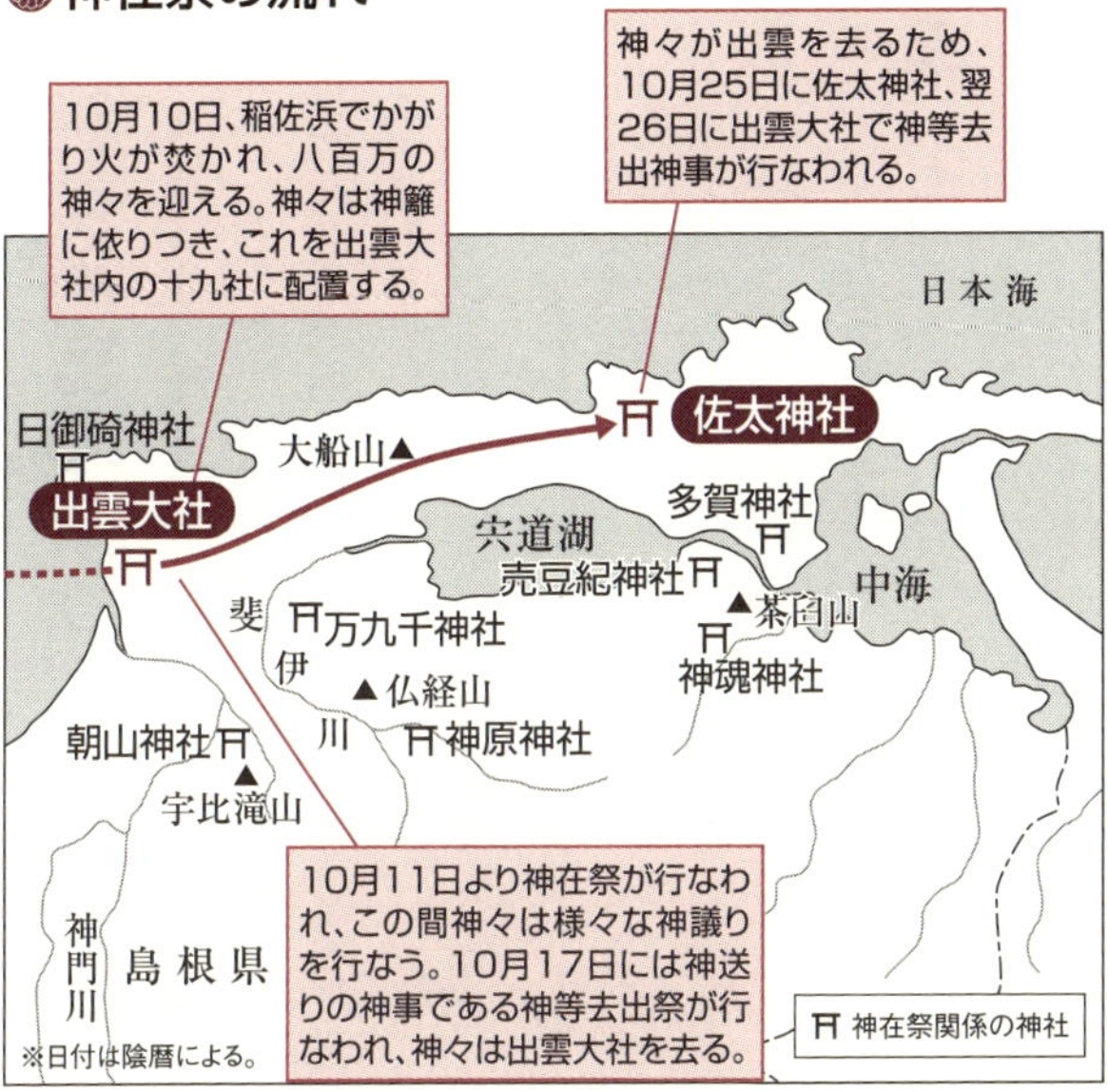

神々が出雲を去るため、10月25日に佐太神社、翌26日に出雲大社で神等去出神事が行なわれる。
10月10日、稲佐浜でかがり火が焚かれ、八百万の神々を迎える。神々は神籬に依りつき、これを出雲大社内の十九社に配置する。
日本海
佐太神社
日御碕神社
大船山
出雲大社
多賀神社
宍道湖
売豆紀神社
中海
茶臼山
斐
伊
川
万九千神社
仏経山
神魂神社
朝山神社
神原神社
宇比滝山
神門川
島根県
※日付は陰暦による。
10月11日より神在祭が行なわれ、この間神々は様々な神議りを行なう。10月17日には神送りの神事である神等去出祭が行なわれ、神々は出雲大社を去る。

神在祭関係の神社

陰暦の10月、稲佐浜では神迎祭が行なわれ、17日までの神在祭が始まる。この間、出雲の人々は神々の神議りを邪魔しないよう、静かに過ごすという。

コラム　龍蛇さま

神在祭の時期は、季節柄海が荒れる日が多く、稲佐浜などに龍蛇（セグロウミヘビ）が打ち上げられることも多い。この龍蛇はオオクニヌシ神の使者として、八百万の神々の先導を果たすことから、「龍蛇さま」と崇められてきた。祭りの日に漂着した龍蛇さまは曲げ物に載せて大社の神殿に奉納するが、それ以外の日でも稲佐浜のものは大社へ、北浦の海岸のものは佐太神社へとそれぞれの土地に奉納し、豊作や家門繁栄を願う龍蛇信仰もみられる。

伊勢神宮の祭り

一年の農事を見守る
アマテラス大神の祭事群

毎年一〇〇〇以上の神事が執り行なわれる伊勢神宮では、神嘗祭とともに三節祭と呼ばれて重視される二回の月次祭や、その年の豊作を願う祈年祭など、毎日のように何らかの祭祀が行なわれている。

まず神嘗祭とともに重要視される月次祭は、六月と十二月それぞれに十五日から二十五日にかけて行なわれる。式次第はほぼ神嘗祭と同じで、内外両正宮で午後十時と午前二時に由貴大御饌が献じられ、皇室からの勅使もお迎えする。諸宮社でも祭典が行なわれる盛大なお祭りである。

重要な農事に関わる祭祀といえば、二月十七日から二十三日にかけて行なわれる祈年祭がある。「としごいのまつり」とも称し、その年の豊作を祈願する儀礼で、もとは律令で定められた国家祭祀だったというだけあって修厳さを今に伝える。式次第は、祭主以下が奉仕して神に御飯、御塩ほか魚や野菜が供される「大御饌の儀」と、勅使が参向する「奉幣の儀」からなり、新嘗祭、三節祭と合わせて「神宮の五大祭」と呼ばれることもある。

伊勢神宮関連地図

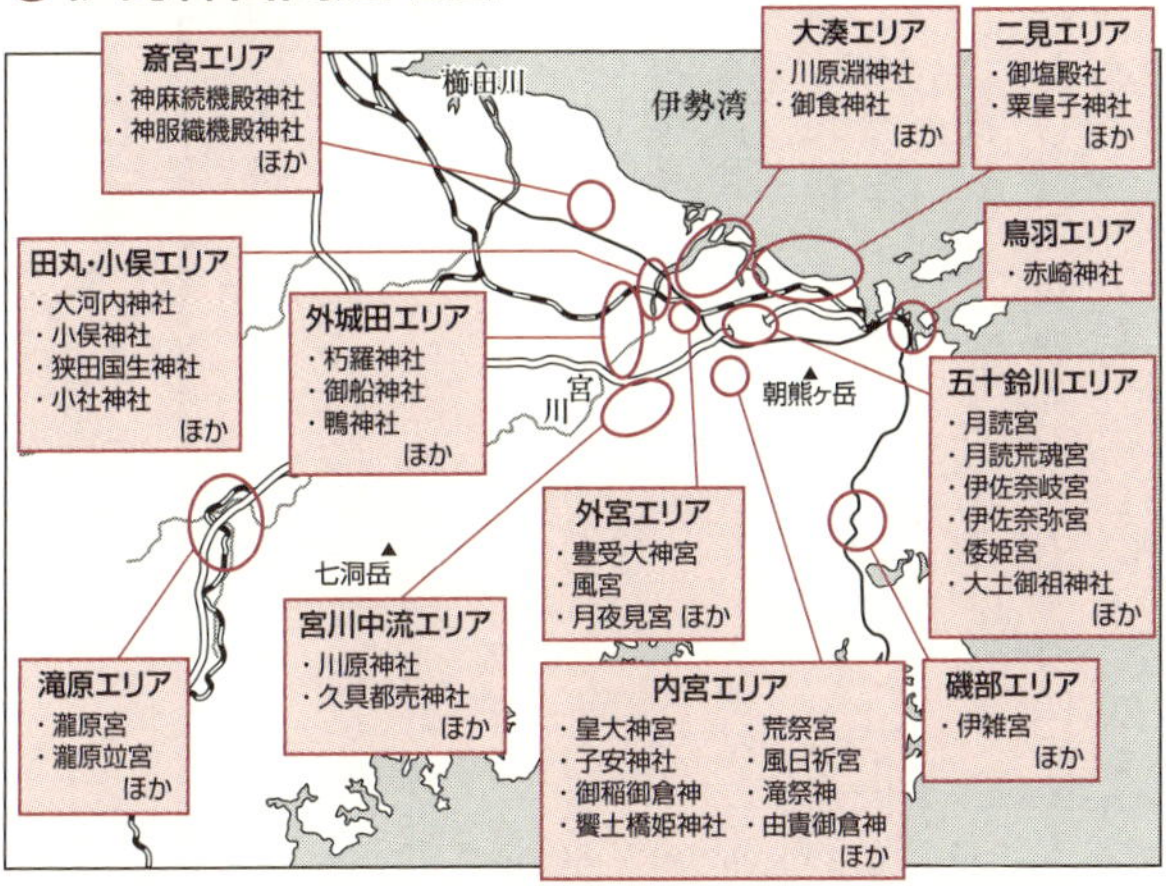

伊勢神宮を構成する125社は三重県全域にわたって点在している。

農事にとって重要な天候にまつわる祭りは、五月十四日と八月四日の「風日祈祭」だ。五月には御幣束・御蓑を献じ、八月には御幣束を奉納して、風雨の順調な恵みを願う。

伊勢神宮で最も重要な神嘗祭との関わりが深いのが、新しい神服を奉献する「神御衣祭」である。もとは四月と九月の十四日に行なわれたが、今はひと月遅れで実施される。本来、秋ごとに新宮殿を造り、そこで新嘗をしていただくのが理想だが、それができない代わりに、神衣を新調する意味合いも含まれているようだ。

神衣は松阪市の神服織機殿神社境内と神麻続機殿神社境内に設けられた機殿で織られる絹二十四疋、麻八十疋などを奉献する。

出雲大社の祭り

オオクニヌシ神の社で行なわれる古の祭祀

出雲大社では年間七十二回の神事が行なわれている。長い歴史のなかで途絶えたものもあるが、古伝新嘗祭のように古い歴史を伝え、研究対象となった祭も多い。新年の「吉兆・番内」や大社町の人が夜間の外出を控える神幸祭などは出雲大社独特の祭りである。

「吉兆・番内」は一月三日の祭り。吉兆とは「歳徳神」と縫い取りした金襴の幡を指し、この吉兆の先導をするのが、厄年の男が扮した鬼神の番内だ。各町内で吉兆を出し、大社に集結する。

八月十四日の神幸祭は古伝新嘗祭と並ぶ古くから伝わる厳粛な神事で、オオクニヌシ神の神幸に宮司が供奉するお祭で「身逃げ神事」ともいう。八月十四日、境内の諸門を開け放つと、深夜、神官が湊社と赤人社を巡り、稲佐浜の塩掻島で塩を掻き、国造家と出雲大社に拝礼して終了である。

ただし、この神幸の途中で人に逢うと不浄とみなされ、大社に戻ってやり直さなければならない。そのため大社町の人々は、門戸を閉ざし、極力夜間の外出を控えるという。一方、国造はそれに先立ち中宮西村神太夫家に赴いて斎戒をする身逃げの神事を実行するのがならわしである。この神幸祭は翌日の爪剥祭の潔斎にあたる。

翌日、掻き取った塩と稲穂、爪、ナス、大角豆などをオオクニヌシに供え、爪剥祭を行ない、神様の魂を迎えるのである。

このほか、「大祭礼」は、五月十四日から十六日にかけての例大祭である。神饌の奉献や勅使祭文奏上などがある厳粛な祭礼で、十五日以降は御田植神事、獅子舞、神代神楽、相撲などが盛大に行なわれる。

また六月一日には森から神を迎える「真菰の神事」がある。境内外の出雲の森から境内の御手洗井まで、五十センチ間隔に真菰が敷かれ、その道を宮司が歩くというものである。

吉兆・番内

八足門前で年間の無病息災を祈る吉兆・番内の神事。

コラム　知っておきたい伊勢・出雲の神さま②

大国主神（おおくにぬしのかみ）

出雲大社に祀られる神であり、『古事記』ではスサノオ命の６世の子孫、『日本書紀』ではスサノオ命の御子神として登場する。『日本書紀』においてその物語はほとんど記されないが、『古事記』ではオオクニヌシ神が活躍する出雲神話は全体の３分の１を占める。

- **祭神とする主な神社**
  出雲大社、
  大神神社ほか
- **神格**
  国作りの神、農業神
- **神徳**
  五穀豊穣、産業振興、
  交通安全、縁結びほか

オオクニヌシは、もともとオオナムチという名で、八十神（やそがみ）と呼ばれる兄たちとともに稲羽（いなば）のヤガミヒメのもとに求婚に赴く途中、ワニに皮を剝かれた兎を助けた「稲羽の素兎（しろうさぎ）」の物語で有名だ。この徳のおかげで兄たちを差し置いてヤガミヒメに求婚を受け入れられたオオナムチであったが、兄たちの迫害に遭い、スサノオ命が支配する根（ね）の堅州国（かたすくに）へと逃れる。ここでスサノオが与えた試練を潜り抜けた彼は、オオクニヌシの名とスサノオの娘スセリビメを得て、兄たちを破り地上世界の統一に成功、国作りを行なったという。

オオクニヌシの力で地上世界「葦原中国（あしはらのなかつくに）」は栄えたが、やがてアマテラス大神からの国譲りの勧告を受ける。はじめのうちは、アメノホヒら使者を懐柔していたものの、ついにタケミカヅチという武力に長けた神からの勧告を受けるに至り、これに屈服。出雲大社の創建を条件に地上世界をアマテラス大神の子孫に譲ることとなった。

奈良県桜井市の大神（おおみわ）神社に祀られるオオモノヌシ神もオオクニヌシ神の別名といわれる。さらに「大国（ダイコク）」の音から、後世福の神である「大黒」と同一視されるようになった。

三章

ヤマト政権と出雲の興亡

国家の誕生

ヤマト政権の発祥と山陰に形成された首長連合

山陰に誕生した〝クニ〟

縄文時代末期、日本に稲作が伝わると、山陰地方でもほどなく稲作が始まり、紀元前三世紀頃には沖積平野や盆地などが豊かな水田地帯へと変わっていった。農耕の発展はそれまでの地縁集落から大規模な集団を形成する機運を生み、弥生中後期には出雲平野で地縁的な大集団がいくつか形成されるに至った。島根半島西部では腕輪を装着した弥生人骨が発見されているが、集団をまとめる特別な首長も出現していたようだ。こうした連合は共通の信仰を通じてまとまりを維持していた。そのシンボルとなったのが青銅器である。弥生中期の遺跡、島根西部斐川の神庭荒神谷遺跡からは三五八本というおびただしい数の銅剣が発見された。共同祭祀によって、集団間の連帯を強めたともいわれている。

ところが紀元前後、この出雲の各集団には大きな再編の波が押し寄せたようだ。その変遷を顕著に物語るのが墳墓と鉄器である。鉄器は飛躍的に農耕の質的向上をもたらしたが、同時に鉄器を軸にした新たな集団編成を促した。その際、新たな連合のシンボルとなった

『出雲国風土記』の神話分布

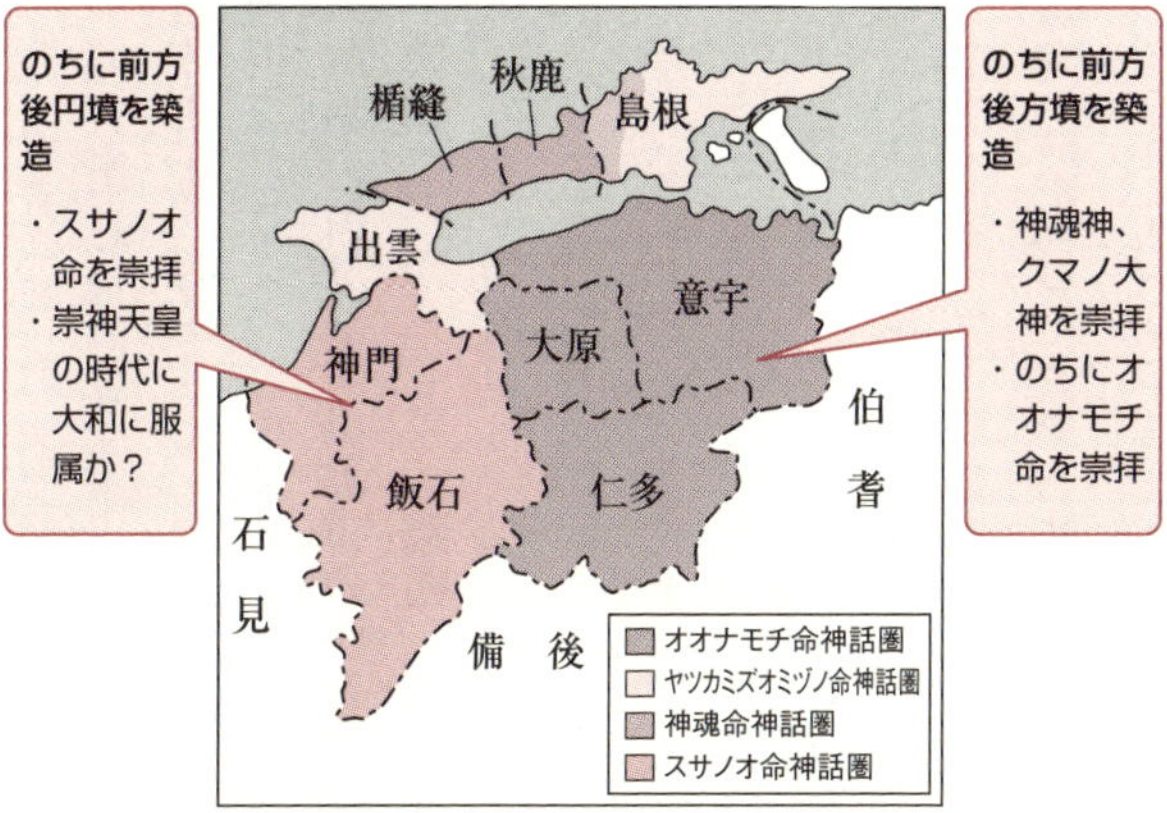

『出雲国風土記』の神話は、出雲東部にオオナモチ神話が、西部にはスサノオ系の神話が集中して分布する。これは諸勢力の勢力分布を示すと見られている。

神庭荒神谷遺跡

銅剣358本が一度に発見され、古代出雲における祭祀の様子がうかがえる出雲の神庭荒神谷遺跡。荒神谷は神の山である仏経山を臨む聖地であった。

のが墳丘墓である。弥生中期に出現した墳丘墓は、後期に入ると墳丘の四隅が外側へ向かって突出した四隅突出型墓へと昇華されていった。これは、島根県から富山県にわたる日本海沿岸部を中心に見られる墓の形態である。各首長たちが同じ形態の墓を造ることで連携をとりつつ、広域のクニを構成したといわれている。やがて二世紀後半になると、巨大四隅突出型墓が出雲市の西谷墳墓群と安来市の塩津山墳墓群という出雲の東西に出現していることからして、東西に有力なクニが出現して小勢力をまとめていたようだ。

東西のクニの出現は、神話の分布図から見て取ることもできる。水野祐氏は、『出雲国風土記』から出雲東部にオオナモチ（＝オオクニヌシ神）系神話、西部にスサノオ系神話に分かれると指摘。東西それぞれ、固有の信仰を有していたことが分かる。前者を奉斎し、アメノホヒを祖としていたのが出雲東部、意宇郡を本貫とする勢力であった。のち、出雲は統一されるが、神話の上でもオオナモチ命はスサノオの娘を娶ることでスサノオ神話も吸収し、出雲の統合神オオクニヌシとして杵築大社に祀られていくのである。

纏向に誕生したヤマト政権

弥生時代に入って出雲の古代史が急速に動いたのは中央の歴史とも無縁ではない。

近年の研究によると、ヤマト政権は三世紀半ば、奈良県桜井市の纏向（まきむく）に誕生したといわれている。纏向の政権は、独自の文化を築いて、周辺豪族を支配下に収め、勢力を広げつつあった。この地の遺跡からは日本各地の土器も発見されており、交易の核となっていた形跡もうかがえる。

こうした政治的緊張も、地方の地域勢力がまとまる機運を高めたと思われる。

ヤマト政権のゆりかご・纏向遺跡

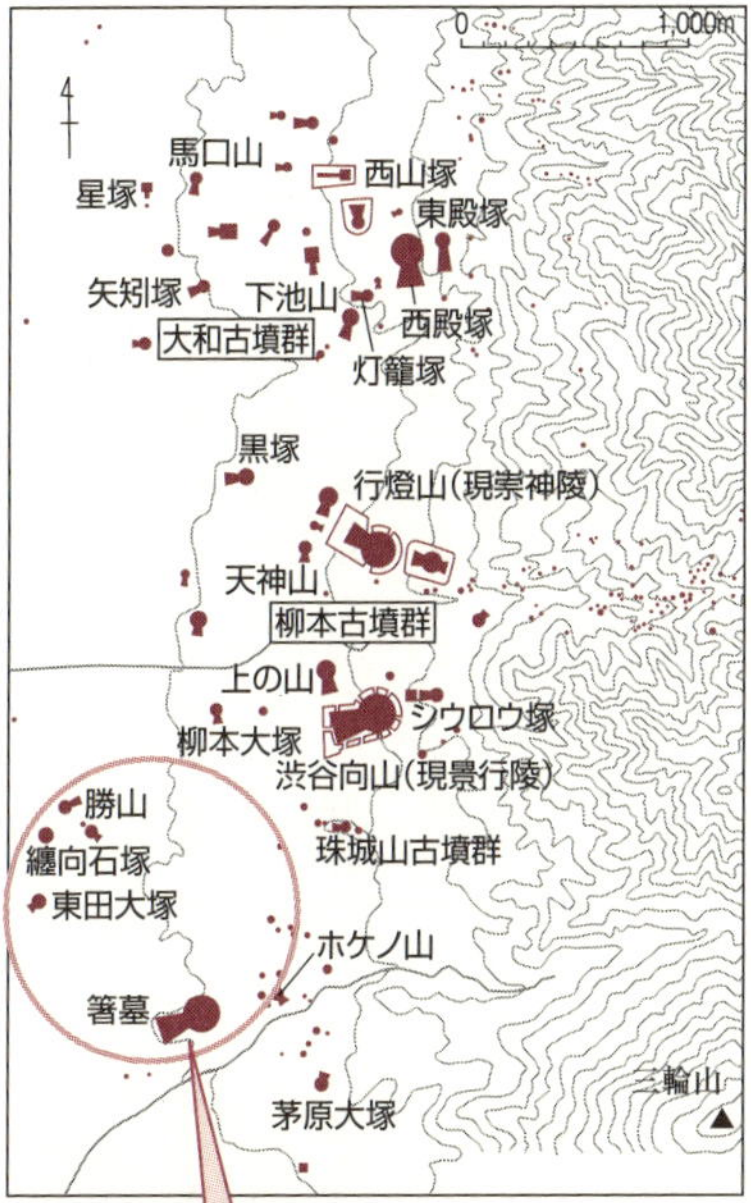

纏向遺跡群

ヤマト政権の起源といわれてきたが、2009年、邪馬台国と同時期の3世紀半ばに存在したと見られる大型建物跡が発見された。

大和と出雲の接触

大型古墳の築造が示す畿内・出雲両勢力の邂逅

※群雄割拠から二大勢力へ

三世紀後半、山陰社会で隆盛を誇った四隅突出型墳丘墓は姿を消した。代わって出現したのが古墳と呼ばれる新しい形態の墓である。しかも古墳の登場は出雲だけでなく、東北などを除いた全国規模の現象で、日本列島に古墳時代をもたらしている。

古墳の形や規模、密度が大和にあることから、各地の首長たちがヤマト政権の傘下に入っていったと考えられている。やがて出雲にもヤマト政権の勢力が波及。出雲でもほかの例にもれず東部地域には前方後方墳が築造された。そして、この地域の勢力はヤマト政権に従い、信頼を得ていたようだ。

一方の西部地域は多少遅れて前方後円墳が築かれるようになった。また、神原(かんばら)神社古墳からは、卑弥呼(ひみこ)が魏(ぎ)から賜(たまわ)った鏡かといわれる「景初(けいしょ)三(さん)年（二三九）」の銘が刻まれた三角縁神獣鏡(かくぶちしんじゅうきょう)も出土していることから、ヤマト政権の進出、もしくはヤマト政権と密接に結びついた勢力の存在をうかがわせる。

ヤマト政権の進出は、出雲地方の勢力図を一変させた。

それぞれの勢力がヤマト政権とどう向き合うかで、その後の対応が大きく変わったのだろう。弥生時代に醸成されていたゆるやかな連合という政治秩序は解体され、群雄割拠（ぐんゆうかっきょ）の時代へと突入していく。古墳の分布から、大別して八つの勢力が台頭していたようだ。これが出雲西部のキヅキと出雲東部のオウの二大勢力へ集約されていったのは六世紀半ば頃といわれる。

復元された馬上の大首長像

（島根県教育庁文化財課古代文化センター提供）

　西部では出雲市大念寺（だいねんじ）古墳、東部では松江市山代二子塚（やましろふたごづか）古墳と二極化した大型古墳が見られるようになったことから東部、西部それぞれをまとめあげた勢力がいたことが分かる。

大和と出雲西部との抗争か

この過程において『日本書紀』では崇神天皇六十年の記事に、ヤマト政権による出雲征服を反映したとも見られる事件が記されている。

七月十四日、崇神天皇は出雲の神宝を見たいと、武諸隅を使者として出雲に遣わしたが、これを管理する出雲振根は、九州に赴いており、留守であった。そこで弟の飯入根が代わりに献上したところ、戻ってきた振根は激怒し、勝手に神宝を差し出した飯入根を殺害。今度は、それに怒った天皇が吉備氏を派遣して、振根を征伐させたというものである。

首長として登場する「出雲臣の遠祖出雲振根」は『出雲国風土記』の出雲郡健部の条に登場する神門臣古祢と同一人物とみなされている。そのため、『日本書紀』の記事は出雲西部の勢力が朝廷に反抗して制圧されたとみることもできる。しかも、岡山の吉備氏が振根の征伐にも加わっていることから、大和の進出には出雲の隣国である吉備氏も関与していたかもしれない。

ヤマト政権の出雲進出にあたって、すぐに従ったものもいれば最後まで反抗して、服属させられたり、滅ぼされたりしたものもいただろう。この記事は当時の出雲抗争史を投影したものともいえるのである。

出雲の大型古墳分布と諸勢力

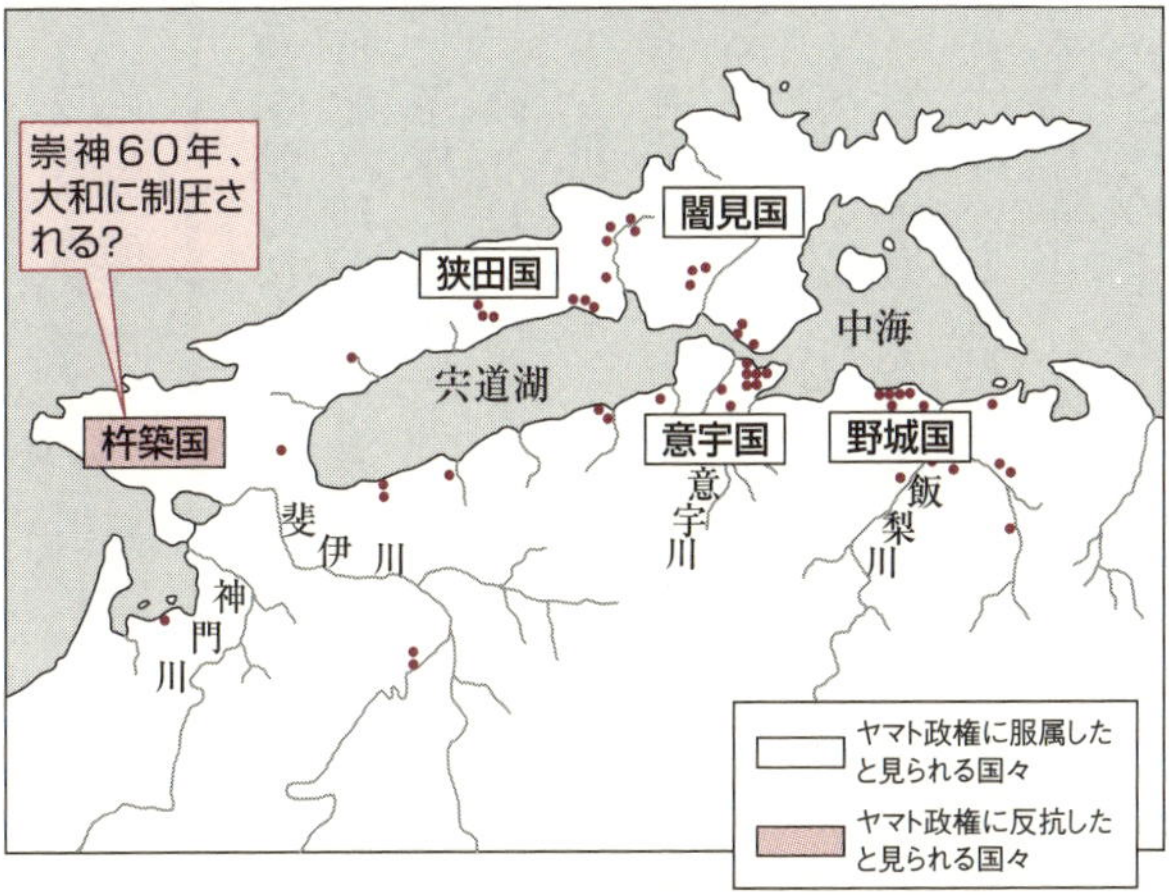

6世紀初め以前の大型古墳分布を見ると、出雲東部に偏っていることがわかる。意宇の勢力は早くから大和朝廷の影響を受けて服属し、その墓制を受け入れたと考えられる。

岡田山1号墳

額田部臣の銘が入った鉄剣が出土した岡田山1号墳も、山代二子塚古墳同様の前方後方墳である。

出雲勢力の服従

出雲を制したのは東部の意宇か、西部の杵築か

※出雲を制したとされる出雲臣一族

六世紀半ば、出雲東部では全長九十四メートルという突出した規模を持つ前方後方墳・山代二子塚古墳が築造された。この古墳は松江市南部、当時の「意宇(おう)の国」の中心地に築かれており、この地域の勢力が出雲東部をほぼ統一したことを示すものといわれている。

一方、出雲西部でも出雲市に全長九十一メートルの前方後円墳、出雲市の大念寺古墳が築造されていることから、やはり有力な勢力が西部に君臨していたことがわかる。

このような大型古墳の二極化はすなわち、東のオウと西のキヅキという二大勢力の対峙を表わすものだ。この二大勢力はその後、六世紀後半くらいまで拮抗(きっこう)していたようだが、やがて均衡が崩れる。それが東西勢力の直接の対決によるものなのか、西部がヤマト政権に敗れ、勢力を衰退させたのかは不明である。

前述した通り『日本書紀』ではヤマト政権が出雲西部を従えたという見方もできる一方、井上光貞氏のように、対立していた東のオウが西のキヅキを滅ぼし、出雲を統一したと結

前方後方墳の築造時期

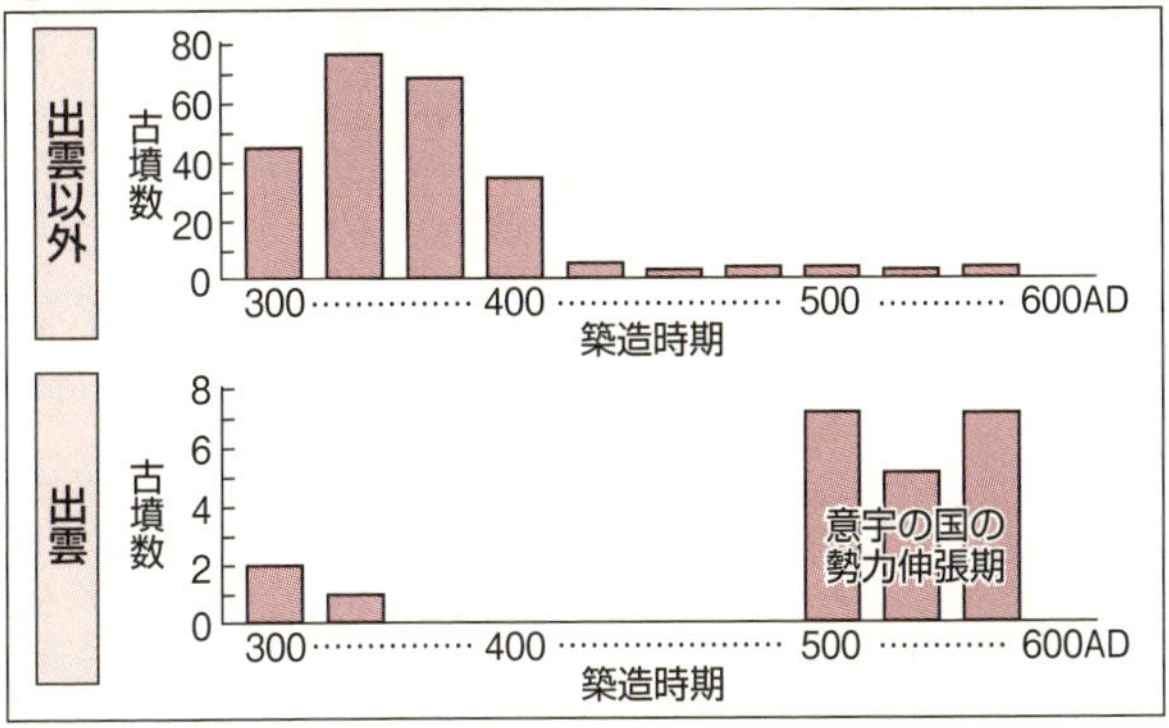

出雲以外の地域における大型古墳は、4〜5世紀の築造が多い。これに対し、出雲は全国での築造が大方終わった6世紀の間に築かれている。この時期は意宇の国の勢力拡大の時期にあたり、この国の躍進がヤマト政権の力を背景にしていたことをうかがわせる。

論付ける意見もある。古墳の形態などからみても東部の勢力が西部の勢力を押さえ、出雲全土に君臨したという説が有力のようだ。同時に古墳も前方後方墳から方墳へと変化している。

この出雲の統一を果たした意宇の勢力は、八世紀の史料に見える出雲臣(いずものおみ)一族と考えられている。出雲臣は意宇郡の郡司の長官をつとめ、出雲国造(くにのみやつこ)に任命された一族である。また、律令国家において出雲国庁は出雲臣の拠点であった意宇郡に置かれている。

こうした背景から次のようなシナリオが想像できる。意宇を本貫とする出雲臣一族は、出雲東部に君臨し巨大古墳を築き、実力で出雲統一を成し遂げた。その勢力はヤマト政権、その後の律令国家の下でも保持し続けた。それゆえ出雲国庁も意宇郡に配置され、出雲国造にも任命されたというものである。ただし、出雲国造とオウの王がそのままつながる確実な系譜は見つかっていないため、あくまでも憶測の域を出ない。

❋祭祀統一の過程で崇拝された神々

オウの王が出雲統一を成し遂げることができたのは、その力もさることながら、早々と国内の統治機構を充実させ、祭祀を整備していったことも大きい。

彼らは勢力を拡大するにつれ、本来の地主神であるクマノ大神とは別に創造神とされる神魂神(かもす)の祭祀を整えた。『出雲国風土記』にはこの御子神(みこがみ)の名が見え、それが西部の出雲振根の支配地域にも及んでいるなど、オウの王が影響力を拡大していたことがわかる。

こうして創造神の神魂神を統合の象徴にする一方、サダ、ノギなど比較的大きな勢力が祀っていた祭神を大神として別格に扱った。そしてオウの国が出雲東部の王から出雲全域の覇者になり、より広域の神が求められるようになると、出雲全土の神としてオオクニヌシ神をすえた。神魂神の御子神がオオナモチ命と婚姻する形をとることで、いわゆる祭祀の禅譲(ぜんじょう)を行ない、二大社四大神を成立させていったのである。

出雲における6世紀半ば頃の大型古墳の分布

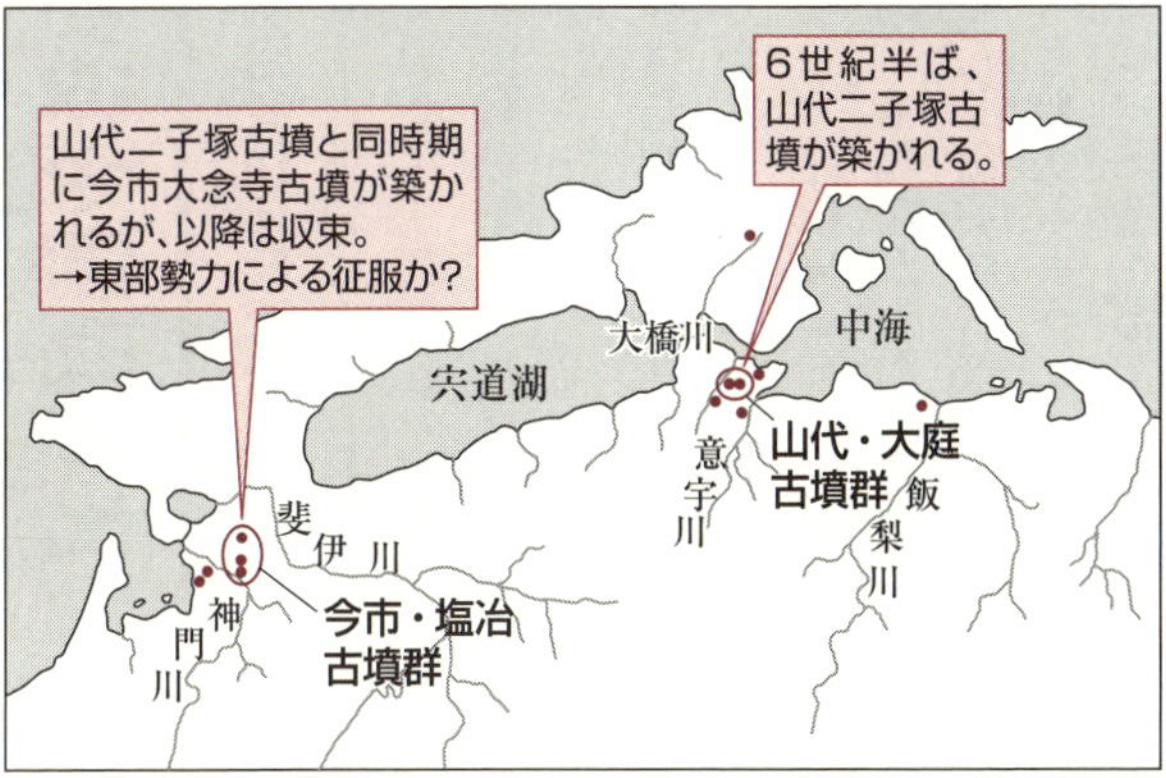

6世紀半ば、出雲の東西で、大型古墳の山代二子塚古墳(前方後方墳)、大念寺古墳(前方後円墳)がそれぞれ築かれたが、その後は東部のみの築造ばかりが目立つようになる。

出雲・吉備・大和の動向

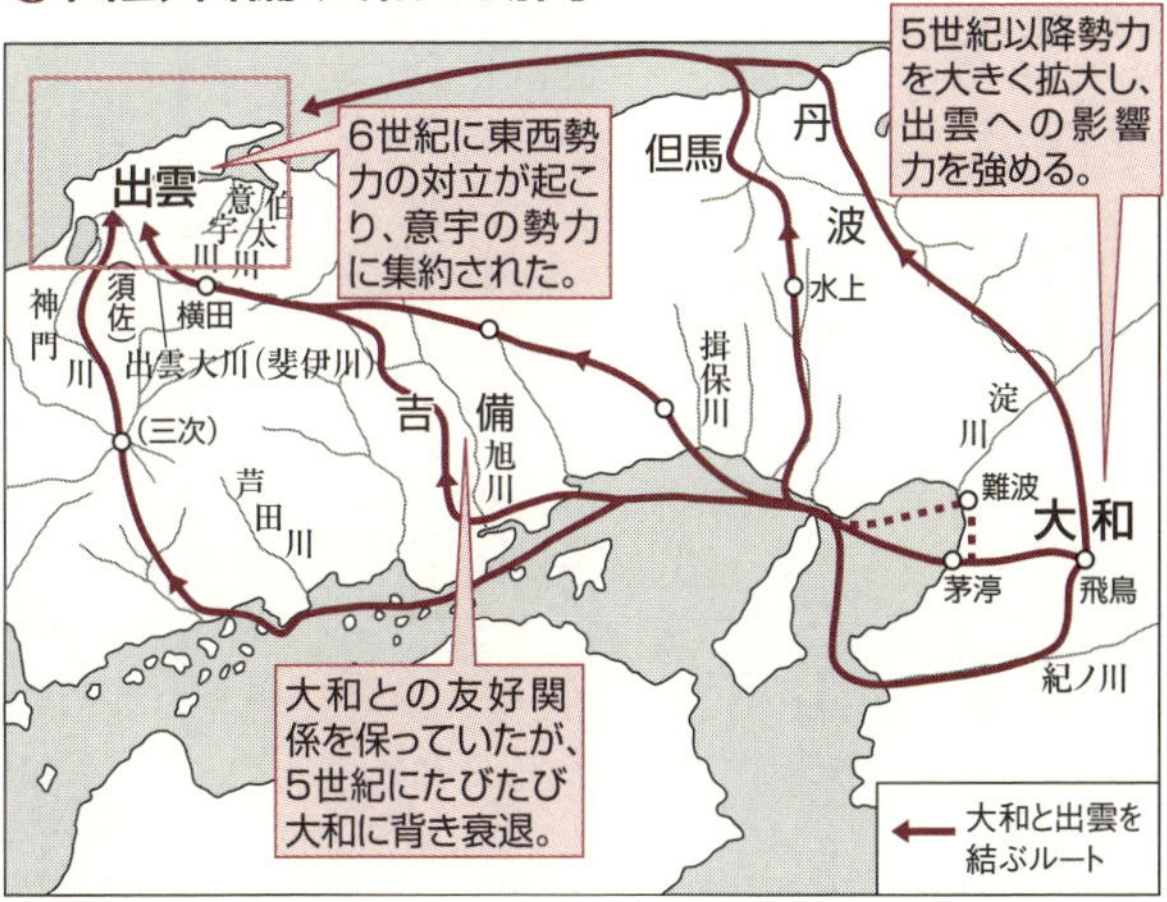

6世紀は大和、吉備の勢力が拡大し、出雲へと影響力を伸ばしつつある時期でもあった。

律令国家と出雲

『出雲国風土記』に反映された出雲人たちの独自性

※統治者から祭祀者へ

五～六世紀に成立したとみられる国造制度は、技能集団の宰領者であった伴造に対応して制度化されたものである。ヤマト政権下における地方官であり、地域の支配者として在地豪族が任ぜられたため、強い独立性を維持していた。そのため国造は、実質的に地域の政治、祭祀を統括する役目を負っていた。『国造家』は、出雲国造に出雲臣が任ぜられたのは崇神朝の頃としている。

しかし、大化の改新を経て七世紀半ばに律令体制が促進されると、国造支配は否定されていく。中央からは国司が派遣され、国造はその下で役人に任命されたが、出雲国もその例にもれなかった。

ただし出雲国造は、六五九年に杵築大社と思われる神社の創建を命じられていることからも分かるように、祭祀を司る重要な役割を担っていたようだ。その特殊性からか、出雲では、国造と郡司の兼任が許されている。そのため八世紀初頭においても出雲国造が輩

古代出雲の中心・意宇平野

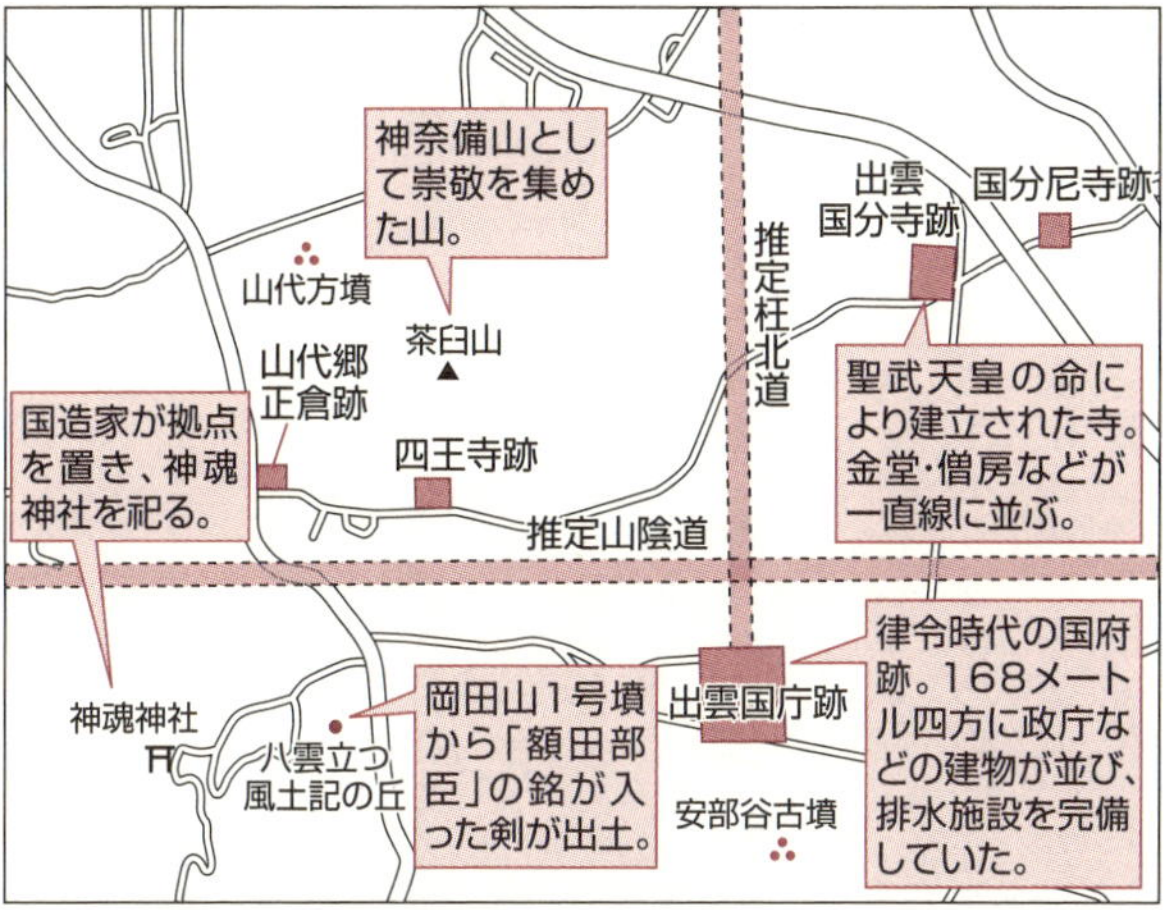
神奈備山として崇敬を集めた山。
山代方墳
茶臼山
山代郷正倉跡
国造家が拠点を置き、神魂神社を祀る。
四王寺跡
推定山陰道
推定杠北道
出雲国分寺跡
国分尼寺跡
聖武天皇の命により建立された寺。金堂・僧房などが一直線に並ぶ。
律令時代の国府跡。168メートル四方に政庁などの建物が並び、排水施設を完備していた。
出雲国庁跡
岡田山1号墳から「額田部臣」の銘が入った剣が出土。
神魂神社
八雲立つ風土記の丘
安部谷古墳

律令国家時代の出雲の中心は、意宇に置かれた。国府跡の周辺には数々の史跡が残っている。

出雲国庁跡

出雲国庁ほか4つの役所が調査をもとに復元され、排水設備も整っていたことがわかる。また、国庁跡周辺には、国分寺跡や山代郷正倉跡なども見られ、出雲の中心であった時代を彷彿とさせる。奥に見える屋根は六所神社。
（松江市役所提供）

出している出雲臣一族は、出雲九郡の郡司職のうち約四分の一を占めるなど隆盛を極めた。

しかし出雲も律令体制のなかに組み込まれ、国司の権力伸張に反比例して、その勢力を減退させていった。出雲臣一族の政治権力の喪失を決定付けたのは、七九八（延暦十七）年、国造の郡領兼任が禁じられたことが大きいようだ。この法令により、出雲臣は、政治的権限を奪われ、祭祀の統括者としての役割のみを担うようになった。そのため、この前後に出雲国造は意宇から出雲大社のある杵築に移住したものと考えられている。

『出雲風土記』を編纂した出雲臣

出雲国造が最後に存在感を発揮したのが『出雲国風土記』の編纂である。風土記の編纂は七一三（和銅六）年、朝廷が諸国に郡郷に好い字をつけ、産物の種類、土地の状態、地名の由来、古老の伝承などをまとめて提出するよう命じたことに始まる。現在では出雲国を含めて五か国の風土記しかまとまった形では残っていないが、七三三（天平五）年に完成した『出雲国風土記』はきわめて特異な内容になっていた。出雲では、他国と異なり、国司ではなく「出雲臣広嶋」を筆頭に在地の郡司たちが中心となって編纂したため、郷土色豊かな風土記が完成したのである。

『出雲国風土記』編纂者

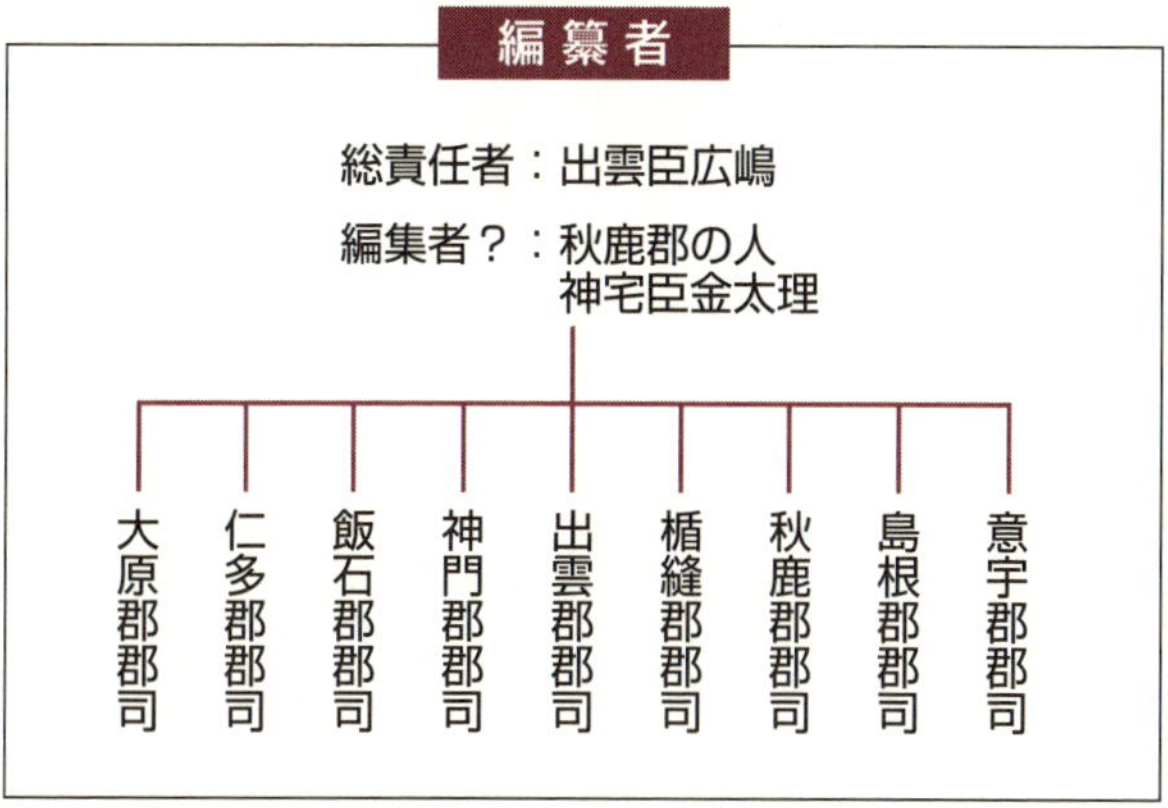

『出雲国風土記』の編纂を担った人々は、在地の官吏たちであったため、地方色豊かな風土記となった。

特筆すべきは天皇の登場回数がきわめて少なく、ほかの風土記では頻出する天皇の巡(じゅん)幸(こう)説話が一例もないことである。代わって巡幸伝説に登場しているのは、「天の下造らしし大神」と形容されたオオナモチ命だ。

ほかの風土記は、中央政府から派遣されてきた官吏である国司たちが編纂したため、現(あら)人神(ひとがみ)である天皇を主人公として登場させたのに対し、出雲国造を中心に地域の視点から編纂した『出雲国風土記』の場合は、出雲の最高神であるオオナモチ命を登場させたのだろう。出雲国造にとって朝廷は、あくまで支配者に過ぎなかった。こうした人々に対して意地と誇りを見せ付けたのが、『出雲国風土記』だったのかもしれない。

信仰の土壌

二大神社の鎮座地はなぜ伊勢と出雲でなければならなかったのか

※三輪山の太陽信仰と重なる伊勢の姿

伊勢神宮と出雲大社が、それぞれの地に創建された理由は何だったのか。長年多くの人々がこの疑問の解明に挑んできたが、はっきりとした答えは出ていない。ただひとついえるのはやはり両方とも、古い信仰にそのルーツを求めることができるようだ。

まず伊勢のアマテラス信仰に関しては、纏向の地に誕生したヤマト政権が信仰していた三輪山信仰も投影されているという。三輪山は山麓に祭祀遺跡が集中していることからも分かるように、古くは神の宿る神奈備山（196ページ）として信仰される一方、日の昇る山として崇敬されており、頂上より太陽を拝むという原始信仰も存在していた。農耕を本格的に始めた弥生時代の人々にとって、太陽は時節を知る大切な指針であっただろう。六世紀の推古朝の頃には国家レベルでの太陽信仰が始まったといわれる。それを表わすかのように三輪山と太陽と遺跡とが奇妙な関係で結ばれている。

三輪山の周囲にある「多神社遺跡」「唐古・鍵遺跡」「橿原・一町遺跡」を線で結ぶと、

三輪山周辺の遺跡

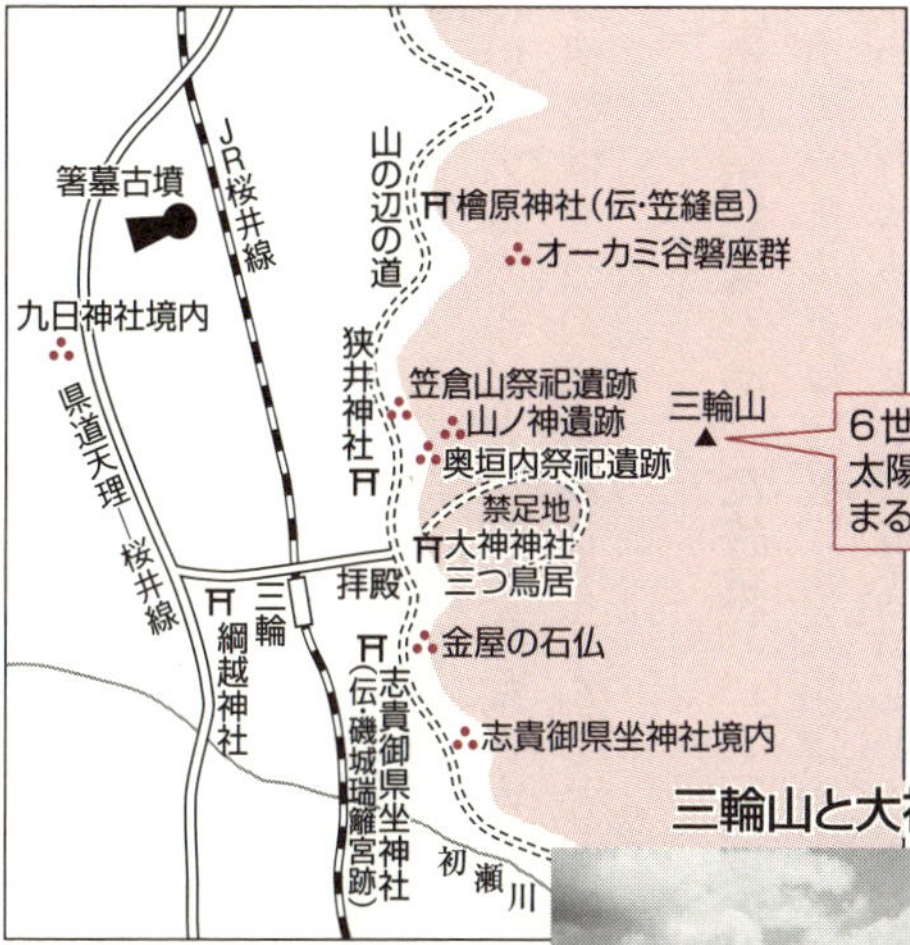

三輪山山麓からはいくつかの祭祀跡が発見されている。山中にも磐座が残っているが、祭祀の多くは山麓で行なわれていたとみられる。

三輪山と大神神社

コラム　三輪山と大神神社

大神神社ではオオクニヌシ神と同一視されるオオモノヌシ神を祀る。2世紀頃に出雲で生まれたオオクニヌシ神話は、次第に成長して偉大な神となる物語が農耕民に広く受け入れられ、全国で祀られた。

三輪山を頂点にした二等辺三角形になる。

奈良の写真家・小川光三氏は、この二等辺三角形内は、春分・秋分・夏至（げし）・冬至（とうじ）それぞれに三輪山の日の出を仰ぎ見ることができる地帯であると指摘して「太陽の道」と名づけた。さらに三輪山を軸に東西へ線を伸ばすと、同緯度上に東は伊勢神宮の斎宮（さいくう）の史跡が、西は淡路島の伊勢神社が、三輪山から等間隔に並ぶ。しかも伊勢は大和から見て東、すなわち日出る（いづる）国にあたり、また太陽信仰が存在する地でもあった。アマテラスの鎮座地を探していた天武（てんむ）天皇にとって、三輪山から見て太陽の昇る方角に位置し、共通の太陽信仰を持つ伊勢は、その鎮座地としてふさわしい信仰の場所に思えたに違いない。

出雲の祭祀場であった杵築

一方の出雲大社はなぜ、古代出雲の中心ではなく、出雲の北西端の杵築に築かれたのだろうか。当時の杵築は、古代出雲の政務の中心地意宇（おう）から離れ、遺跡の集中している出雲平野でもない、辺鄙（へんぴ）な場所だった。

その杵築の信仰のルーツともいえるのが、出雲大社の目前に残る弥生前期の原山（はらやま）遺跡だろう。ここでは出雲では珍しい弥生前期の墓が発見されている。しかもすぐ近くの弥生中

出雲大社周辺の遺跡

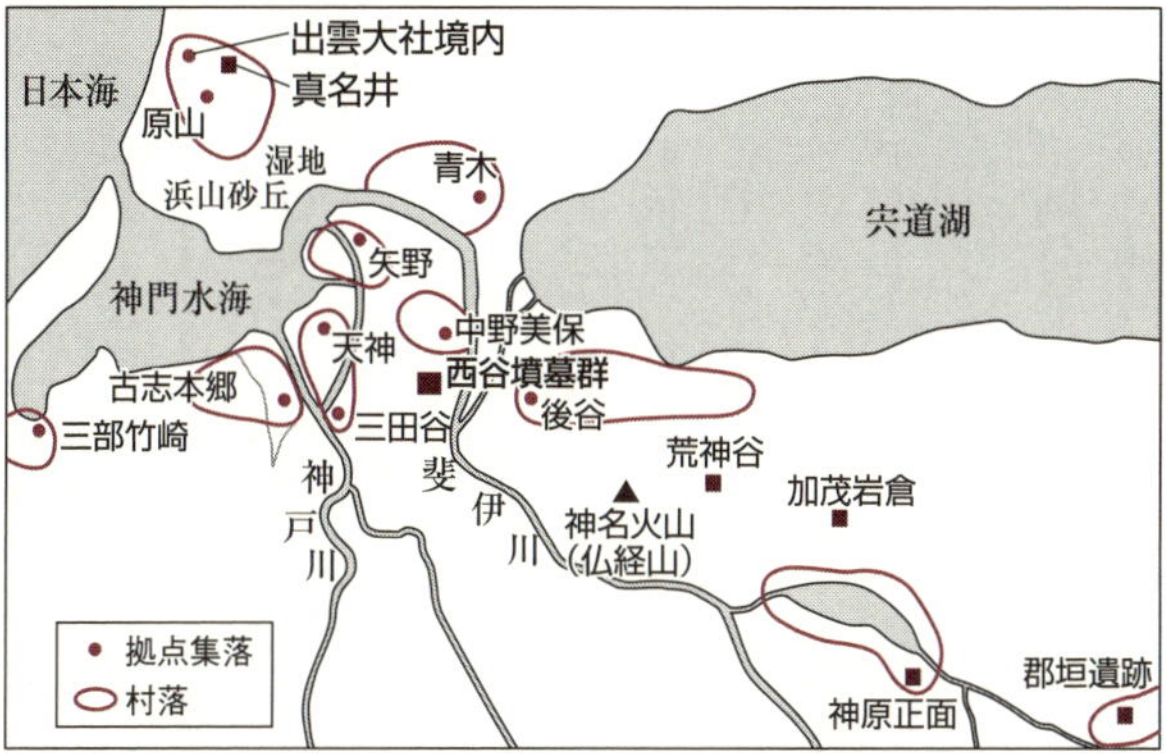

出雲大社の境内からは弥生時代の祭祀跡が発見されており、古来この場所が神聖視されていたことをうかがわせる。

末期の五反配(ごたんばい)遺跡からは勾玉(まがたま)や鉾(ほこ)や剣などを埋納した祭祀遺跡が出土し、ここが杵築の最初の祭祀場所だったと見られている。さらに、出雲大社境内から発見された古墳時代前期の滑石製臼玉(かっせきせいうすだま)が、もっぱら畿内で使用されていたことから、一帯は大和の影響を受けた祭祀センターだった可能性も考えられる。島根県埋蔵文化財調査センターの松尾充晶氏は、ヤマト政権が国津神(くにつかみ)の統合の地として杵築大社を築くとき、出雲王権の影響のある祭祀場ではなく、古くから祭祀の地であり、ヤマト政権も関わる祭祀場に大社を築こうとしたのはごく自然のなりゆきだと指摘している。

いずれにしろ、両神社とも古くから信仰上の下地を持つ場所に祀られたようである。

三種の神器と銅鐸

出雲の銅鐸の埋納は
ヤマト政権への抵抗の証か

❋出雲で発見された大量の青銅器

草薙剣、八坂瓊勾玉、八咫鏡から構成される三種の神器。剣、勾玉、鏡は天皇の象徴であり、ヤマト政権が執り行なっていた祭祀の道具に由来するものである。とくに伊勢神宮に祀られている八咫鏡は、アマテラス大神の御神体とされ、篤く敬われている。

一方、出雲での祭祀の道具といえば、一九八四（昭和五十九）年に島根の神庭荒神谷遺跡から埋納状態で発見された剣が有名である。これは当時、世紀の大発見といわれた。何しろそれまで日本全国で総数三〇〇本しか見つかっていなかった銅剣が三五八本も一箇所から出土したのである。さらに翌年には、銅剣埋納場所から右へ七メートルの地点で、銅鉾と銅鐸が出土した。この三点が一箇所からセットで出土したのも初めてのことだった。

しかもこれらは細心の注意を払って埋納されていた点にも注目が集まった。銅剣と銅鉾は一定の法則に従って整然と並べられており、また、銅剣の置かれた場所には、もともと屋根のついた施設があったことも判明。何らかの意図を持って埋められたものと推測され

荒神谷・加茂岩倉銅鐸と同笵の銅鐸分布

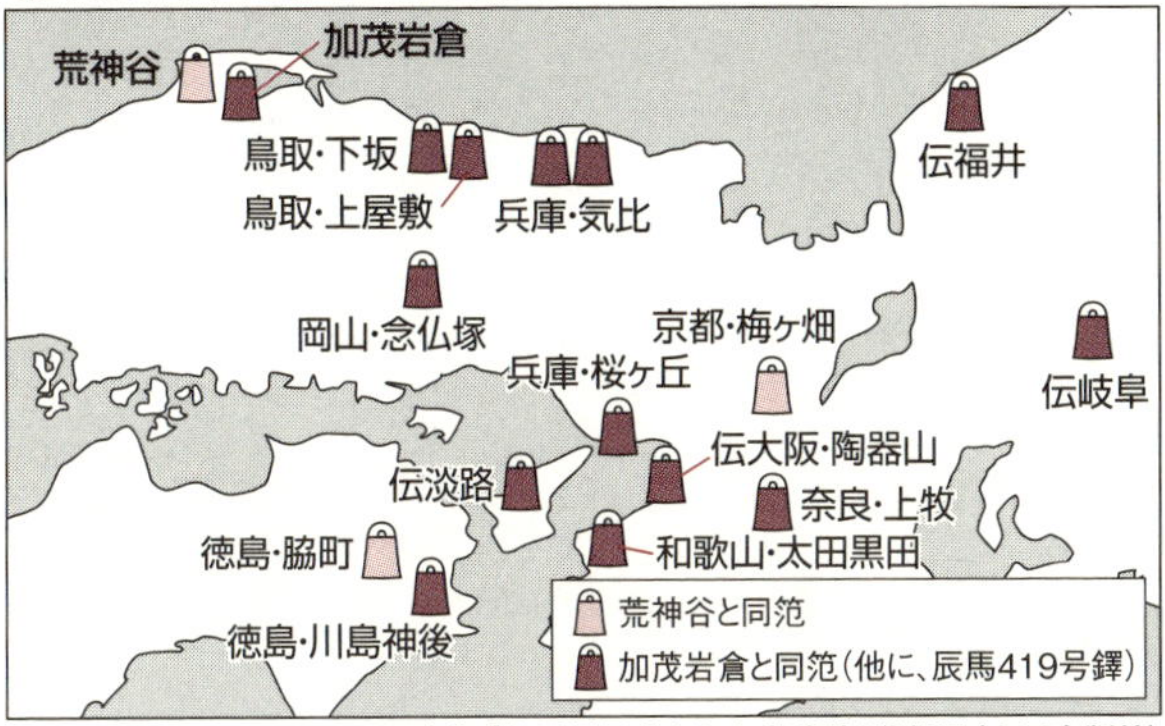

※出典:『出雲国風土記と古代遺跡』勝部昭（山川出版社）

出雲で発見された銅鐸は同じものが中国、近畿、四国、北陸と広範囲にわたって発見されている。こうした幅広い範囲に銅鐸を祀る習慣があったとみられる。

たのである。その十二年後には、荒神谷遺跡の近くの加茂岩倉遺跡から三十九個の銅鐸が出土したが、これも、ひとつの遺跡から見つかった銅鐸としては史上最多のものだった。

銅鐸を埋納した出雲人の意図

このうち銅鐸は弥生前期の本州を中心に祭祀の用具、主に農耕の祭事に使われていたとされる呪具である。銅鐸や土器に描かれた絵では、銅鐸は吊り下げられており、打ち鳴らされることを前提とした「聞く銅鐸」だったことが分かる。春には豊作を祈り、秋には豊作に感謝するために銅鐸が打ち鳴らされたのだろう。

ところが古墳時代を境に銅鐸は消滅する。

銅鐸を使った祭祀が廃れたためだが、光を反射する鏡が聖なる畏れの対象となったのか、祭祀の道具が銅鐸から銅鏡へと移っていったようだ。ヤマト政権は権威の象徴として、勢力下にある豪族たちに鏡を配布したとされる。

用のなくなった銅鐸はどうなったのかといえば、倉庫代わりに埋めていた土の中に、そのまま破棄されたともいわれる。呪性を取り去るためか、壊して埋めることもあったようだ。この埋納の理由については、地の神に捧げるために埋めたとも、邪悪なものや外敵を防ぐ信仰上の理由だという説などがある。

では、出雲での銅鐸の大量埋納は何を意味しているのだろうか。じつはヤマト政権が祭器を銅鐸から銅鏡へと変えた時期は、すなわち、畿内の勢力が各地方を取り込もうとしていた時代である。出雲にも当然その圧迫が加えられていただろう。こうした動きに反発した出雲の首長たちは、自分たちのシンボルである銅鐸を持ち寄って埋納することで、畿内の勢力に対し一致団結していくことを示したのかもしれない。

また、『出雲国風土記』の大原郡神原郷の記事に、神原郷は「天下造らしし大神の御財を積み置きし処なり」というものがある。もしかすると、この記載は、加茂岩倉遺跡出土の銅鐸を埋納したという現地の記憶が反映されているのかもしれないという指摘もある。

弥生時代後期の各地域のシンボル

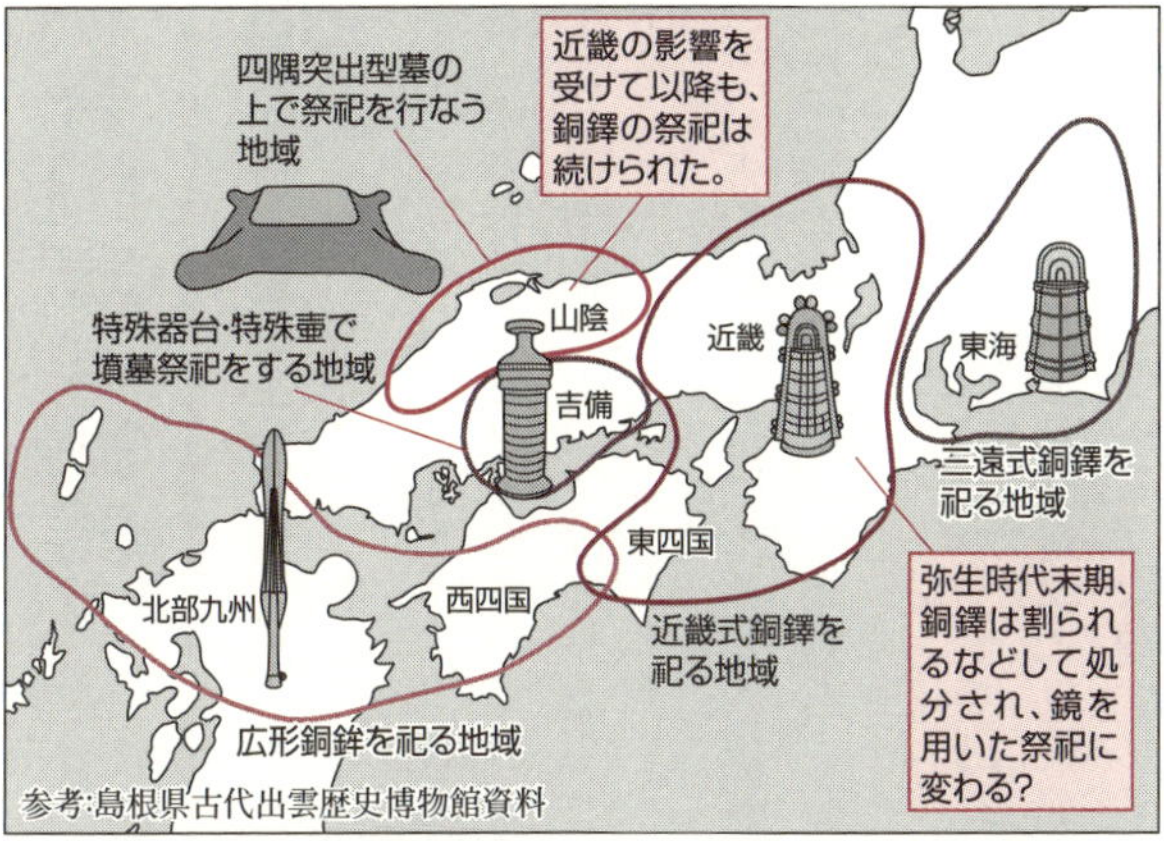

神庭荒神谷遺跡に青銅器を埋めた人々は、やがて巨大な墳墓を作ることで首長の神格化を始めた。

弥生時代のまつり復元図

銅鐸はもともと祭祀のなかで音を鳴らして用いられていたと考えられている。（大阪府立弥生文化博物館提供）

青銅器と鉄器

古代人が築き上げた
日本独自の併用文化

出雲から大量出土した青銅器

青銅器は銅と錫の合金である。日本では弥生時代に青銅器が製造されたが、出雲の神庭荒神谷遺跡と加茂岩倉遺跡から出土した大量の銅剣や銅鐸は、従来の青銅器分布の歴史を大きく塗り替える発見になった。それまで考えられていた銅鐸は畿内、平型銅剣は瀬戸内海中部、細型銅剣・銅鉾は九州北部といった青銅器分布の概念が成立しなくなったからである。

一方、青銅器が大量に出土した出雲は、一躍、青銅器文化を持つ国として注目された。たしかに出雲では、銅鐸と銅剣を中心に、それに銅鉾と銅戈も加わった青銅器文化が花開いていたといわれている。

ただし、その製造場所がすべて出雲というわけではない。

銅剣については地元製造説と近畿製造説が注目されているが、九州北部という説もある。銅鐸については諸説あり、六個すべてが近畿で造られたとする説と、一号鐸のみを近畿の

各地からやってきた荒神谷遺跡の祭器

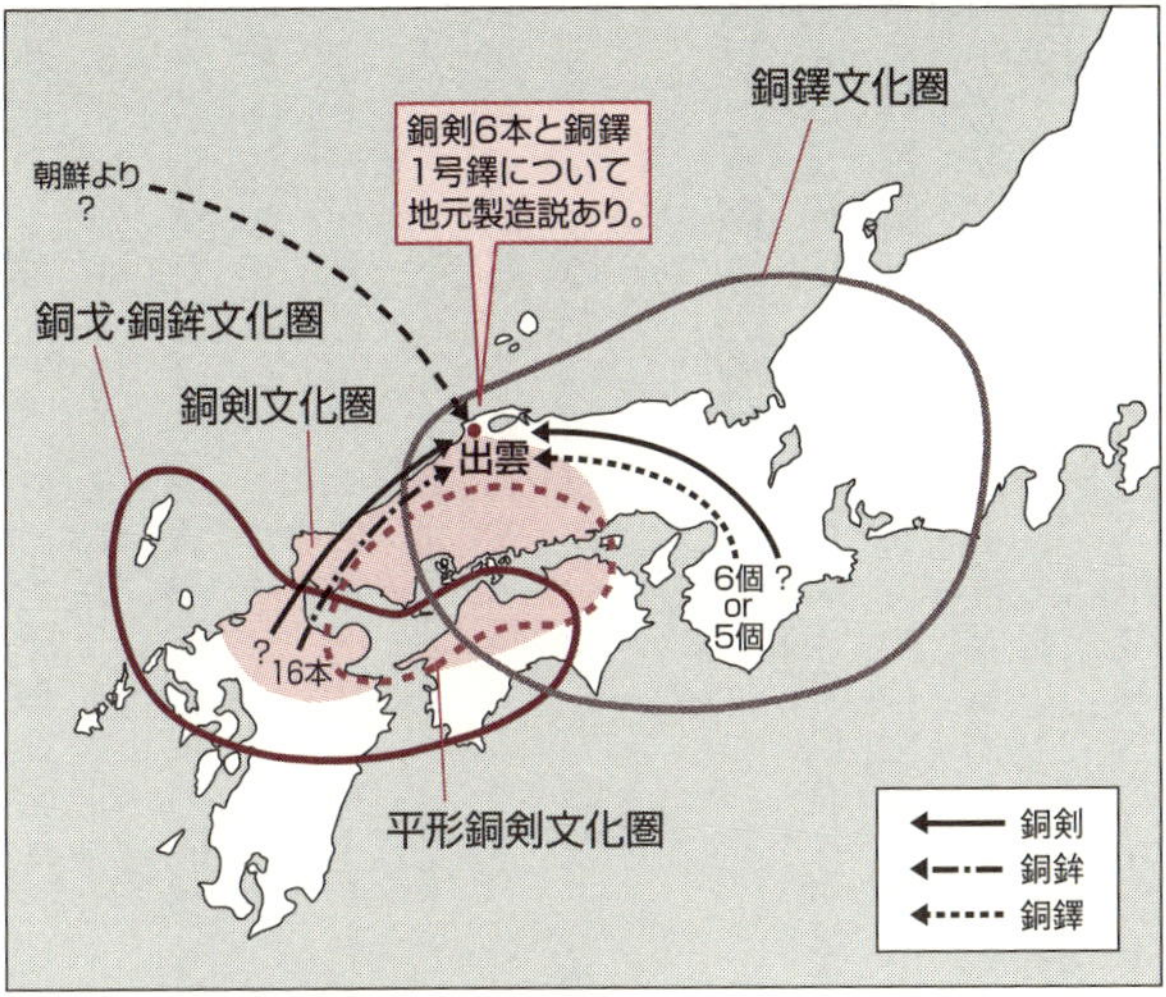

加茂岩倉遺跡出土銅鐸

加茂岩倉遺跡から出土した全国最多39個の銅鐸。ほとんどが大きな銅鐸に小さな銅鐸を納めた入れ子の状態で発見された。

工人集団の製作とし、残りを近畿産とする説のほか、出雲を中心とした地元製造説、北九州、はては朝鮮半島産説まであり、判然としない。

唯一、銅鉾だけは、形状や綾杉状の研ぎ分けを根拠として十六本とも九州北部で製造されたとみられている。

つまり、出雲はふたつの遺跡から出土した青銅器を、すべて地元で製造したわけではなく、近畿、もしくは九州北部から入手していた可能性が高いのだ。当時は、青銅器といえば貴重品である。それらを大量入手できた背景には、青銅器を製造する地域と交流を持ち、かつ入手できるだけの資力を有していた出雲の強大な勢力の存在を想像できる。

鉄器と青銅器の役割

通常、世界史では、まず青銅器時代を迎えたのち、技術の高まりをもって製鉄が始まることで鉄器時代へと移行していったが、じつは日本には単独での青銅器時代というものは存在しない。なぜなら、日本には青銅器と鉄器がほぼ同時に出回ったため、利器は石器から直接、青銅器・鉄器へと移行したからである。日本では弥生文化の開始とともに鉄器の使用が始まり、農具の鎌(かま)、鍬(くわ)はもちろん実用の武器としても活用した。

青銅器各部名称

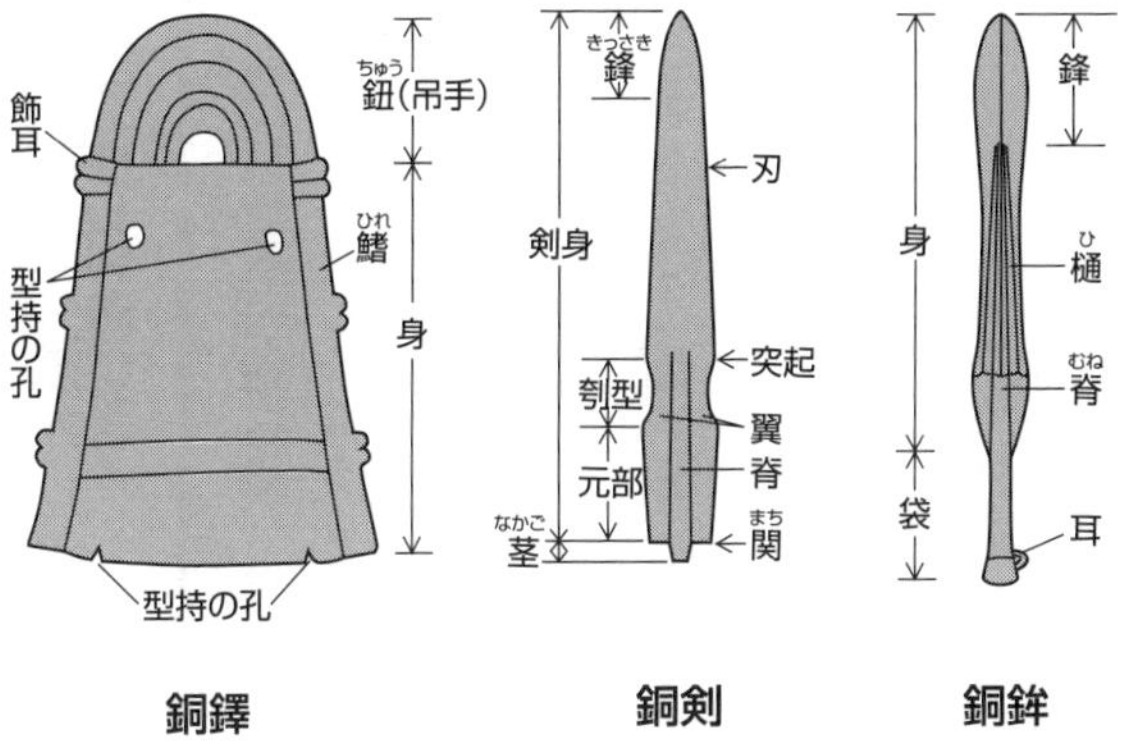

「古代出雲文化展」図録をもとに作成

青銅器もほぼ同じ頃朝鮮半島から流入し、鎌などの刃先や、武器として使用された。これ以後、日本でも九州を中心に青銅器の製作が始まっていく。

当初、九州北部では、三十枚にもおよぶ銅鏡が埋葬されていた例もあり、九州北部の権力者たちの宝器として用いられていたようだ。

次第に本来の実用目的通りには使われなくなり、銅鏡、銅剣などそれを保持することで権力の象徴とみなすシンボル的存在へと発展していく。やがて、青銅器は銅鐸や銅鉾のような集団の祭祀に使用されるか、または、腕輪のような装飾類として用いられ、鉄器とは別の道を歩んでいったのである。

四隅突出型墓

なぜ墳墓の四隅が外に向かってせり出しているのか

※山陰に現われた不思議な墓

共通のコミュニティに属する人々は、墓制を共有する傾向が強い。そこで、古代史の謎を解くうえで、当時の人々が築いた墓は重要な手がかりとなる。

弥生時代後期、ちょうど『漢書』地理誌に小国家分立の記事が記された頃、出雲に出現したとされる墳墓が四隅突出型墓である。四隅が出っ張ったような突出部を持つ、方型の墳墓で、斜面に貼り石、裾にはぐるりと列石を巡らせてある。なかには二段の列石構造をしているものもある。

直接の起源は弥生時代の方形周溝墓かといわれている。石組み構造から源流は朝鮮半島にあるとする説もあるが、出雲における早い時期のものとしては、出雲市の青木遺跡に見られるものや、松江市の友田一号墓などが挙げられる。その後、四隅突出型墓は出雲を中心に急速に波及し、出雲市の西谷三号墓のように一辺が五十メートルという大型墳墓が登場するに至る。その分布も出雲のみならず、日本海沿岸沿いを中心に広がりを見せ、丹

四隅突出型墓の分布

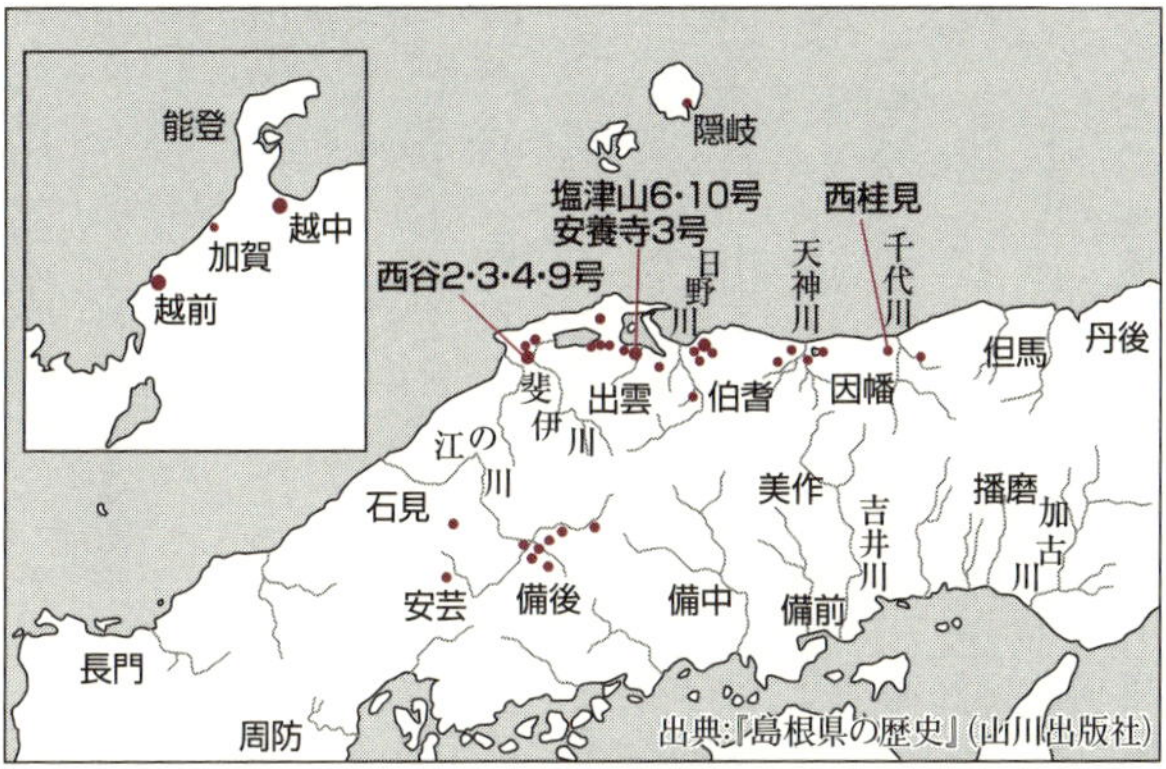

出典:『島根県の歴史』(山川出版社)

山陰から北陸にかけて分布する四隅突出型墓のうち、遺跡名を示した墳丘墓はとくに大型のもの。同じ墓制を共有するクニ同士の間には、同盟関係、もしくは主従関係があったと考えられる。

波や果ては富山にまで分布している。

それにしても不思議なのは四隅の突出である。この突出部は一体何のために設けられたものだったのだろうか。

一説には悪霊除けといわれている。この四隅の突出部に盾を設けたりして悪霊が墓のなかに入ることを防いだというのである。また、この突出部は呪具を立てるためのものであり、祭場としての聖性を示すために必要なものだったともいわれている。

さらに、墳丘と外部とを結ぶ通路だったという説もある。死者と生者の世界を突出部がつないでいたというのである。その原型は、方形墓の貼り石列状石にあるという。その列石の端がはみだしていることがあり、それが発展して四隅の突出になったとみられている。
しかし、いずれの説も決定的なものではなく、今後の解明が期待されている。

※日本海ルートを介した多彩な交流

最大規模の西谷三号墓は、じつに多くの謎を提示している墳墓でもある。そのひとつが墓上に開けられた四つの柱穴だ。そこで何らかの建物を立てて墓上祭祀を行なっていたのではないかと推測できる。穴の直径、深さともに一メートル近いことから判断して、相当な規模の施設だったのだろう。その際、突出部も前述のような役割を担ったかもしれない。

しかもこの墓には、地元山陰の土器のほか吉備や北陸のものと思われる土器も多数埋納されていた。出雲以外からも吉備などの人々が土器を持って参列した盛大な葬礼の様子が想像される。逆に、吉備や北陸の墳墓にも、木棺に出雲と同じく朱(しゅ)を用いているなど、いくつか西谷三号墓の共通点が認められる。これらはこの墳墓に葬られた出雲の首長が生前、吉備、北陸などの地域と交流を持っていた証だろう。

西谷三号墓をはじめとする四隅突出型墓は、倭国大乱(わこくたいらん)の起こった二世紀後半頃に、吉備、北陸などの地域と活発に交流していた出雲の姿を浮かび上がらせる。

四隅突出型墓の構造

出雲特有の墓の四隅が突出する理由については、いくつかの説が挙げられているが、はっきりしたことはわかっていない。

西谷3号墳では、墓上に直径1メートル以上、深さ1メートル近い4つの柱穴が発見された。ここから、墓の上に何らかの施設が設けられて祭祀が行なわれたと考えられている。

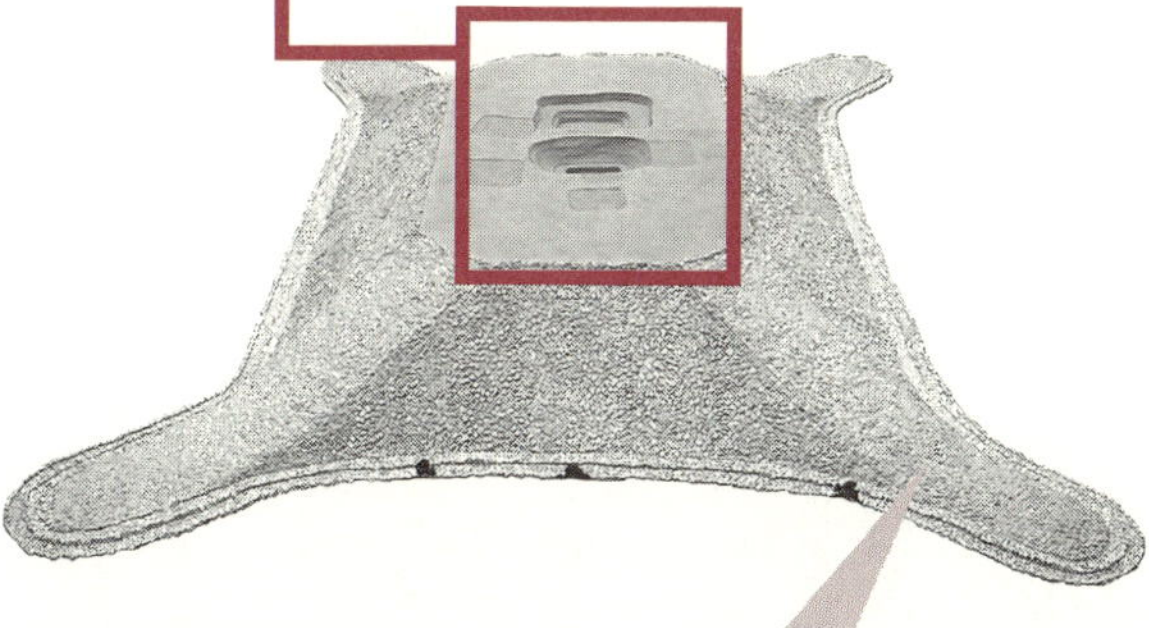

なぜ四隅が突出しているのか

①墳丘頂上と墳丘外を結ぶ墓道だった。死者の世界である墳丘と、生者の世界である墳丘外をつなぐ意味を持つ。
②墓の遺体に寄ってくる悪霊を除けるためのもの。
③祭場としての聖性を明確にするための場。突出部に衣笠（きぬがさ）などを立て、祭の場であることを示した。

前方後円墳と前方後方墳

出雲がこだわった巨大前方後方墳の謎

※前方後円墳は最高ランク

三世紀後半、纏向（まきむく）の王権の伸長に伴って、大和には全長二〇〇メートルを超える巨大な古墳が次々と築かれ、古墳時代が到来する。古墳を築造するには相当な人数の動員が必要だ。勢力を増大したヤマト政権は、力を顕示するために古墳を築いていった。

最初の古墳は三世紀後半の奈良県桜井市の纏向石塚（いしづか）古墳である。同じ出現期の前方後円墳としては全長二七八メートルの箸墓（はしはか）古墳もある。

同時に前方後円墳を頂点とした古墳のランクも整えられ、配下の首長たちはそれに従って墓を築くようになったともいわれている。とくに畿内ではそのルールが厳格に存在していたとされる。それによると、墓は首長たちにとって政権内での位置づけを一目瞭然にする役割も果たす、ステータスになったのである。

ランクとしてはまず前方後円墳、ついで前方後方墳、円墳、方墳の順に並ぶ。最高位の前方後円墳は、大王（だいおう）クラスの墓として用いられた。ただし六世紀半ばに入ると大和でも方

畿内の古墳群

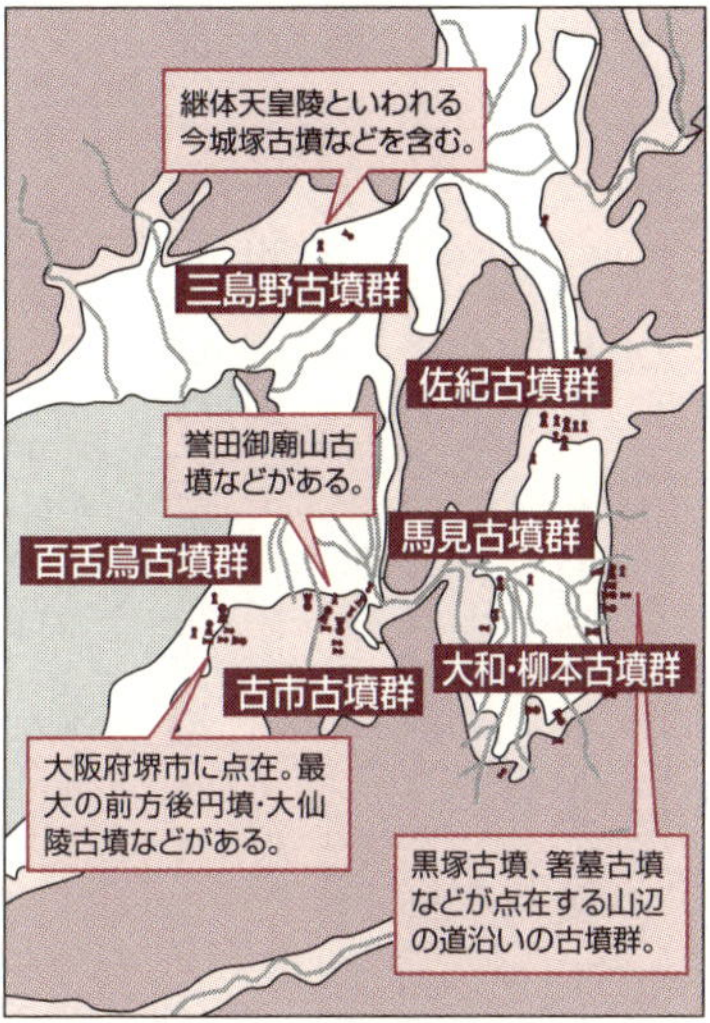

前方後円墳はヤマト政権の拠点となった
畿内に集中して築造されている。

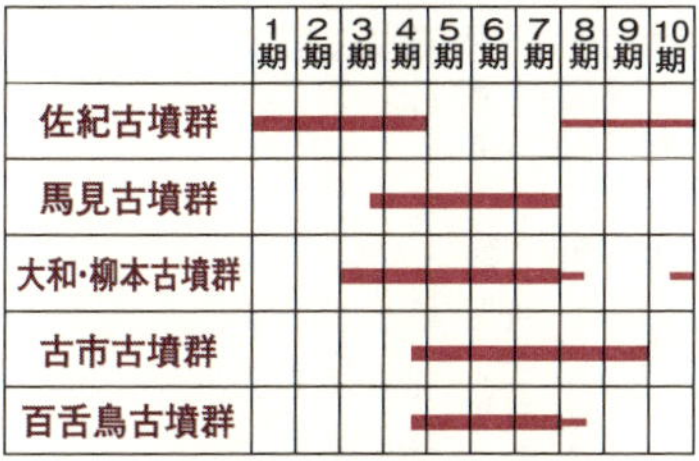

1期
2期
3期
4期
5期
6期
7期
8期
9期
10期
佐紀古墳群
馬見古墳群
大和・柳本古墳群
古市古墳群
百舌鳥古墳群

畿内5大古墳群の消長

出典:『考古学の基礎知識』
広瀬和雄（角川学芸出版）

古墳のランク

高

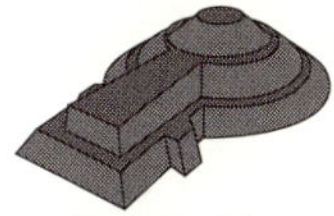

前方後円墳

古墳の形態のなかで最も格式が高く、主要な王墓や大王墓に採用された。畿内に集中する一方、岩手県から鹿児島県まで広く分布し、現在約4700基が確認されている。

前方後方墳

前方後円墳についで格の高い墳墓。古墳時代前期の築造がほとんどであるが、出雲では後半になってから数多く築かれた。東日本でとくに数多く見られる。

被葬者の身分

円墳

日本国内の古墳のなかでもっとも多い墳型。最大のものは埼玉県行田市の丸墓山古墳で、直径100メートルに及ぶが、ほとんどが直径10〜20メートル以内にとどまる。

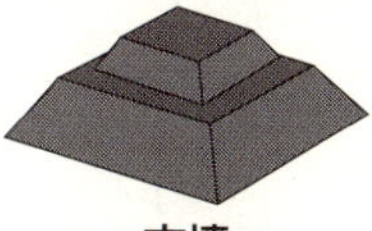

方墳

円墳に次いで数は多く、陪塚としても多く築かれた。6世紀後半には前方後円墳に代わって大王墓の墳形として採用。以後、多くの天皇がこの墳形の陵に眠っている。

低

墳が一般的になり、大王陵の様式として採用されていく。

出雲がこだわり続けた前方後方墳

こうした大和の墓制は古代出雲にも波及した。四隅突出型墓も古墳時代の到来とともに姿を消し、大和に少し遅れて古墳の築造が本格化する。そんな出雲に、とくに多く築かれたのが前方後方墳である。これは前方後円墳の円丘部を方丘にした形態の古墳で、比較的古墳時代前期に多く、全国に五〇〇基ほど築かれた。出雲では古墳時代を通じて四十基余りが築かれ、その最大のものは六世紀半ばの山代二子塚古墳（松江市）である。

畿内の墓制がそのまま出雲で徹底されていたか否かは不明だが、前方後方墳が二番目に格式が高いとすれば、出雲の首長たちは中央から優遇されていたということになろう。

ただし、前方後円墳に代表される円形がもてはやされていた時代にあって、出雲では伝統的な方形にこだわっていたふしがある。直径二十五メートル以上の古墳で見た場合、前方後方墳が前方後円墳より三割以上も多く、方墳は、古墳時代を通じて築かれているが、その理由については定かではない。

むろん、出雲でも前方後円墳は登場した。なかでも出雲西部の大念寺古墳が全長九十一

出雲の巨大古墳とその編年

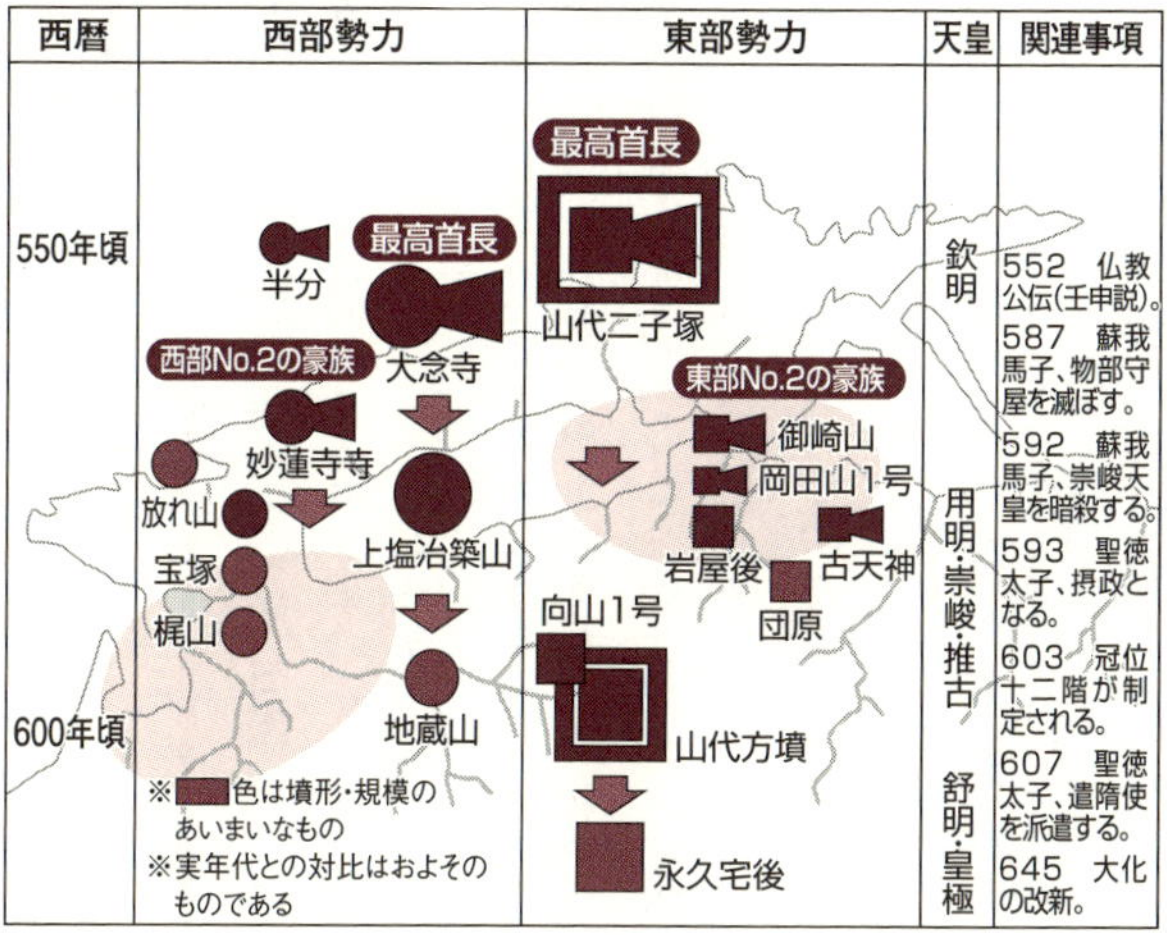

メートルと群を抜いて大きい。六世紀半ばに出雲の東部に山代二子塚古墳、西部に大念寺古墳と様式を異にする大規模な古墳が築かれたのである。

そんな出雲の古墳の副葬品からはヤマト政権の影響を目にすることができる。たとえば大刀を例に取ってみると、出雲西部地方の古墳から出土した伝統的な倭大刀（やまとだち）は、中央の物部（もののべ）氏と関わるものであり、出雲東部から出土した大陸風飾り大刀は同じく蘇我（そが）氏との関わりが大きいとされる。

ところが物部氏の滅亡後は出雲全体が装飾大刀になっている。出雲も中央豪族の動向に無縁ではなかったことを物語るものといえよう。

邪馬台国論争

〝幻の女王国〟と
大和と出雲の関係を探る

※大和か、九州かで揺れる邪馬台国

纏向遺跡の発掘で注目を集める邪馬台国。その時代は『魏志』倭人伝などから、古墳出現前夜の三世紀とみられている。

ただし、邪馬台国の所在地については、江戸時代の新井白石と本居宣長以来、多くの候補があげられてきたが、いまだに決着を見ていない。

その論争を大別すると九州北部か大和地方かにわかれる。

論争の発端は、『魏志』倭人伝に記録された邪馬台国へ至る方位と道のりの解釈の相違にある。何しろ、記載そのままに進むと邪馬台国は九州の南海上に突き出てしまう。そのため九州説は距離を間違いとみなし、伊都国を基点にしてそこからの方位に従って邪馬台国を九州だと比定した。

一方、大和説では、距離の方を正しいものと解釈して、不弥国から投馬国に至る方位を南から東に置き換えた点に特徴がある。

邪馬台国へのルート

魏
帯方郡
神原神社古墳より「景初三年」の銘の入った三角縁神獣鏡が出土。邪馬台国との関係がうかがわれる。
狗邪韓国
投馬国?
対馬国
伊都国
投馬国?
一支国
奴国
邪馬台国?
末盧国
不弥国
邪馬台国?
投馬国
邪馬台国?
吉野ヶ里遺跡に代表される大型の環濠集落が存在し、また、大陸との関わりを示す遺物が出土する。
黒塚古墳より、三角縁神獣鏡33枚が出土し、また、2009年、纏向遺跡から大型建物跡（3世紀後半）が発見される。

三角縁神獣鏡

神原神社古墳から出土した「景初三年」の銘入り三角縁神獣鏡。（島根県教育庁文化財課古代文化センター提供）

ところがどちらも『魏志』倭人伝に見られる邪馬台国の実像と九州、大和の古代の姿が必ずしも一致していないため、なかなか決着とはいかないのである。

九州では卑弥呼（ひみこ）の宮殿のような大型建造物の遺構を持つ吉野ヶ里（よしのがり）遺跡が発見されたが、卑弥呼を埋葬したという、「径百余歩」と記された、直径一五〇メートル級の巨大古墳は発見されていない。

一方、大和では二〇〇九年、初めての大規模かつ先進的な建物群の跡が発見された。それらは中軸線が同一線上に並ぶという計画的な配置になっていた。しかも大和には卑弥呼の墓として時代的にも合致する巨大な箸墓（はしはか）古墳もある。

また、大和・柳本（やなぎもと）古墳群などからは卑弥呼が魏から贈られた鏡といわれる「三角縁神獣鏡（さんかくぶちしんじゅうきょう）」が大量に見つかっている。

ただし、これらもあくまで状況証拠に過ぎず、邪馬台国であったという証拠にはなりえない。「三角縁神獣鏡」においても〝百枚〟と記されているにもかかわらず、すでに全国から四〇〇枚近く出土している。

もし大和説をとった場合も、ヤマト政権と邪馬台国との関連は不明である。

邪馬台国の存在した時代と纏向の王権誕生の時期が重なるため、このふたつの勢力が同じものであり、邪馬台国がヤマト政権へと成長したのか、それとも別の勢力であり、纏向が邪馬台国を吸収したのか、その辺りについても考えてみる必要がある。

ところで、纏向遺跡の建物遺構は、新たな発見をも示唆していた。それは巨大建造物の前に並ぶ建物がそれぞれ伊勢神宮の神明造（しんめいづくり）、出雲大社の大社造（たいしゃづくり）に類似しており、神社建築の起源が大和に集約される可能性も浮上してきたのである。

仮にこれが邪馬台国の遺構であったとすれば、じつは両社とも邪馬台国に深い関わりを持つことになるといえる。

纏向遺跡で出土した建物跡の位置関係図

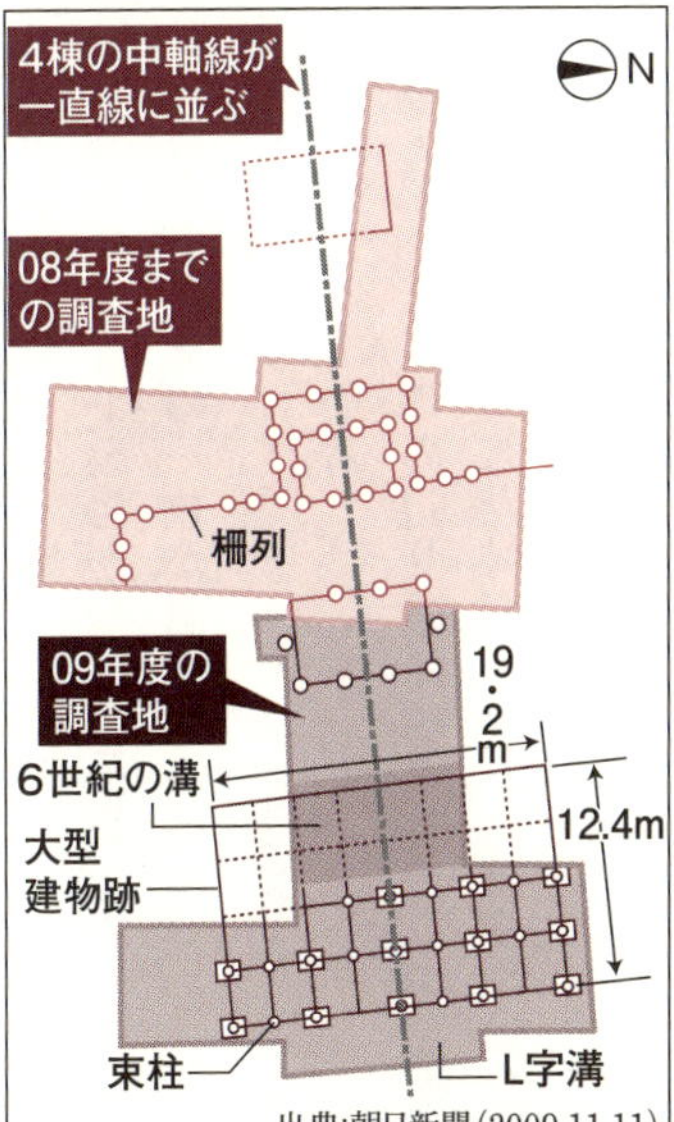

出典:朝日新聞（2009.11.11）

出雲は投馬国か

出雲には様々な形で邪馬台国との関わりが指摘されている。

卑弥呼が中国の魏に遣いを送った際、返礼に賜（たまわ）ったのが、一〇〇枚の銅鏡である。この鏡はこれまで「景初三年」という銘の入った三角縁神獣鏡だとされてきた。

この鏡はのちにヤマト政権が全国の首長たちに下賜（かし）したとされている。島根県雲南（うんなん）市の神原（かんばら）神社古墳からもその一枚が出土している。

この古墳は吉備の影響を受けていることから、吉備勢力と関わりの深い出雲の首長が下賜されたともいわれている。

『出雲国風土記』にもこの辺りはオオクニヌシの御財を積み置いた所と記されており、近くには青銅器が大量出土した神庭荒神谷遺跡や加茂岩倉遺跡もある。貴重な「宝」が出土しても不思議ではない場所である。

また、『魏志』倭人伝の内容からも出雲と邪馬台国を関連付ける説もある。

たとえば邪馬台国大和説をとる前田晴人氏は、『魏志』倭人伝のなかで、邪馬台国へ至る経路のなかで、手前に位置する投馬国を出雲に比定しているのだ。

行路のなかでは投馬国の次が邪馬台国である。そのため、邪馬台国の場所を知る手がかりとして、投馬国は様々な場所が比定されてきた。邪馬台国九州説などでは九州に設定され、大和説では吉備、周防（すおう）、但馬（たじま）、出雲などの名前が挙がっている。そのなかで前田氏は独自の論点でもって出雲説を主張している。

銅鏡の出土状況

		紀年鏡	西暦	古墳名	所在地
1	魏紀年鏡	青龍3年·方	235	大田南古墳	京都府
2		青龍3年·方	235	安満宮山古墳	大阪府
3		景初3年·画	239	和泉黄金塚神社	大阪府
4		景初3年·三	239	神原神社古墳	島根県
5		景初4年·斜	240	広峯古墳	京都府
6		景初4年·斜	240	伝持田古墳群	宮崎県
7		正始元年·三	240	御家老屋敷古墳	山口県
8		正始元年·三	240	柴崎古墳	群馬県
9		正始元年·三	240	森尾古墳	兵庫県
10	呉	赤烏元年·平	238	狐塚古墳	山梨県
11		赤烏7年·平	244	安倉古墳	兵庫県
12	晋	元康?年	291～9	*伝上狛古墳	京都府

(毎日新聞社『卑弥呼の鏡』)

方…方格規矩四神鏡　画…画文帯神獣鏡
斜…斜縁盤竜鏡　平…平縁神獣鏡　三…三角縁神獣鏡

*京都府山城町上狛所在の古墳のいずれかから出土。

まず、邪馬台国の行路は、不弥国から海路を南へ二十日で投馬国に着き、さらに南へ船で十日、陸で一か月行くと邪馬台国に到着すると記されている。

前田氏は、方位の南を東の間違いだと指摘。多くの説が瀬戸内海航路を利用して大和に至るのに対し、玄界灘に面する不弥国から東へ日本海航路で二十日かかる場所として出雲を比定した。

出雲から海路十日で丹後に至り、そこから上陸して、南へ陸路一か月で大和に到着可能として、投馬国は出雲が適当だと結論付けている。

こうしてみると、出雲も邪馬台国の所在地を巡っては大きな鍵を握る存在といえよう。

コラム　知っておきたい伊勢・出雲の神さま③

須佐之男命（すさのおのみこと）

- ・祭神とする主な神社
  八坂神社、氷川神社、熊野本宮大社ほか
- ・神格
  農業神、穀物神
- ・神徳
  家内安全、商売繁盛、縁結び、疫病除けなど

ヤマタノオロチ神話などで有名なスサノオ命は、アマテラス大神同様、黄泉（よみ）国の穢（けが）れを落とすべく禊（みそぎ）を行なったイザナキ命の鼻から生まれた。だが、その性格はアマテラスとは対照的で、暴風神として荒々しい。高天原を訪れてアマテラスと行なった誓約（うけい）の際に宗像（むなかた）三女神を生んだスサノオは、その後乱行を繰り返したために、髯（ひげ）や爪を切られたうえで、地上世界へと追放される。

葦原中国（あしはらのなかつくに）の出雲に降り立ったスサノオは、さらに穢れた食べ物を出したと怒り、オオゲツヒメを殺害。殺された女神の体から五穀が誕生している。だが、その後は善の心を持つ英雄神へと変貌し、ヤマタノオロチを退治してクシナダヒメを救い、出雲に宮を建てて鎮座したという。

この地は現在、八重垣（やえがき）神社となっており、スサノオ命は妻神であるクシナダヒメとともに祀られ、縁結びの神として崇敬を集めている。

また、五穀の誕生や『日本書紀』においては植林も行なったとされていることから、農業神としても崇められている。

さらに、後世、スサノオは、「蘇民将来（そみんしょうらい）」の伝説に登場する武塔神（ぶとうしん）やインドの疫病の神である牛頭天王（ごずてんのう）と習合（しゅうごう）して、疫病除けの神としても崇敬を集め、京都の八坂（やさか）神社に代表されるように、疫病がはびこりやすい都市で祀られるようになった。

四章

日本神話と出雲神話

国土創世神話

古代の文化交流圏を物語る
大和の国生みと出雲の国引き

※出雲にもあった国土創世神話

大和朝廷によって編纂された『古事記』『日本書紀』には、イザナキとイザナミによる日本創世の国生み神話が記されている。生まれた島については、二書の間で相違があるものの、イザナキ命、イザナミ命によって日本の国土が創世された。この後、イザナキ命から伊勢神宮の祭神となるアマテラス大神が誕生している。

一方、オオクニヌシ神の鎮座する出雲には、独自の国引き神話が伝わっている。『出雲国風土記』によればそのあらましは次のようなものだ。ヤツカミズオミヅノ命は、出雲の地が狭いのでよその余っている土地を引っ張ってこようと考えた。まずは朝鮮半島の新羅の岬を、鋤を用いて切り分け、太綱で「国来、国来」と引っ張って縫い合わせてできたのが杵築の岬であり、その時に使った綱が今の薗の長浜、杭が三瓶山である。同じように隠岐からも陸地を引っ張り、狭田の国、闇見の国を作った。そして最後に越（北陸）からの国引きで、美保の埼を作るのであるが、その時に使った綱が現在の弓ヶ浜であり、杭が今

国生みを行なうイザナキとイザナミ

天沼鉾を使って国生みを行なうイザナキとイザナミ。（『鮮斎画譜』国立国会図書館提供）

の大山（だいせん）である。すべてを終えたヤツカミズオミヅノ命は、意宇（おう）の森に杖を突き立てて「おゑ」と言った。このため同地を意宇と呼んだという。

この出雲神話では、日本のみならず、外国の朝鮮からも土地を引っ張ってきた上、国引きに使った綱や杭が浜や山になったという、壮大な国土創世神話が展開されている。この国引き神話の具体的かつ力強い表現は、イザナキ、イザナミの両神が次々と島を生んだという記・紀神話の記述を圧倒する。

この力強い神話は、原始・古代の出雲地方の地理の影響も大きいようだ。すなわち、当時の出雲は現在のように島根半島と本土側が陸続きではなく、島が点在している状態になっていた。

同地の人々はその島が刻々と陸続きになっていく自然の威力を何世代にもわたって間近にし、体感したために、実感の籠(こも)った神話を形成したのではないかといわれている。

神話から浮かび上がる文化交流圏

記・紀の国生み、出雲の国引き神話からは、はからずも大和文化圏と出雲文化圏の有様を推し量(はか)ることができる。

記・紀の国生み神話は、淡路島の海人(あま)たちの間に伝わっていた国生み伝承を源流として発達したといわれており、大和が瀬戸内文化圏を構成していたことが推測される。

一方、出雲神話では、隠岐、越に加え朝鮮半島の国の名が登場し、出雲が日本海を交通路とした交流圏を築いていたことがうかがえる。実際、出土品などから古代の出雲は越や朝鮮との交流があったことが明らかになっており、出雲はその中心であり、寄港地でもあったようである。

そのため出雲にとって新羅は、外国というよりは日本海を挟んだ交流圏のひとつという認識を持っていたのだろう。

国引き神話の全貌

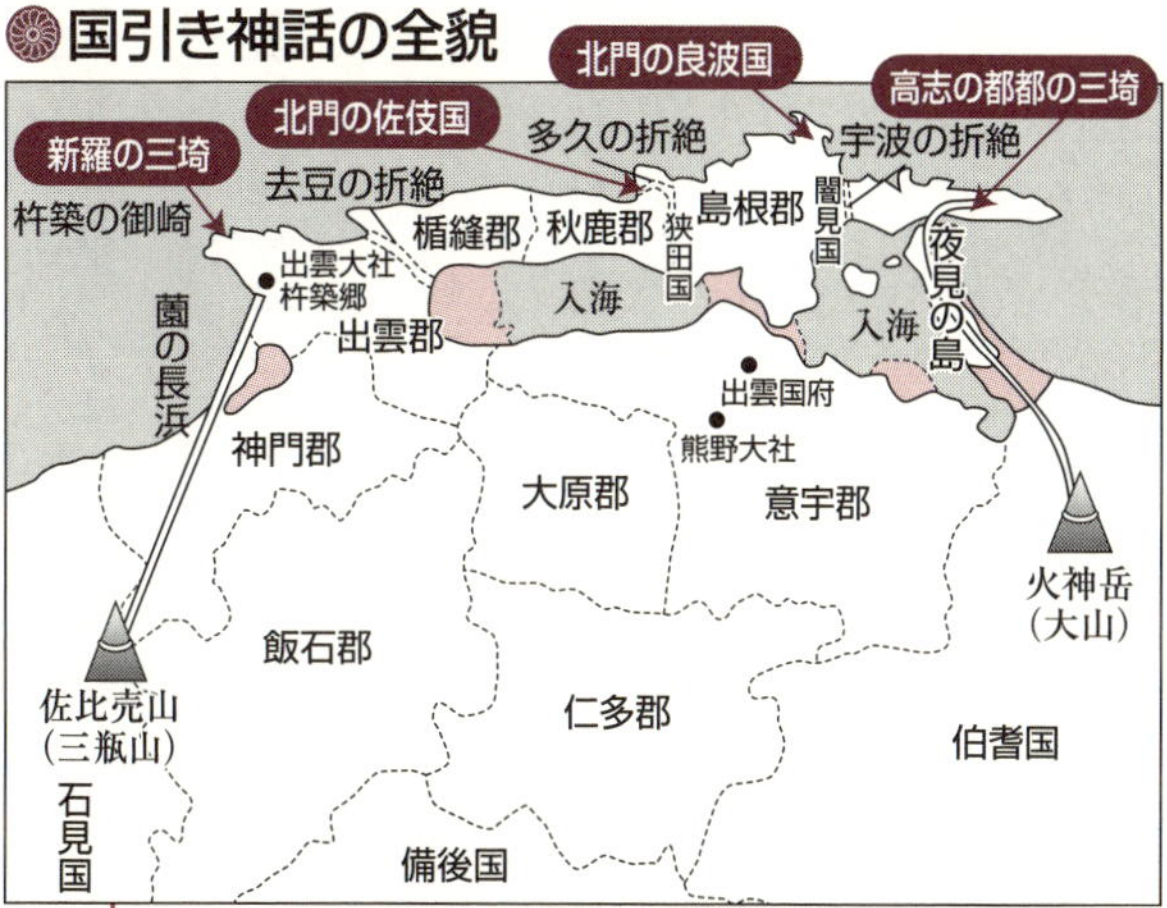

記・紀神話にはイザナキとイザナミによる日本創世の国生み神話が記されている。一方出雲には国引き神話がある。ヤツカミズオミヅノ命が朝鮮、越、隠岐から陸地を引っ張って出雲に縫い合わせ、出雲を完成させた。そして、最後に「おゑ」と言ったことから意宇の地名が生まれたという。この国引き神話からは、当時の出雲の交流圏が読み取れる。

国生みによって生まれた島々

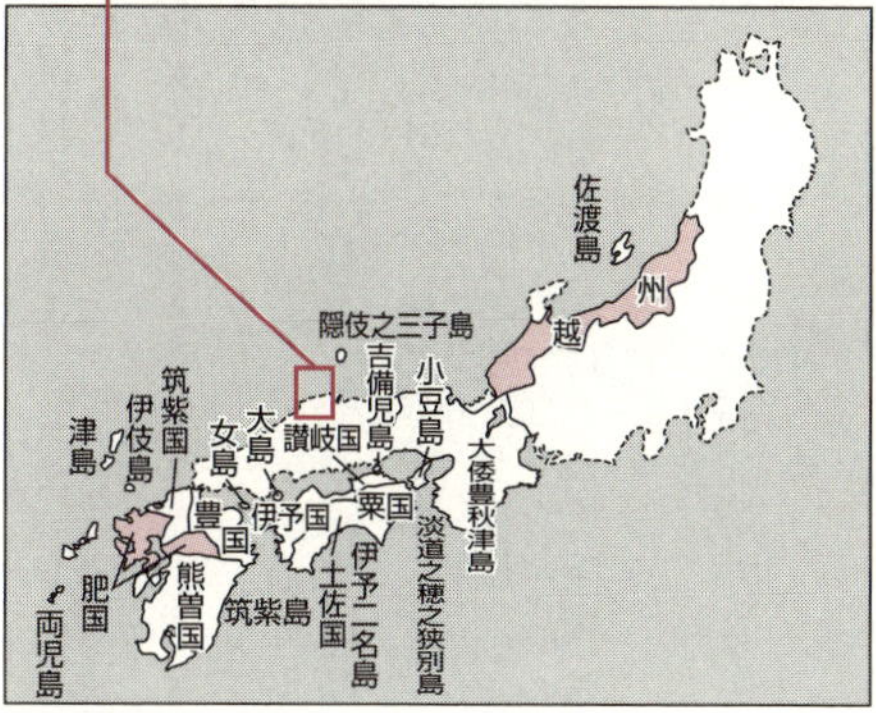

オオクニヌシ神話

ヤマト政権が畏れ祀った
出雲に伝わる大神の物語

※多面性を持つオオクニヌシ神

出雲大社の祭神であるオオクニヌシ神の物語は、『古事記』で語られる。その概要は兄たちに蔑(さげす)まれていたオオクニヌシ神が稲羽(いなば)(因幡)の素兎(しろうさぎ)を助けて幸運をつかみ、その後根(ね)の国(くに)のスサノオ命のもとに行き、様々な試練を受ける。スサノオ命の娘スセリビメなどの助けを得て、試練を乗り越えたオオクニヌシ神は、スサノオ命から授けられた宝で兄たちを平定。国作りを成し遂げる……。

以上が大まかな神話の内容であるが、このように神が苦難を乗り越えて成長するサクセスストーリーは、多くの人々に共感を与え、各地に広まった。

やがて大和にも伝わり、朝廷もオオクニヌシ神の分身であるオオモノヌシ神を三輪山(みわやま)の神として祀(まつ)っている。

ところが、その大和においてオオクニヌシ神は、恐ろしい神としても登場する。記・紀には崇神(すじん)天皇の御世(みよ)、大和に疫病が流行。多くの人民たちが病に倒れた。その災禍のさなか、天皇の神託にオオモノヌシ神が現われ、「この疫病流行は私の心である。オオタタネコに祀らせればよいだろう」と告げた。はたして天皇がその通りに実行すると疫病は鎮まり、国家は平安を取り戻した。

また、次の垂仁天皇の時代には、口が利けなくなった御子の話が記されている。御子が出雲へ行き祭祀を行なうと、口が利けるようになったという。

このように記・紀神話におけるオオクニヌシ神は、よく知られた英雄としての面を持つ一方、怖い神として畏れられる存在でもあった。

オオナモチ命の系譜

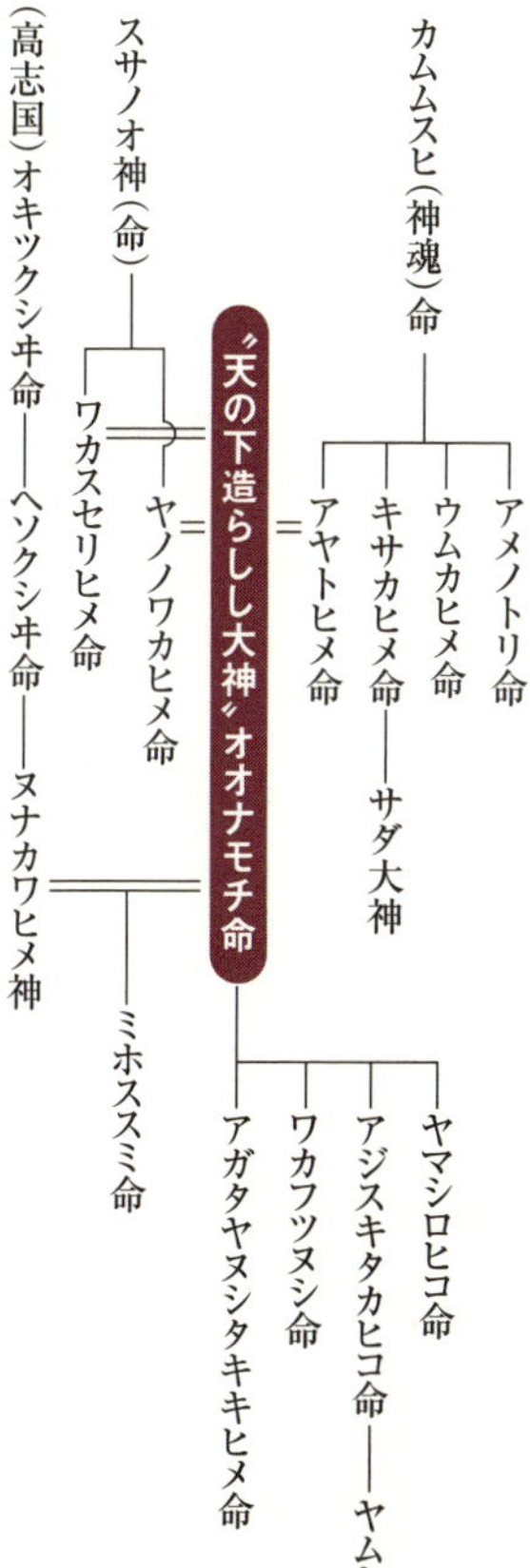

記・紀のオオクニヌシ神と同一視されるオオナモチ命であるが、その系譜は記・紀とは大きく異なっている。

❋『出雲国風土記』での一面

出雲でオオクニヌシは、オオナモチ命と呼ばれ、天下を造った神として崇敬されてきた。このオオナモチは出雲のみならず、各地の風土記に登場するが、稲羽の素兎神話も根の国訪問もなく、記・紀神話ではほどんど語られない国作りの神としての一面を見せている。『出雲国風土記』ではオオナモチ命が出雲各地を巡幸し、悪神を追い払い、丁寧に国を作るなど二十一箇所にその足跡を残している。土地の人々に豊穣をもたらす農業神、開拓神、山神など、多彩な側面を持つが、それは出雲のみならず、ほかの風土記にもおよぶ。伊予では温泉を引いたり、播磨では山に稲種を積んでいる。また、播磨では積極的に国占めを行なう神としての一面も見せる。たとえば外来の神に国を奪われることを恐れて巡行し、共食による土地の掌握を行なったりしている。

また、オオクニヌシは筑紫の宗像のタキリビメ、越のヌナカワヒメなど多くの女神と婚姻したが、それは色好みによるものではなく、その土地神との結合を表わしていたものだろう。

また、記・紀においてもオオクニヌシはヤチホコ、アシハラシコノオなど多くの名前を持ち、多彩な側面を見せる。様々な神格を持つ神でもあったようである。

オオクニヌシと大和

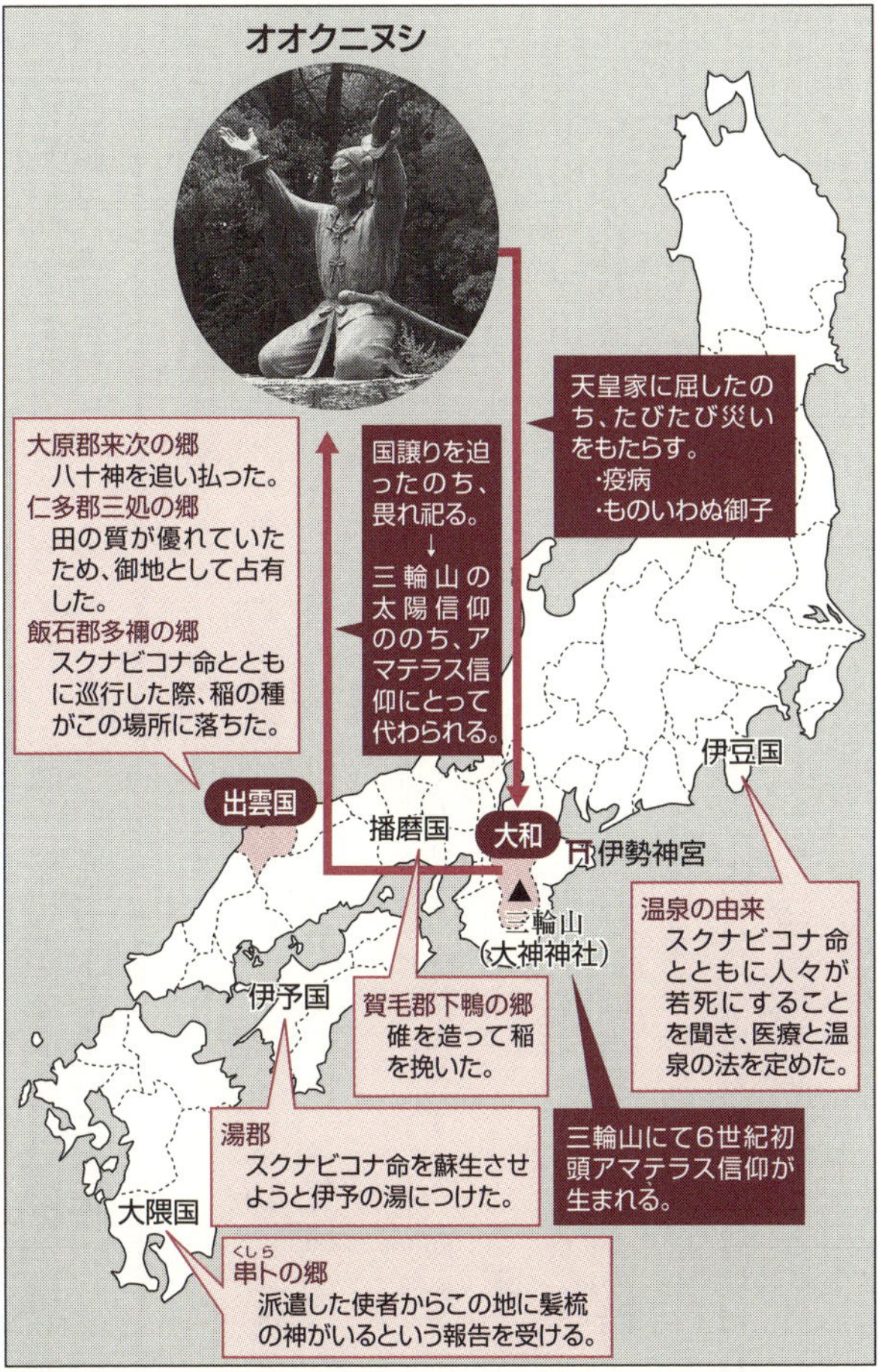

オオクニヌシ
天皇家に屈したのち、たびたび災いをもたらす。
・疫病
・ものいわぬ御子
国譲りを迫ったのち、畏れ祀る。
↓
三輪山の太陽信仰ののち、アマテラス信仰にとって代わられる。
大原郡来次の郷
八十神を追い払った。
仁多郡三処の郷
田の質が優れていたため、御地として占有した。
飯石郡多禰の郷
スクナビコナ命とともに巡行した際、稲の種がこの場所に落ちた。
出雲国
播磨国
大和
伊勢神宮
伊豆国
三輪山
（大神神社）
温泉の由来
スクナビコナ命とともに人々が若死にすることを聞き、医療と温泉の法を定めた。
伊予国
賀毛郡下鴨の郷
碓を造って稲を挽いた。
湯郡
スクナビコナ命を蘇生させようと伊予の湯につけた。
三輪山にて6世紀初頭アマテラス信仰が生まれる。
大隅国
串卜（くしら）の郷
派遣した使者からこの地に髪梳の神がいるという報告を受ける。

国作りの神として風土記にも登場するオオクニヌシは、大和の大神神社にオオモノヌシ神として祀られる。このオオモノヌシ神は崇神天皇の治世に疫病をもたらし、また、垂仁天皇の口の利けない皇子をしゃべれるようにするなどした。

国譲り神話

記・紀とは異なる『出雲国風土記』と「出雲国造神賀詞」の神話

様々に語られる国譲り神話

記・紀におけるオオクニヌシ神の物語の最後を飾るのが、高天原の神々に対する国譲りである。この国譲りについては『出雲国風土記』や「出雲国造神賀詞」にも記されているが、記・紀とは異なった面が多い。

まず記・紀神話における国譲りは、出雲西部の稲佐浜を舞台とする。高天原は、オオクニヌシに国を譲るよう交渉する使者としてアメノホヒ、アメノワカヒコを遣わすがいずれもうまくいかず、次に派遣されたタケミカヅチが、稲佐浜においてオオクニヌシ神、その息子コトシロヌシと交渉の末、ようやくオオクニヌシ神らは承諾する。その際、オオクニヌシ神は宮殿を建ててそこに自分が鎮座するという条件をつけている。

それに対して『出雲国風土記』では、オオナモチ命自らが出雲東部の母理の郷で「この素晴らしい国は天の御子が治めるのがふさわしいから統治権を譲ろう」と国譲りを宣言している。

神代神楽「国譲」

出雲に伝わる神楽においてもオオクニヌシ神の国譲りの場面は表現されている。（島根県教育庁文化財課古代文化センター提供）

また、「出雲国だけは私が支配する」と続けていることから、出雲統治の継続宣言であるという解釈もできる。

以上のように、記・紀神話と風土記の国譲りにはまったく対照的な面が見られる。前者においては出雲西部で行なわれ、また、オオクニヌシ神が受動的に国譲りを宣言するのに対し、後者においては出雲東部で行なわれ、オオクニヌシ神は積極的である。

この矛盾については、出雲国造の本拠が出雲東部の意宇にあって、『令義解（りょうのぎげ）』にあるように、クマノ大神を祀っていたことが鍵となる。本来、出雲国造による国譲り自体は、出雲東部を舞台としたものであり、出雲以外の地を国譲りするという伝承が在地にあったが、それが記・紀神話の内容に変化したという可能性も考えられる。

※「出雲国造神賀詞」とアメノホヒ

出雲における国譲り神話に関して、もうひとつ興味深いのが、出雲国造が代替わりごとに奏上する決まりになっていた「出雲国造神賀詞」に記される国譲り神話である。

その特徴は記・紀で三年間復命しなかったアメノホヒが国譲りの立役者として活躍していることだろう。記・紀神話ではオオクニヌシのもとに遣わされたのち、オオクニヌシに阿(おもね)って使者の役目を果たさない神として扱われるアメノホヒであるが、「出雲国造神賀詞」においてアメノホヒは、見事に与えられた使命を果たしている。

まず、高天原の神々の命により地上の視察に出かけた際には、荒々しい国だと報告した。また、彼の御子神であるアメノヒナトリが荒ぶる神々を平定するなど、記・紀とは異なり働きが大きい。

アメノホヒは出雲国造の祖神であることから、天皇に対して出雲独自の祭祀を示すことで、多くの神々の神威によって天皇家を守護するという、地方の祭祀担当者たる出雲国造の立場を示すものだったとも、本来は記・紀よりも古い伝承だったともいわれている。

記・紀と風土記の国譲り神話比較

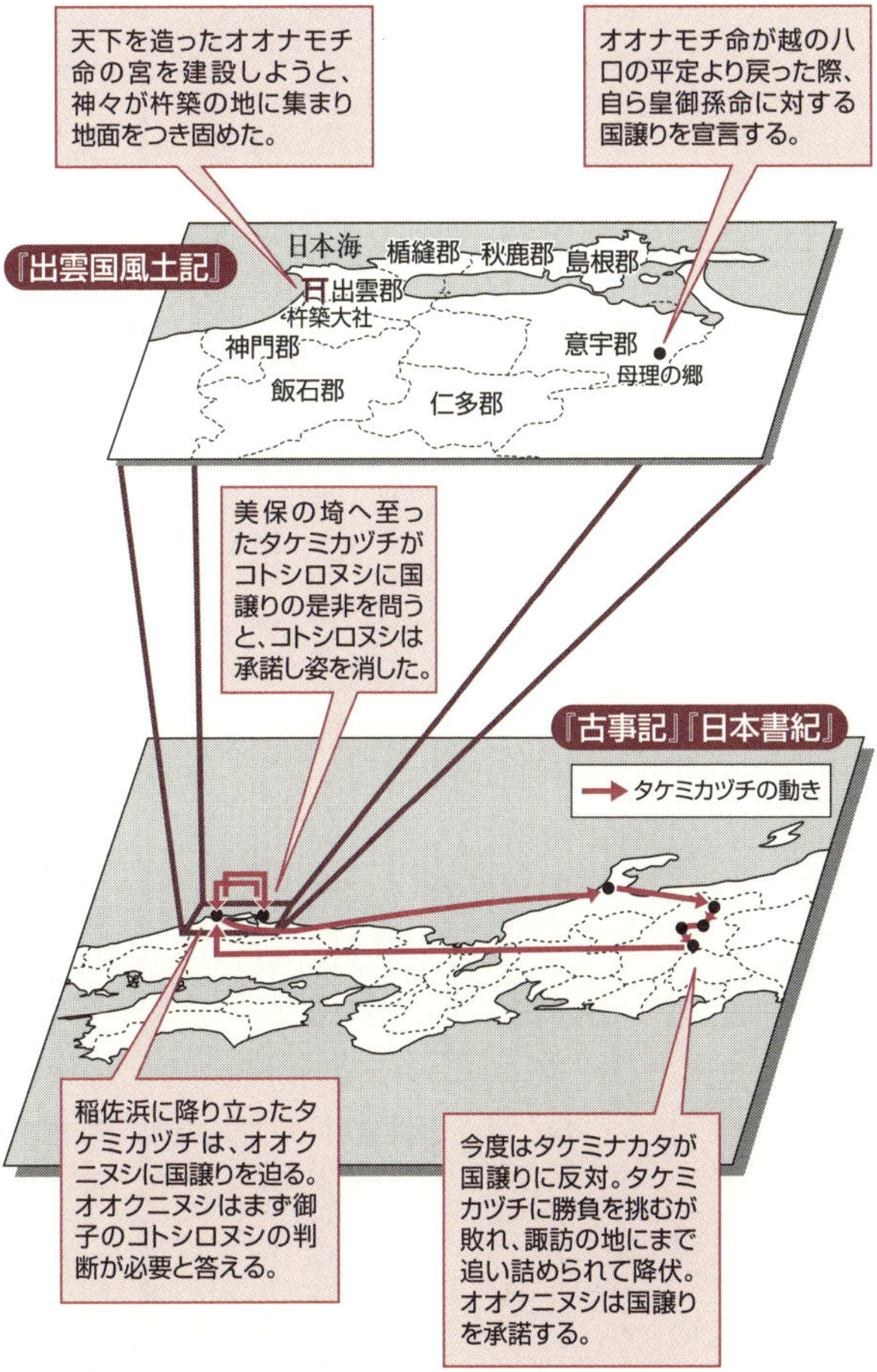

天下を造ったオオナモチ命の宮を建設しようと、神々が杵築の地に集まり地面をつき固めた。
オオナモチ命が越の八口の平定より戻った際、自ら皇御孫命に対する国譲りを宣言する。
『出雲国風土記』
日本海
楯縫郡
秋鹿郡
島根郡
出雲郡
杵築大社
神門郡
意宇郡
母理の郷
飯石郡
仁多郡
美保の埼へ至ったタケミカヅチがコトシロヌシに国譲りの是非を問うと、コトシロヌシは承諾し姿を消した。
『古事記』『日本書紀』
タケミカヅチの動き
稲佐浜に降り立ったタケミカヅチは、オオクニヌシに国譲りを迫る。オオクニヌシはまず御子のコトシロヌシの判断が必要と答える。
今度はタケミナカタが国譲りに反対。タケミカヅチに勝負を挑むが敗れ、諏訪の地にまで追い詰められて降伏。オオクニヌシは国譲りを承諾する。

記・紀神話における国譲りの場面は東日本へも舞台を広げる展開になるが、風土記における国譲りはオオナモチ命が一方的に国譲りを宣言するに留まる。

出雲征服譚

出雲に向けられたヤマト政権のたび重なる圧力

❋記・紀に見る出雲平定の歴史

国譲りの舞台となった出雲は、崇神六十年の記事や垂仁朝での神宝検校、さらに『古事記』にはヤマトタケル命による征服物語が記され、出雲平定をうかがわせる伝承が見られる。崇神六十年の記事とは前述したが、首長である出雲振根が、自分の留守中に弟が朝廷に対して神宝を献上したのを恨み、刀を木刀にすりかえて弟をだまし討ちにした。それに怒った天皇が、吉備津彦らを派遣し、振根を征伐したというものである。

神宝の献上は朝廷への服属とみなされることから、この伝承は何らかの出雲平定を物語っている可能性が高い。この伝承は天皇が出雲大神の神宝を「見たい」と願うところから始まるが、これはもちろん見たいのではなく神宝の献上を命じており、それはとりもなおさず、祭祀をとりあげて朝廷が出雲を支配するということを意味している。

このときの出雲の首長である出雲振根は、『出雲国風土記』では神門臣古祢と称される人物と同一人物とみなされる。この振根は出雲の西部に位置する出雲郡を拠点とした首長

圧迫される出雲

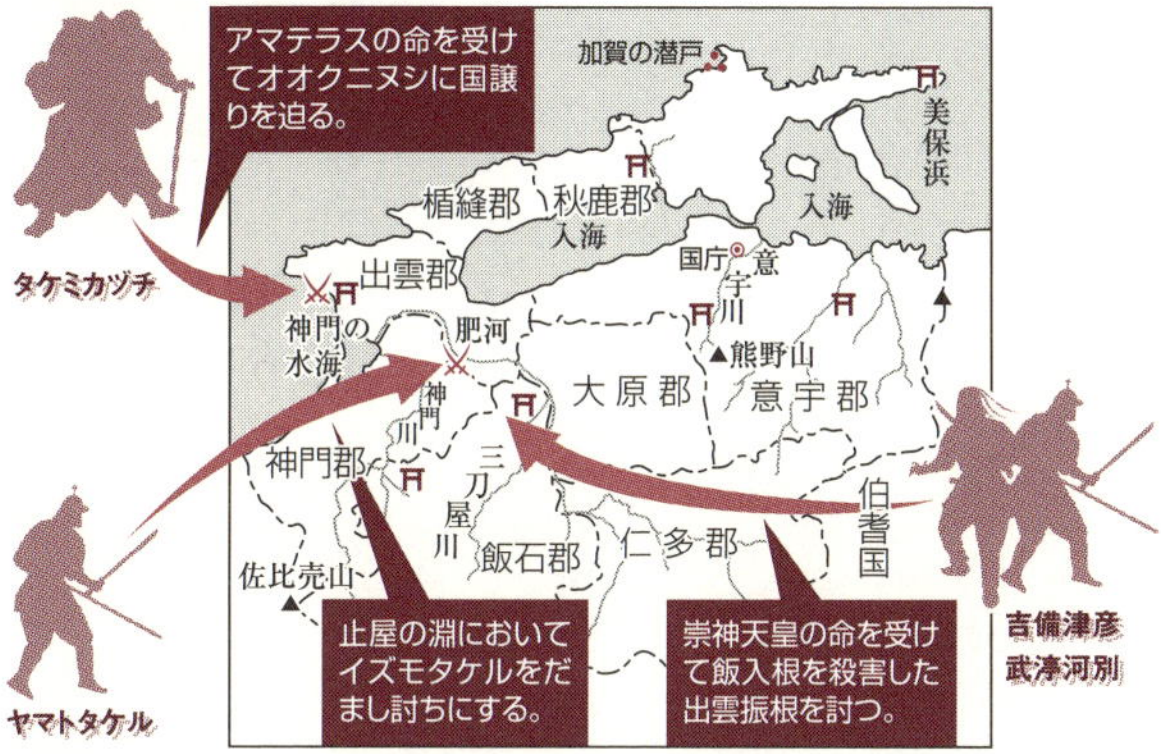

国譲りの舞台となった出雲は、崇神60年の記事やヤマトタケルによる征服物語、垂仁期の神宝検校など、その後も敗北と従属の歴史を繰り返した。

だったと考えられることから、大和と出雲西部の争いとみることも可能である。

また、振根征伐のために朝廷から派遣された将軍のひとりは吉備の吉備津彦である。つまり、この征服にはいち早く大和に従っていた吉備勢力が関わっていたふしがある。それは、大和の出雲への進出を手引きしたのが吉備勢力だったことを反映したものだったかもしれないし、吉備勢力の出雲進出だった可能性も指摘されている。門脇禎二氏は、出雲の古墳の形態を踏まえて、振根討伐は吉備の出雲西部進駐を指すものと指摘し、出雲東部のオウ王とは妥協、あるいは協調しながら並立していったのではないかと推察している。

さらに垂仁朝には神宝検校の記事が見え

る。これは天皇が、「使者を派遣して出雲の神宝を検(あらた)めさせたが、はっきりしない。自ら行って調べて来い」と物部十千根大連(もののべのとおちねのおおむらじ)を遣わしたというものである。これも出雲の服属をうかがわせるものといわれている。

ヤマトタケル伝説との類似性

もうひとつ注目したいのは、振根による飯入根(いいいりね)誅殺の記事である。振根はまず木刀を腰に帯びて止屋(やむや)の淵(ふち)へ弟を誘うと、ふたりで水浴をした。振根は先に水から出て、弟が上がる前に木刀と弟の太刀をすり替えた。そして、弟が上がるや太刀を抜いて斬りかかったのである。飯入根は兄の太刀で応戦しようとするが、それはただの木刀であり、反撃をすることもできずに殺害される。じつはこのだまし討ちの計略は、ヤマトタケルのイズモタケル征伐に酷似している。興味深いことに、ヤマトタケルも敵の刀を木刀にすり替えておくという策略を用いているのだ。

しかも、この方法を用いた振根は討伐され、ヤマトタケルも失意のうちに没してしまう。この振根の件とヤマトタケルによるイズモタケル征伐は、同じ出雲征服譚、もしくは何か共通した伝承を反映したものだったのかもしれない。

出雲振根とその周辺

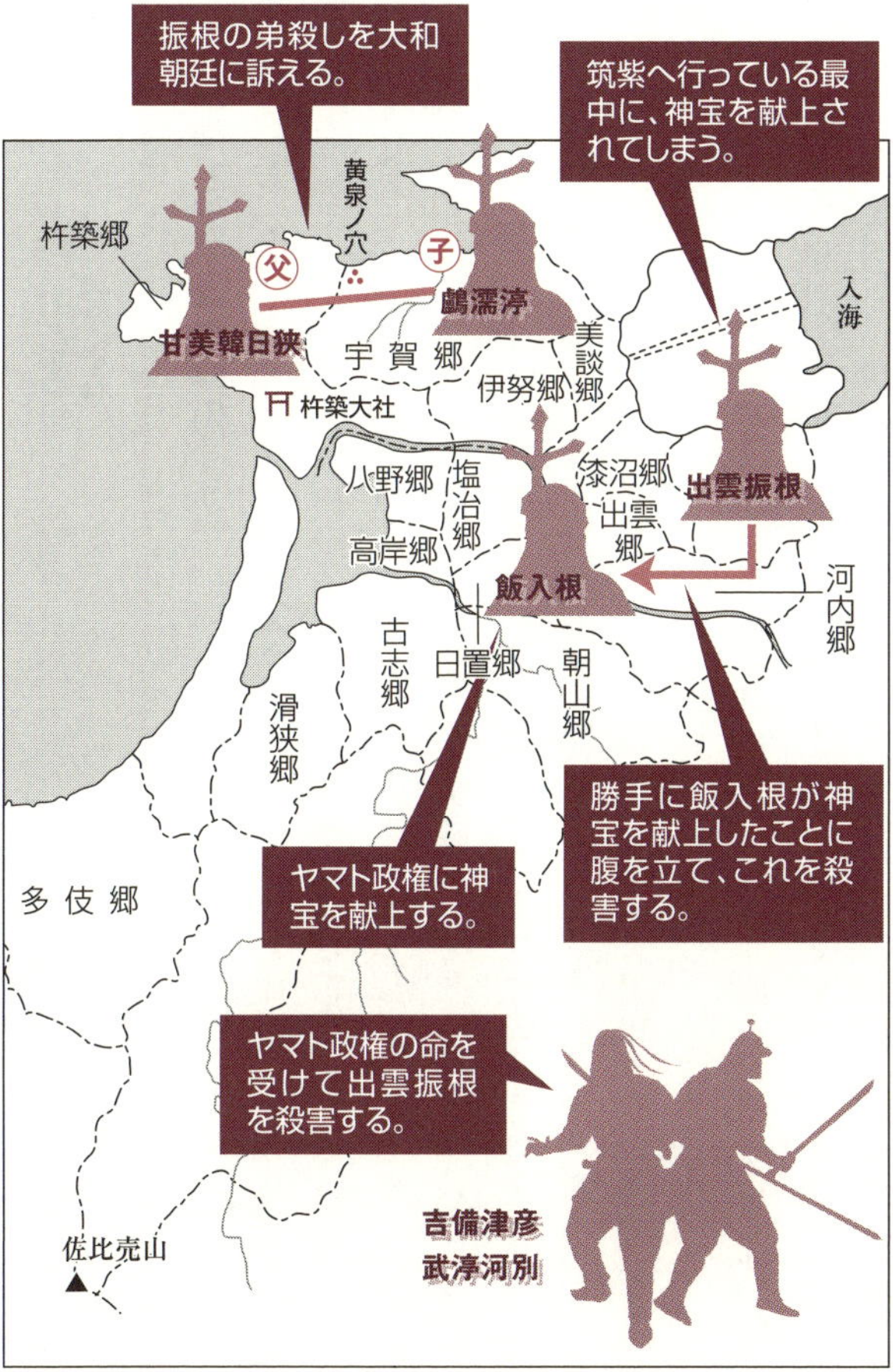

崇神天皇60年の記事に登場する出雲の人々は、かつて出雲西部に割拠していたと見られる首長たちとも考えられている。

スサノオ神話

記・紀神話に登場する英雄神の意外な素顔

※スサノオ神と御子神の関係

『古事記』において、イザナキ命の鼻から誕生したスサノオは、荒ぶる神であり、猛々しい英雄神、そしてオオクニヌシ神の系譜へと連なる神として描かれている。まず記・紀では海原を治めず、泣き喚いて父のイザナキ命に追放されてしまう。高天原にいる姉のアマテラス大神のもとに行く時には荒々しさで国土を鳴動させ、高天原に着いてのちには田を荒らし、ついにアマテラス大神を岩屋戸に籠らせてしまった。しかし、地上に追放されてからは一変する。出雲でヤマタノオロチを退治して人々を救う英雄神へと変容した。

ところが『出雲国風土記』のスサノオは、巡行する素朴で穏やかな神である。スサノオ自身の四箇所の伝承は、いずれも簡略な内容だ。安来郡ではスサノオがここにきて「心が安らいだ」と言ったので安来という地名がついたという地名説話、大原郡の佐世郷では、佐世の木の葉を頭に刺して踊った伝承、御室山ではスサノオが御室を造ってそこに宿ったと記される。一番詳しい飯石郡の須佐郷では、この地に自分の名前をつけて鎮座しようと言った伝承があることから、この地がスサノオの本貫地（ほんがんち）だと考えられている。

しかし、どの逸話（いつわ）をとっても、風土記から浮かび上がるスサノオ像はあくまでも素朴で平和な神である。記・紀神話の猛々しいイメージとはあまりにもかけ離れている。

これについて、スサノオの御子神に注目すると興味深い事実に気づく。八箇所に登場する七神の御子神たちの記事は、いずれも地名伝承など短い説話ばかりだが、その名前はツルギヒコ命、ツキホコトオヨルヒコ命など、〝剣〟や〝鉾〟を名に含む、武神的性格を連想できる。つまり、スサノオと御子神たちのトータルが記・紀のスサノオ像なのである。『出雲国風土記』の方が本来の伝承だったと考えるならば、それを記・紀ではスサノオと御子神たちの伝承をひとつにしたスサノオ像

「須佐之男命」像

宮廷画家の巨勢金岡が描いたといわれる八重垣神社のスサノオ像。
（八重垣神社提供）

を作り出したと考えられる。

❋「スサノオライン」が語る軌跡

ではスサノオの原像は一体どこに求めることができるのだろうか。『日本書紀』の一書にスサノオが朝鮮経由で出雲に下ったとあることから朝鮮系の神だとされるが、ここでは、まず『出雲国風土記』のスサノオ伝承の分布図に注目したい。すると、スサノオにまつわる四箇所の伝承が出雲の南部、須佐郷を基点に大原郡、安来へとほぼ一直線上に並ぶのだ。これはスサノオを信仰する集団の進出経路と考えられる。

須佐郷は製鉄が行なわれていたと考えられる地域であることから、スサノオを信仰したのは奥出雲の製鉄集団だったと推測できる。

つまり、伝承のスサノオラインによって、製鉄の神であるスサノオを信仰する製鉄集団が山間部から海浜部へと進出していく軌跡が示されるのではなかろうか。ここでも、本来、海を目指すなら須佐から北上すればよいのではないか、という疑問が生じるが、これは、北上すれば、そこにはオオナモチ命を信仰する杵築の勢力が存在したので、この集団との衝突を避けたのだろう。遺跡からは浮かび上がらない、出雲古代史の一面である。

スサノオ伝承の分布

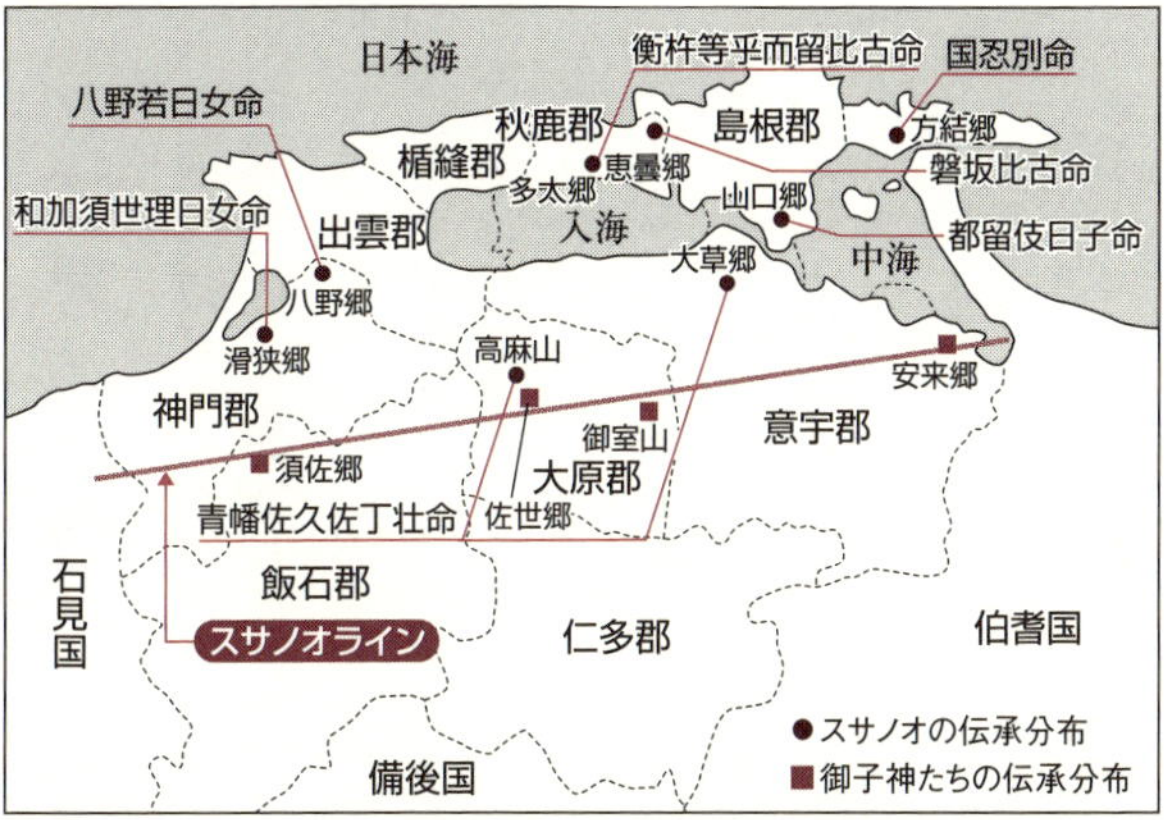

出雲におけるスサノオ神の伝承は、山間部の須佐郷から東部の海岸部へ向かって分布する。一方、御子神の伝承は出雲北部に限定され、その内容を複合すると記・紀の荒ぶるスサノオ像に近づく。

スサノオの系譜比較

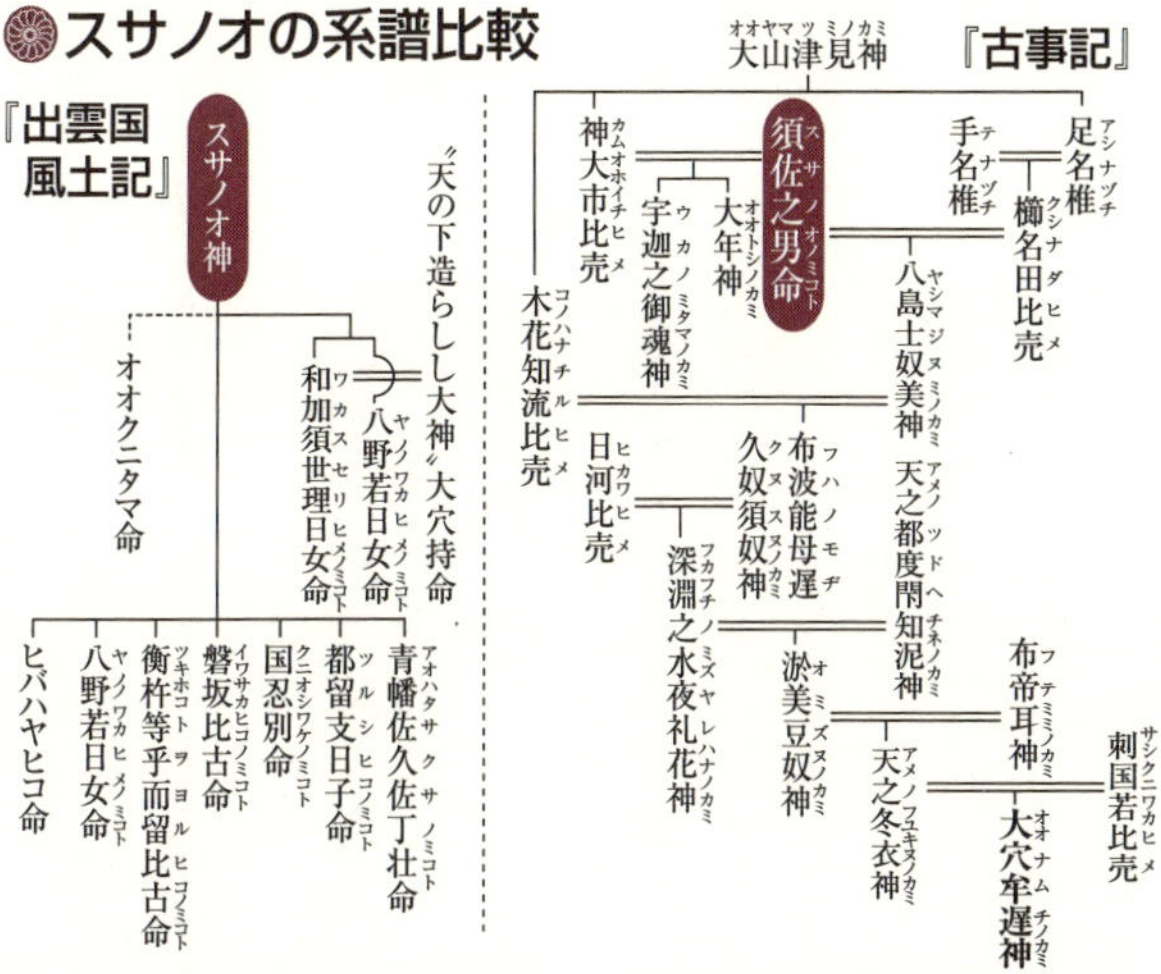

スサノオ命の系譜は記・紀と風土記で大きく異なるが、娘のスセリヒメがオオナモチ命（オオクニヌシ）に嫁ぐなどの共通点も見られる。

ヤマタノオロチ伝説

スサノオに退治された大蛇の正体とは

※『出雲国風土記』に登場しないヤマタノオロチ

記・紀神話において、高天原を追われたスサノオは出雲に降り立つ。そこで娘とともに泣いている夫婦に出会ったスサノオは、八つの頭と八つの尾、さらに八つの谷と峰にわたる巨体を持ち、目はほおずきのように赤く、腹はいつも血でただれているヤマタノオロチの存在を耳にする。

このヤマタノオロチは毎年、娘を生贄（いけにえ）として欲し、間もなくこの娘クシナダヒメをさらいにくるというのである。この話を聞いたスサノオは、自分に任せるよう伝えると、ヤマタノオロチを酒に酔わせて討ち取った。そして助けた娘クシナダヒメと結ばれるという顛末（てんまつ）である。

ところがこのスサノオ神話のハイライトともいうべきヤマタノオロチ伝説が『出雲国風土記』には一切登場しない。

その理由については、記・紀に記されている話は省いたという説や、風土記編纂者たちが記・紀神話を快く思わなかったため、わざと省いたという説、「越(こし)の八口(やくち)」を征服したという風土記の記事がヤマタノオロチ伝説に該当するという説など様々にあるが確かではない。

ただし、ヤマト政権によるまったくの創作というわけではなく、背景にはこれに通じるような伝承があったのではないかと推測されている。

ペルセウス型神話の分布

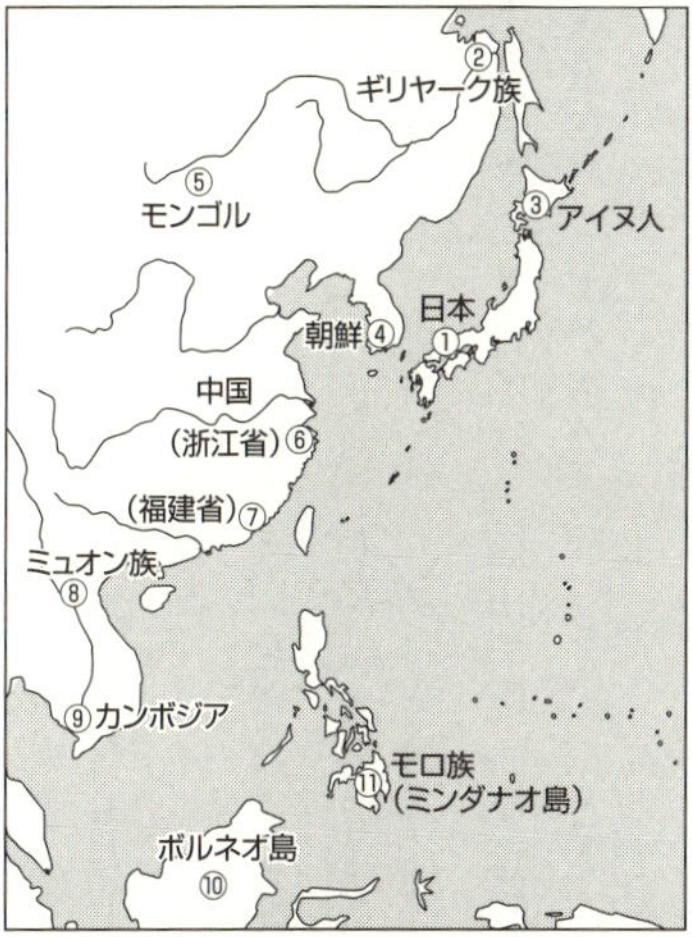

ギリシア神話においてペルセウスがメドゥーサを倒してアンドロメダを救ったように、英雄が大敵を倒して美女を救うという物語はアジアにも分布が見られる。スサノオによるヤマタノオロチ退治もそのひとつといえる。

ヤマタノオロチの正体とは

では、このヤマタノオロチとは一体何を表わしているのだろうか。

これについてはかねてより議論されてきたが、一般的な説としては、谷を八つ、山の尾根を八つ越える姿は、山をうねうねと流れ下り、支流に分かれて海に流れ出す斐伊川を、オロチの体に生えたコケやヒノキの杉は奥出雲の山々の姿を、赤くただれた腹は製鉄によって変色した川の中流域をそれぞれ表わす。ひいては出雲そのものを表現したというものである。

また、前述したが越の八口をヤマタノオロチにたとえたという説や、奥出雲一帯が製鉄地であったことに関連付ける説などがあるが、注目したいのは、農耕との関連から見た説である。

クシナダヒメの名は「稲田の姫」を意味し、蛇は雨水を司る水神、雷神として信仰される背景から、田と水の結びつきにたとえ、豊穣を祈る巫女と水神との結婚を示唆するものである。

さらに、ヤマタノオロチの凶暴性に注目するならば、クシナダヒメが蛇に飲み込まれるのは、毎年、雨季になると川が洪水になり、怒涛の水の勢いが田を呑み込んでしまう水神の恐怖を神話的に表わしたと考えることもできる。

それゆえ、スサノオがヤマタノオロチを退治したことは洪水の解消に通じる。

それは、出雲に登場した英雄が毎年氾濫していた斐伊川を治水工事によって制圧した結果、安定した農耕を営み、豊穣を約束することを物語るものだったのかもしれない。

八重垣神社

松江市の八重垣神社は、ヤマタノオロチを倒したスサノオがクシナダヒメと宮を結んだ地といわれる。

斐伊川の流れとヤマタノオロチ

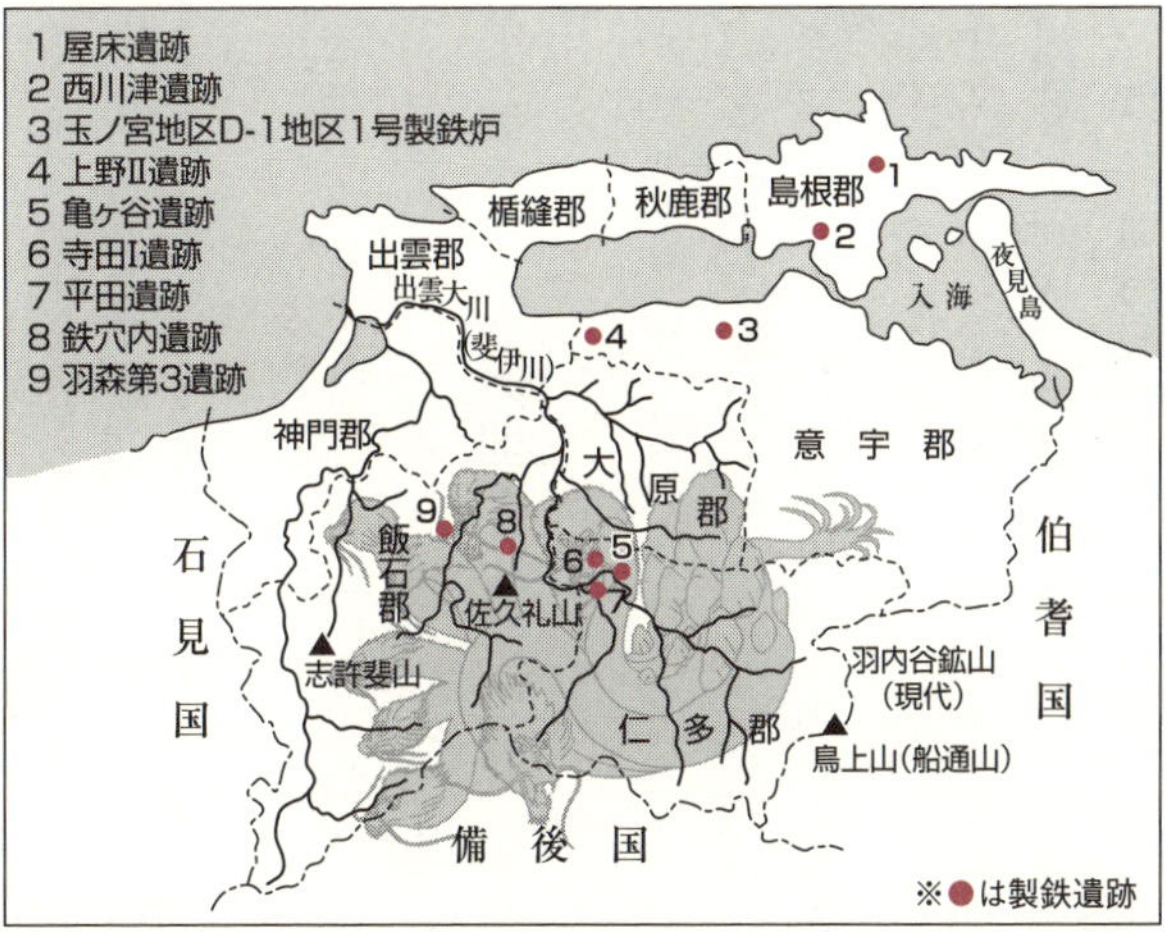

斐伊川をヤマタノオロチのモデルとする説では、いくつもの支流にわかれ、中流域では川を赤く染める製鉄遺跡が集中していることなどを根拠としている。

野見宿禰説話

三輪山周辺になぜ出雲ゆかりの地名が存在するのか

※相撲と埴輪の起源が明かす出雲

『日本書紀』には、相撲と埴輪の起源を担う、出雲出身の野見宿禰という人物が登場する。それは垂仁天皇の御世のことである。天下の力持ちと名高い当麻蹶速との力比べのため、出雲の野見宿禰が召し出された。そして天皇の御前で当麻蹶速と相撲をとり、勝利を収めた野見宿禰が、取り立てられたという内容である。

埴輪に関しては、皇后の葬礼の際、天皇が殉死を禁止していたのを受けて、野見宿禰が人馬などの形をした土製品を陵墓に立てることを発案したという。野見宿禰は、この功績により土部の職に任じられ、土部臣と称した。そしてこれを起源に土師氏が葬礼・陵墓の管理に当たったという。

この野見宿禰の説話については、アメノホヒの子孫であることから、潤色が加えられた可能性も指摘されている。ただし、野見宿禰と土師氏、陵墓や葬礼との関係の深さがうかがえる記事が『播磨国風土記』にもある。ここでは野見宿禰と思われる土師弩美宿禰の

相撲神社

角力（相撲）の元祖となった野見宿禰を祀る山辺の道沿いの神社。

死亡記事が掲載されている。それによると大和と出雲を行き来していた宿禰が日下部（くさかべ）の里で病にかかって亡くなった。すると出雲の国から人がやってきて、揖保川（いぼがわ）の小石を積んで墓を築いたというものである。

大和に存在した出雲の地名

『播磨国風土記』の記事のなかで、注目したいのは「大和と出雲を行き来していた人物」という箇所。ほかの地域でも大和と出雲とは関わりが深い地とみなされていたようだ。実際、大和と出雲とは様々な点で関連が多い。

　出雲国造が代替わりの際、朝廷で「出雲国造神賀詞」を奏上することは前述したが、実際、ヤマト政権にとって、出雲は宗教上においても重要な地であったようである。

なにしろ、ヤマト政権発祥の地であり、朝廷が奉祀していた三輪山(みわやま)のオオモノヌシ神は、オオクニヌシ神の分身なのである。また、三輪山山麓には出雲郡があり、出雲屋敷や、オオクニヌシの元の名である「オオナムチ」を思わせる「オナンジ」などの地名がある。ほかにも葛上郡(かつらぎのこおり)の大穴持神社、山辺郡の出雲健雄(たけお)神社など出雲系神社が大和を守護するように鎮座している。

こうした地名の場所には出雲の人々が居住したか、もしくはヤマト政権に仕えた野見宿禰やその一族とゆかりのある地なのかもしれない。

こうした背景から記・紀神話での出雲とは、山陰の出雲ではなく、大和の出雲ではないかという説も提唱されている。つまり、山陰の出雲を舞台とするオオクニヌシ神関連の神話は、じつは大和が舞台だったというのである。

考古学者の森浩一氏は、神武(じんむ)天皇の勢力が大和に入る前に、出雲系の勢力が大和に存在していたのではないかとも指摘している。たしかにヤマト政権は出雲系の神を祀り、葬祭も出雲の人を任じるなど、出雲との関わりの深さは否定できない。それから推し量ると古代出雲は、ヤマト政権の誕生にまで関係していたのかもしれない。

三輪山周辺の出雲関連地名

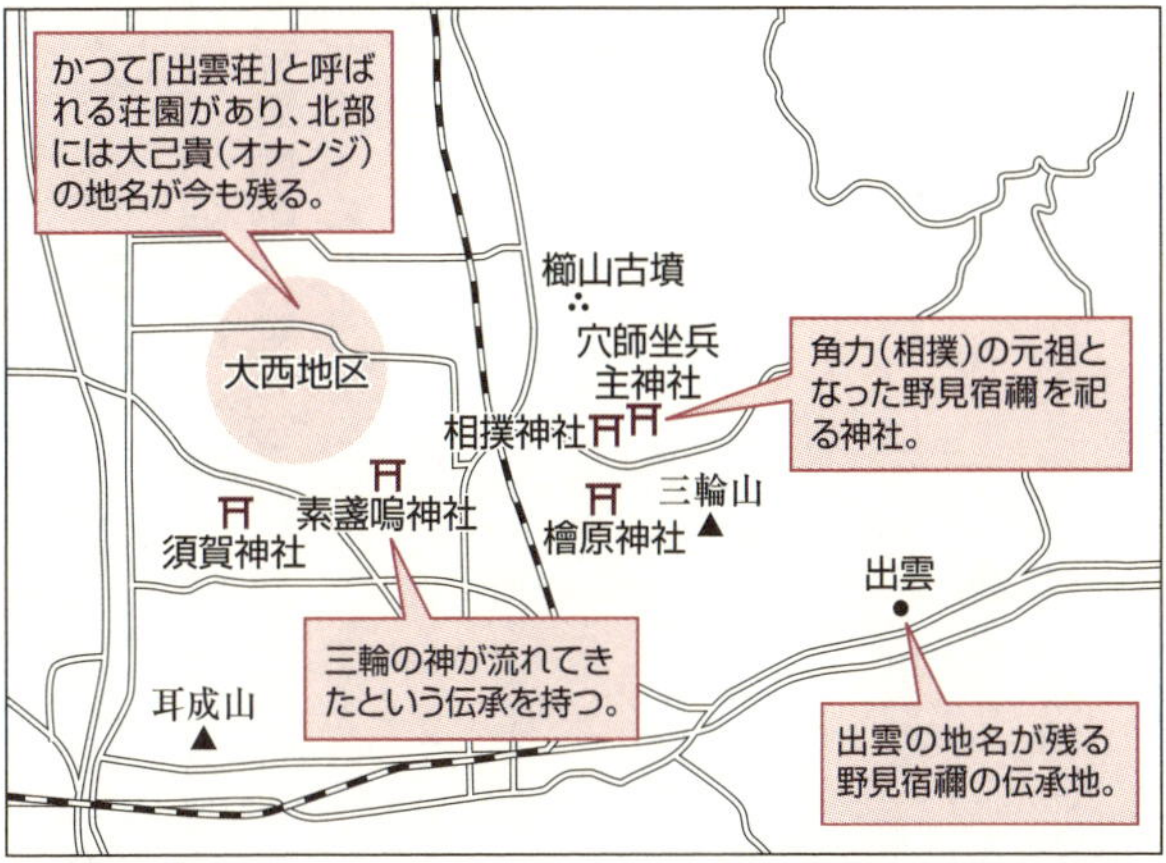

野見宿禰の墓周辺図

三輪山周辺には出雲ゆかりの地名が多く、両者の密接なつながりを想起させる。しかし、記・紀が示す出雲がこの場所を示すのか、それとも征服された出雲の人々が移り住んだ地なのかははっきりしない。

野見宿禰は播磨国で没したと伝わり、その墓は出雲の人々によって築かれたという。墓の近くには出雲へ向かう道も通っている。

サルタビコとサダ大神

伊勢と出雲をつなぐ二柱の太陽神の謎

※天孫降臨の先導をつとめた国津神

アマテラス大神は太陽神とみなされているが、そのアマテラス大神を祀る伊勢には土着の神がいた。『伊勢国風土記』逸文に登場するイセツヒコもそのひとりである。イセツヒコは神武天皇に屈し、海の彼方へと去ったと記されるが、それとは別に記・紀の天孫降臨神話に登場する伊勢の神もいる。

それはサルタビコである。天孫降臨でニニギ一行がいざ天降りしようとしたとき、一行の道案内をするために出現した神だ。サルタビコは、高天原から葦原中国まであまねく照らし、一行を待ち受けていた。

その容姿については、『日本書紀』ではより具体的で、口元は明るく、目は赤ほおずきのように真っ赤に輝いていたと描写している。

その姿から、サルタビコは太陽神の性格を持つといわれているが、彼を太陽神とみる理由はそれだけではない。

天孫降臨とサルタビコ

天孫降臨の際、天皇家の祖となるニニギ命一行の道案内を買って出たのが、異形の神サルタビコであった。

彼は天孫降臨ののちに女神アメノウズメを妻に迎えたとされるが、このアメノウズメは、岩戸籠りしたアマテラスのために踊った太陽神に奉仕する巫女だったのである。

また、サルタビコの出自については、天孫降臨ののち、『日本書紀』では伊勢の五十鈴川の川上に住んだと記され、『古事記』では伊勢の海に溺れたという内容から、伊勢の神、少なくとも伊勢と深い関係を持つ神だったことがわかる。

なお、サルタビコは「ちまたにいる神」というところから道祖神信仰とも結びつき、さらにサルと結びついて庚申信仰（庚申の日は夜通し起きておくなどの習俗）とも結びついた。

❋伊勢と出雲に共通する太陽神

じつはサルタビコは出雲とも密接な関わりを持っている。サルタビコは出雲の佐太神社の祭神サダ大神と同一視される場合があるのだ。

サダ大神は『出雲国風土記』においては加賀(かか)の潜戸(くけど)でキサカヒメという女神から生まれたという伝承を持つ神である。洞窟のなかでキサカヒメが流れてきた金の弓矢で岩壁を射通すと周囲が「加加」と明るくなり、サダ大神が誕生したという。

金の矢は太陽のシンボルであり、暗闇に光をもたらしたという点においてもサダ大神も太陽神としての性格を持っていたともいわれる。

しかもサルタビコとサダ大神には奇妙な一致がある。加賀の潜戸には穴が空いており、その五百メートル先の的島にも穴が空いているが、夏至の太陽はこのふたつの穴を射し貫くのだ。これはくしくも夏至の太陽が、伊勢の夫婦岩(めおといわ)の間から昇る光景に通じる。その夫婦岩の沖合には、サルタビコが生まれたと伝わる神石も沈んでいるという。どちらも太陽神の祭祀場であり、その地の太陽神の原像だったとみることもできよう。

サルタビコとサダ大神、伊勢と出雲はこの二柱の太陽信仰によって結びついていたともいえるのである。

サダ大神の生誕地"加賀の潜戸"

新潜戸

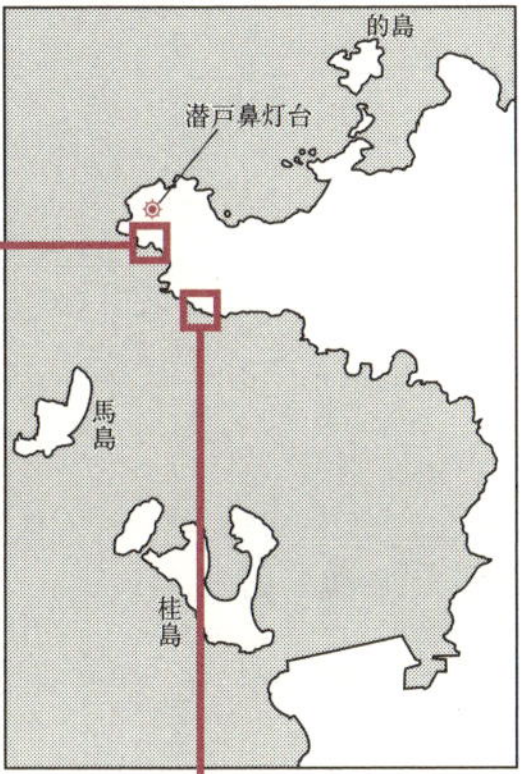

旧潜戸の奥に穴を開けている洞窟が新潜戸である。波が高くなければ遊覧船でなかへ入ることが出来る。

旧潜戸

港から遊覧船に乗るとまず見えてくるのが、旧潜戸。洞窟の内部は賽の河原にも擬せられ、水子供養も行なわれている。『出雲国風土記』の言い伝えによると、この潜戸の沖を通過する船に乗る者は、大声を出して通っていたという。もし、密かに通れば神の怒りを買って転覆させられたといわれる。

黄泉国

古代人が共通して育んだ死者の世界が存在する方角

※出雲に存在した黄泉国への入口

古代人にとって死後の世界は、しばしば黄泉国(よみのくに)、根の国(ねのくに)などと称されてきた。なかでも有名なのが『古事記』における黄泉国神話だろう。

火の神を産んだことで命を落とした妻のイザナミに会うべく、イザナキが黄泉国へと赴く内容である。黄泉国には黄泉神やヨモツシコメ、雷神などがおり、イザナミは醜い姿になっていた。恐れをなしたイザナキは一目散に逃げ出すが、それを恨んだイザナミが捕らえようと跡を追いかけてくる。何とかこの世とあの世の境、黄泉比良坂(よもつひらさか)までたどりついたイザナキは大岩で出口を塞ぎ、亡き妻と絶縁した……。

黄泉国の場所については古くから地下とみなされていたようだが、特定の場所をさすものではないともいわれている。

ただし、黄泉比良坂は『古事記』では出雲の伊賦夜坂(いふやさか)とも記されており、同地は現在の島根県東部の八束郡東出雲町の揖屋(いや)に比定されている。また、『古事記』ではイザナミが

イザナミの埋葬地

千曳岩
比婆山山中に置かれ、黄泉国との境を塞ぐといわれる千曳岩。

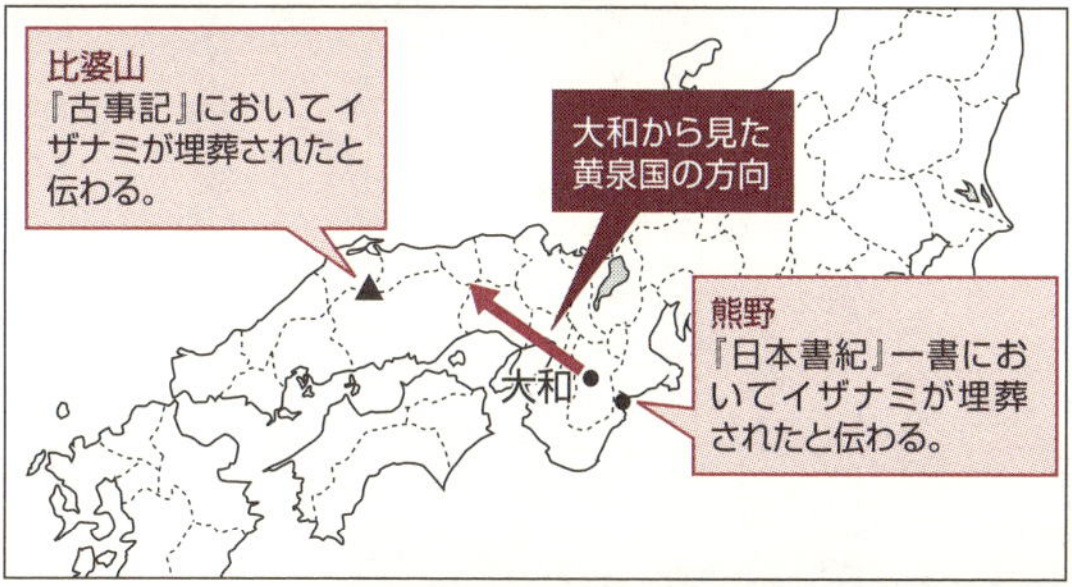

比婆山
『古事記』においてイザナミが埋葬されたと伝わる。
大和から見た黄泉国の方向
熊野
『日本書紀』一書においてイザナミが埋葬されたと伝わる。
大和

花の窟
イザナミの陵墓と伝わる高さ45メートルの巨岩。毎年岩の頂上から綱が掛け渡される「花の窟お綱かけ神事」が行なわれる。
（熊野市役所提供）

祀られた場所を出雲と伯耆(ほうき)との国境にある「比婆之山(ひばのやま)」だと記す。いずれにしても『古事記』では黄泉国の入口は出雲に存在していたようである。

『古事記』と「風土記」から見る黄泉国

記・紀神話において、黄泉国と結び付けられる出雲であるが、これと符合するように、『出雲国風土記』にも黄泉に関する記述が登場する。宇賀郷(うがの)に、黄泉国の入口として黄泉の坂、黄泉の穴の伝承がある。その海辺には「脳の磯(なづきのいそ)」と呼ばれる磯があり、その西に高さも広さも一・八メートルの岩窟がある。中には穴があるが人が入れず詳細は不明で、この辺りに来た夢を見た人は必ず死ぬという言い伝えがあり、土地の人は昔から黄泉坂・黄泉穴と呼んでいたという。島根県西端に近い平田市猪目(いのめ)町にある猪目洞窟がこれに比定されている。ここでは十数体の人骨も発見されていて、弥生時代の墓だったのだろうといわれている。

ところが、これでは『古事記』では黄泉の入口が出雲東部になるのに対し、「風土記」では西北部になり、食い違ってしまう。『古事記』と「風土記」のふたつの黄泉の場所の違いは何を示しているのだろうか。

じつは、古代人は乾(いぬい)の方角、つまり西北に死者の国があるとみなしていたという。その

出雲と黄泉の国

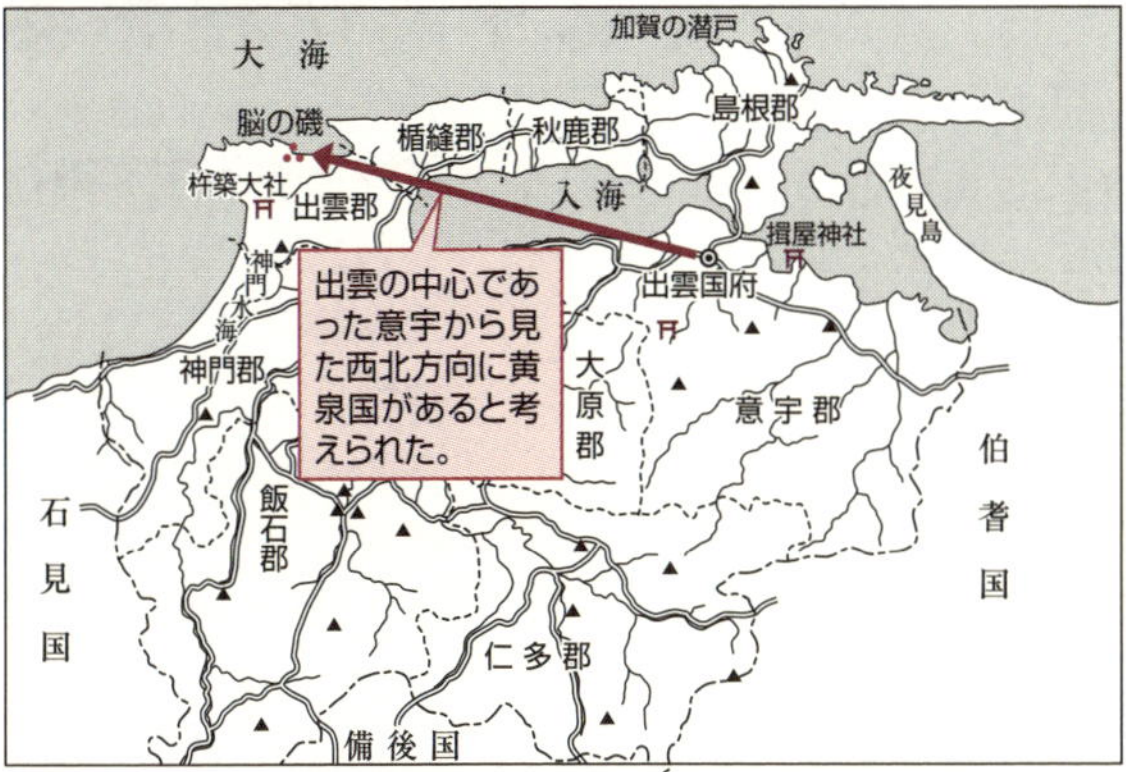

出雲の人々は、古代においてその中心であった意宇の地より西北方向にある脳の磯を黄泉国への入口と見た。この洞窟からは古代祭祀の跡や人骨も発見されている。

方角を根拠にすると、『古事記』と「風土記」の矛盾の理由が明確になってくる。

すなわち、『古事記』はヤマト政権が編纂したものであるため、大和を中心に、日本全体を視野に入れた。対して「風土記」は土地の実力者、出雲国造が中心になって編纂しているため、出雲限定の視点で考えたというのである。

そのため大和から見た場合は、大和の乾の方角にあたる出雲国の入口に黄泉国への通路が設定されるのに対し、出雲から見た場合は、当時の出雲の中心であり、国庁が置かれていた意宇（おう）郡、すなわち現在の松江市東南部から見て、西北に当たる猪目洞窟付近が黄泉国への入口に設定されたのだ。

コラム 知っておきたい伊勢・出雲の神さま④

伊邪那岐命（いざなきのみこと）／伊邪那美命（いざなみのみこと）

- **祭神とする主な神社**
  多賀大社、
  三峯神社ほか
- **神格**
  万物を創造する神
- **神徳**
  延命長寿、縁結び
  ほか

記・紀ともに神世七代（かみよななよ）の最後に登場するのがイザナキ命、イザナミ命の夫婦神である。

『古事記』によれば、その後この２柱の神は、高天原（たかまのはら）の神々より国土を固めて完成させるよう命じられる。

そこでイザナキとイザナミは天降って結ばれ、イザナミから声をかけて国生みを行なった。しかし、女神から声をかけたため最初の国生みは失敗し、不完全な蛭子（ひるこ）と淡島（あわしま）が誕生してしまう。そこで、高天原の神々から助言を受けて再度正しい方法で国生みを行なった結果、日本列島を形成する大八州（おおやしま）が誕生した。

続いて２柱の神は多くの神々を生んだ。『日本書紀』においてはこの段階で、アマテラス大神、スサノオ命、ツクヨミ命が誕生している。

だが、火の神であるカグツチを生んだ際、イザナミは火傷を負って死んでしまう。イザナキはカグツチを斬り殺すと、泣く泣くイザナミを埋葬する。しかし、妻への恋しさは募るばかりで、ついにイザナミがいる死者の世界「黄泉国」を訪れる。だがここでイザナキは、見てはいけないという約束を破って死の穢れに染まった妻の醜い姿を見てしまう。イザナキが慌てて逃げ出すと、怒ったイザナミはこれを猛追。イザナキは間一髪で逃れて別離を宣言するのだった。

こうした物語から２柱の神は万物を創造する神、生命の神と、日本人の起源として崇められている。

五章

大和と出雲の文化の伝播

仏教の興隆

※推古朝に始まる仏教興隆

日本に仏教が伝来したのは、『上宮聖徳法王帝説』によると五三八年、『日本書紀』によると五五二年とされている。通説では前者の五三八年で、百済の聖明王から伝えられたとされているが、これは公伝である。私的にはもっと早く、渡来人によってもたらされていたと考えられている。その後、廃仏派の物部氏と崇仏派の蘇我氏の対立を経て、推古朝を境に仏教は興隆の時代を迎え、舒明天皇の時代に、初めての国家寺院である百済大寺が建立された。七二四（神亀元）年に即位した聖武天皇は仏教を篤く信仰し、鎮護国家のため、諸国に国分寺、国分尼寺を建立する一方、平城京には東大寺と法華寺を建立。奈良には華厳宗など南都六宗と総称される学派も生まれた。

このように、仏教は急速に興隆を始めたが、当時の仏教が地方へどのように伝播していったのかについては、明らかになっていない。いわゆる五風土記には、仏教に関する記述がきわめて少ないのだ。『豊後国風土記』には僧寺と尼寺が一か寺ずつ、『肥前国風土記』

仏教受容年表

年月	事項
欽明13(552)年10月	百済聖明王から金銅釈迦仏像一体、経論などが贈られる。
敏達6(577)年11月	百済王、経論・律師・禅師・比丘尼などを贈る。
敏達8(579)年10月	新羅、調物と仏像を贈る。
敏達12(583)年是歳	日羅を百済より召還する。
敏達13(584)年9月	百済より弥勒石像一体と仏像一体がもたらされる。
敏達13(584)年是歳	蘇我馬子、高句麗の還俗僧・恵便を師として善信尼をたちを出家させる。
崇峻元(588)年是歳	百済より僧・慧聡らが来日し、仏舎利をもたらす。馬子、善信尼たちを百済に派遣する。
崇峻3(590)年3月	善信尼ら、百済より戻る。
推古3(595)年5月	高句麗僧・慧慈来日し、厩戸皇子の師となる。
推古10(602)年10月	百済僧・観勒来日し、天文地理書、暦本などをもたらす。
推古10(602)年閏10月	高句麗僧・僧隆らが来日する。
推古13(605)年4月	高句麗大興王、仏像建立のため黄金300両を贈る。
推古17(609)年5月	百済僧ら11人を元興寺に居住させる。
推古18(610)年3月	高句麗王、僧・曇徴らを派遣する。
推古24(616)年7月	新羅、仏像を贈る。
推古31(623)年7月	新羅、仏像一具、金塔、舎利を贈る。
推古33(625)年正月	高句麗王、僧・恵灌を派遣する。

出雲の新造院

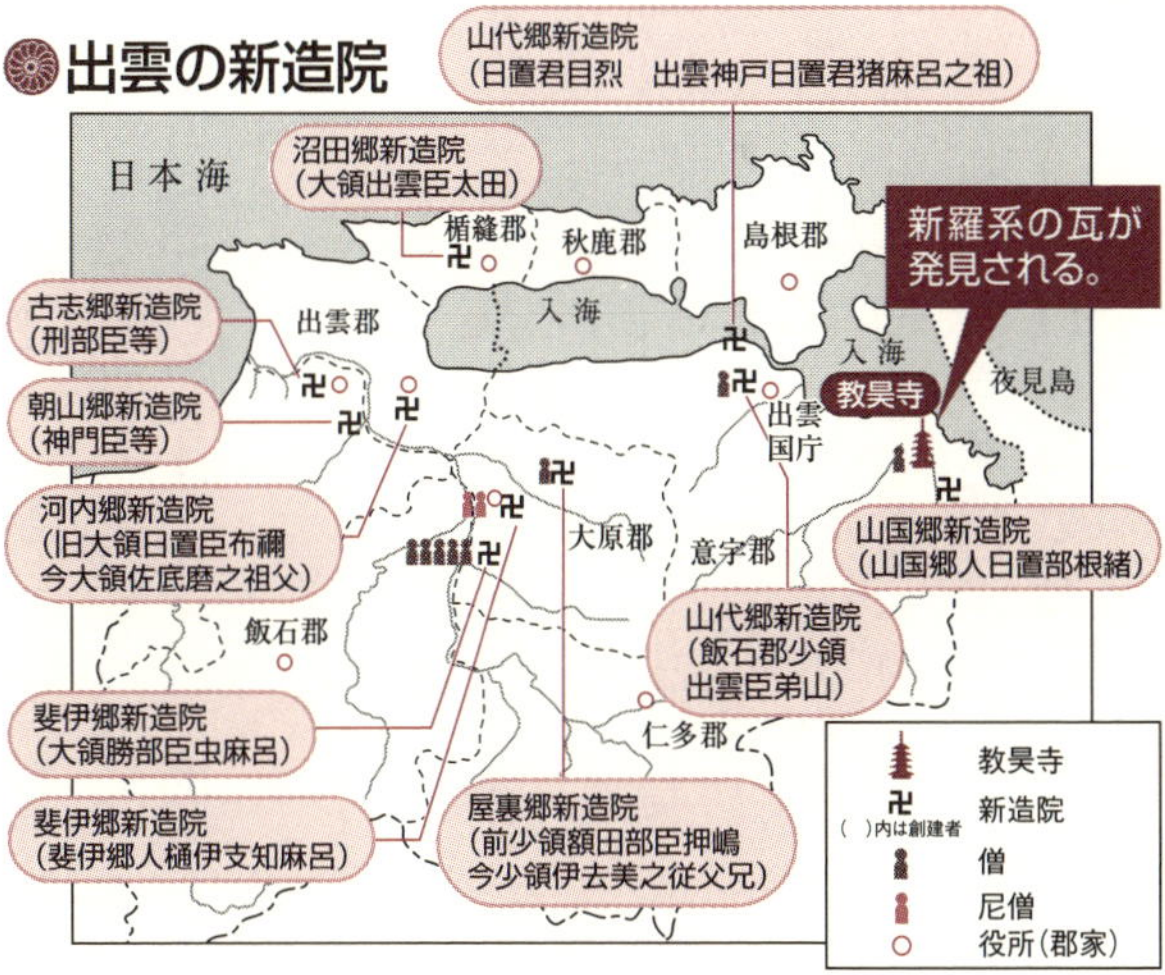

には僧寺が二か寺あると記載されているが、いずれも一国全体で二か寺しかないのは少なすぎる。『常陸国風土記』と『播磨国風土記』にいたっては、寺院の記述がまったくないのである。だからといって、地方に仏教が伝わらなかったというわけではない。出雲を含む山陰地方でも、多くの仏教遺跡や遺物が出土しているのだ。

神の国・出雲に建立された仏教寺院

意外なことに『出雲国風土記』には、十一の寺院の記載があるのだ。しかし、寺名が記載されているのは意宇郡の教昊寺のみで、ほかの十箇所はすべて「新造院」と記されている。教昊寺は、舎人郷にあり、教昊という僧による建立である。この教昊が、『出雲国風土記』完成時の七三三（天平五）年当時に存命であった上蝮首押猪という人物の祖父とされることから、天平五年からおよそ六十年（一世代を約三十年とする）ほど前の白鳳期の建立とされる。現在の安来市野方廃寺がその跡と考えられるが、伽藍配置は不明である。

新造院は、出雲の豪族層によって建てられた寺で、意宇郡には三箇所、楯縫郡に一箇所、神門郡に二箇所、大原郡に三箇所、出雲郡に一箇所で計十箇所が記載されている。

ではなぜ個別の寺名がなく、「新造院」という名称でひとまとめにされているのだろう。

出雲国分寺跡

金堂、講堂、僧房などが一直線に並ぶ伽藍配置であった。

「新造院」は新しく造った寺院という意味になるが、十箇所の寺院のなかには、風土記成立より半世紀も前から存在したと考えられるものもある。それだけの年月が経過しながら、寺名がないというのも不可解である。そこで、八世紀に出された寺院併合令によって、廃寺を統合して新しくできた寺院という意味ではないか、といわれている。『続日本紀』によると、当時、多くの寺院が手入れをせず、寺の建物や境内を荒れるままにしているので、数箇所を統合してひとつにせよという、寺院併合令が、七一六（霊亀二）年と七二一（養老五）年に出されている。かくして国司が主導となって、寺の統廃合が行なわれ、七三五（天平七）年で終了したという。

吉備地域

大和と出雲の媒介となった山陽製鉄勢力の興亡

※古くから密接に交流していた出雲と吉備

中国山地を境界にして接する出雲と吉備(きび)は、古くから交流を持っていた。『出雲国風土記』によると、この両国を結ぶ道は、八世紀初頭の段階で五通りあったという。両地域とも中国山地において製鉄業が盛んだったので、技術の交流も早くからあったと推測される。『日本書紀』の崇神(すじん)六十年の記事における振根(ふるね)と飯入根(いいいりね)の兄弟争いの際、派遣された将軍のひとりは吉備津彦(きびつひこ)であった。吉備津彦は吉備の象徴であり、この伝承はヤマト政権と、その命を受けた吉備の勢力が出雲に侵攻し、出雲がヤマト政権に服属したことを反映していると解釈されてきた。

以上は伝承によるものだが、考古学の見地から出雲と吉備を見ると、吉備系の器台形土器が出雲の東部にも西部にも見られること、出雲系の鼓形器台が吉備に伝播していることから、弥生時代後期あたりから交流が始まっていたと考えられる。

弥生から古墳時代開始期まで、出雲には独特の四隅突出型墓(よすみとっしゅつがたぼ)が多く造られたが、なかで

吉備の大型古墳分布

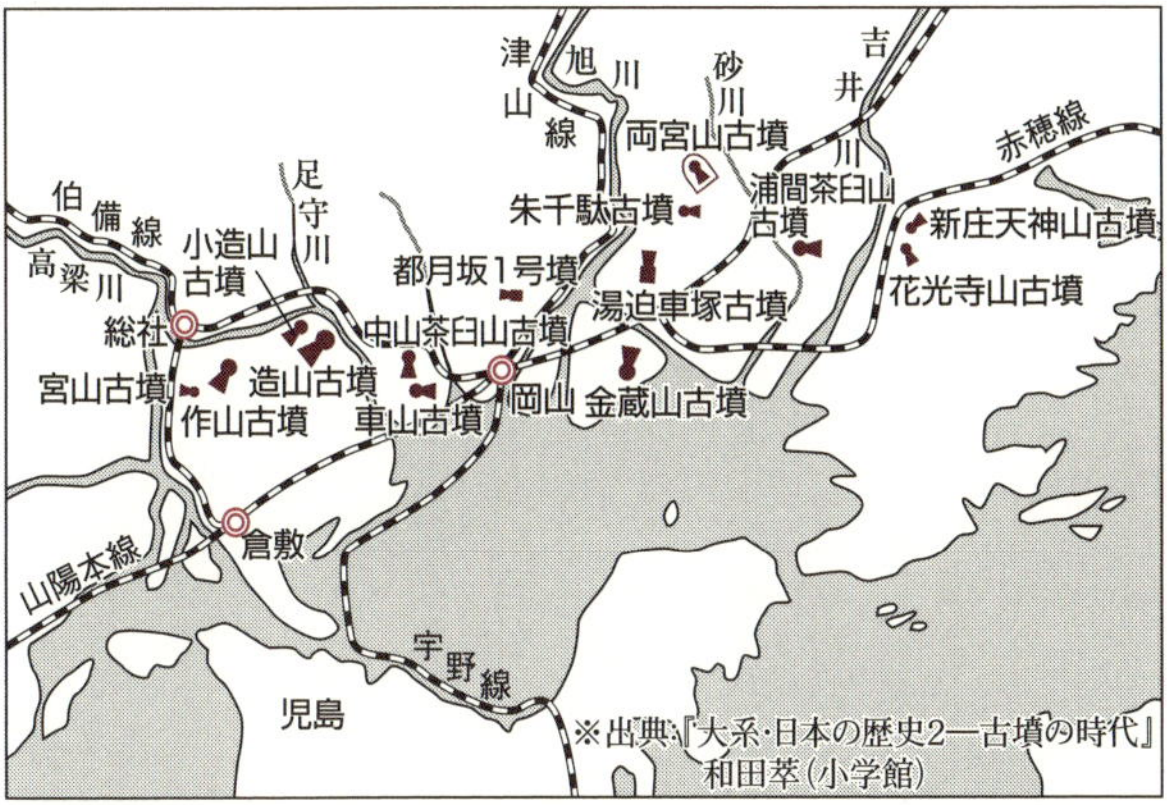

吉備にはいくつもの大型前方後円墳が築かれた。とくに造山古墳は全国第3位の大きさを誇る。

も最大規模といわれる出雲市の西谷（にしだに）三号墓からは、吉備の器台形土器が多数出土している。

また、古墳時代の吉備地方には前方後方墳や方墳が比較的多く築造されたが、それが出雲西部にも広がっている。出雲市の松本（まつもと）一号墳と神原（かんばら）神社古墳はそれぞれ前方後方墳と方墳であり、これらの古墳からも、吉備の壺形土器が出土している。

このふたつの古墳は、出雲と吉備を結ぶ交流ルート上に位置し、出雲の松本一号墳は、同じく前方後方墳である吉備の平塚（ひらつか）古墳とよく似た形状をしている。

このように、この三つの古墳の関係から、古墳時代前期における、出雲・吉備間の交流はより密接なものとなっていたことがわかる。

ヤマト政権の支配下に入った吉備地域

では、弥生時代から出雲と関係があった吉備には、どのような勢力があったのだろうか。吉備には三世紀の弥生時代後期からすでに大型の墳丘墓が出現しており、強い勢力を持っていたと考えられる。古墳時代はじめは、大和でも吉備でも前方後円墳が築造される一方、大和の箸墓古墳からは、吉備独自に発達した特殊器台形埴輪が出土していることから、吉備は早くから大和とも密接な関係を持っていたことがうかがえる。四世紀はじめになると、大和朝廷の勢力が急伸し、吉備の首長は進んで朝廷に従う道を選んだ。

それと引き換えに、彼らは大和に匹敵する巨大な前方後円墳を造営する。吉備最大の造山古墳は、全長三六〇メートルを誇り、全国三位の大きさである。大和の拡大を助けた吉備の豪族は、膨大な労働力と富、絶対的な権力を持っていたのである。

『日本書紀』によれば、これだけの富と力を有した吉備も、五世紀末の雄略天皇の時代、三つの反乱を起こし、勢力を後退させたという。この反乱は伝承に過ぎないとの説もあるが、いずれにしても吉備はヤマト政権の下に組み込まれていく。こうして七世紀後半には吉備は備前、備中、備後の三国に分断され、さらに七一三（和銅六）年には備前の六郡を分割して美作国が設けられ、ここに古代吉備勢力は完全に解体されたのであった。

大和・吉備・出雲三国志

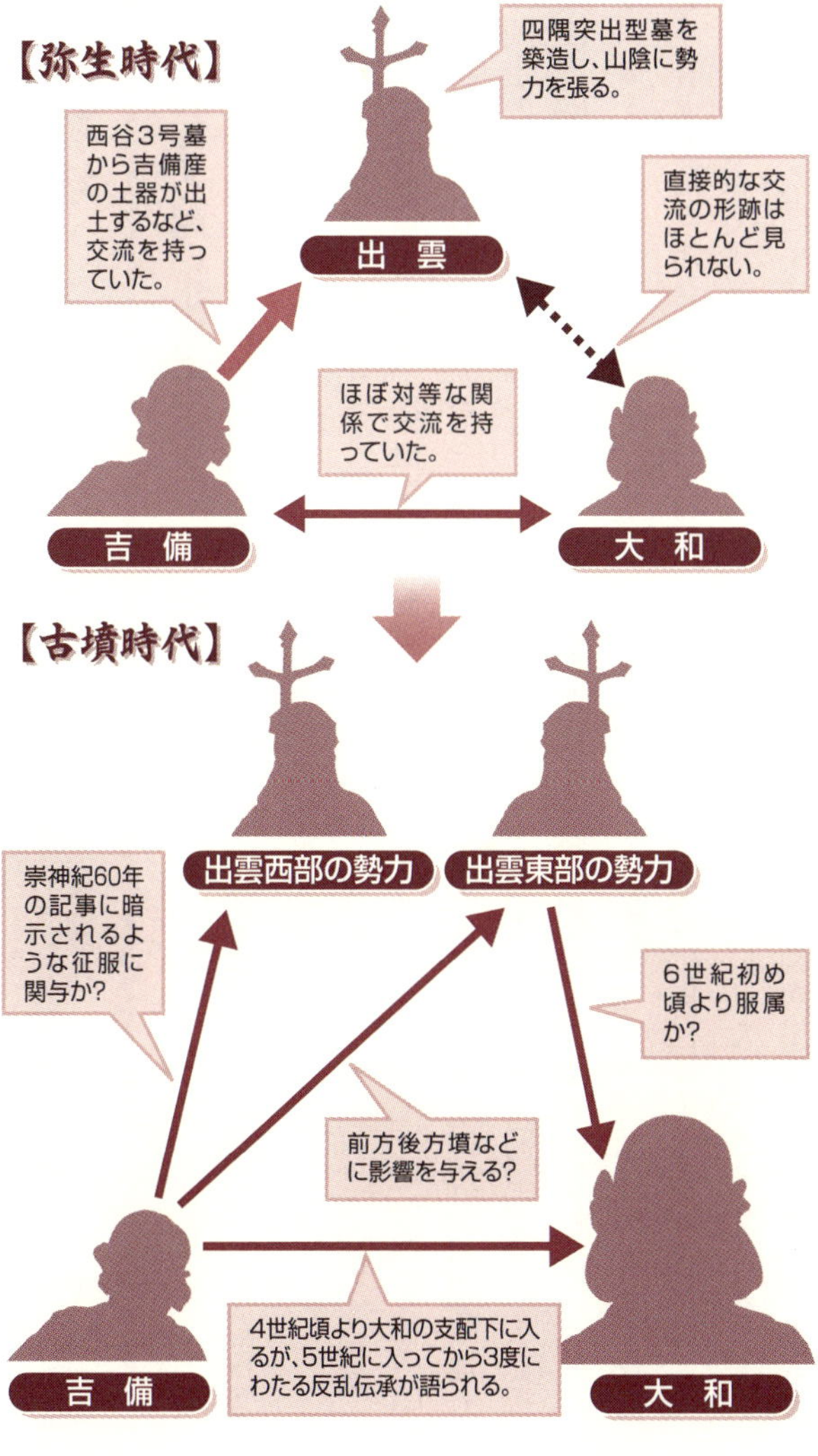
【弥生時代】
四隅突出型墓を築造し、山陰に勢力を張る。
西谷3号墓から吉備産の土器が出土するなど、交流を持っていた。
出 雲
直接的な交流の形跡はほとんど見られない。
ほぼ対等な関係で交流を持っていた。
吉 備
大 和
【古墳時代】
出雲西部の勢力
出雲東部の勢力
崇神紀60年の記事に暗示されるような征服に関与か?
6世紀初め頃より服属か?
前方後方墳などに影響を与える?
吉 備
4世紀頃より大和の支配下に入るが、5世紀に入ってから3度にわたる反乱伝承が語られる。
大 和

越地域

大和との密接な関係を築いた継体天皇の存在

風土記が語る越と出雲の交流

古代出雲にとって、北陸の日本海沿岸地域にあった〝越〟は重要な隣国で、古くから密接な交流があったことが『出雲国風土記』からもうかがえる。

『出雲国風土記』には、出雲と越の関係を示す六つの伝承がある。最初は「国引き神話」である。国引き神話とは、島根半島を形成するのに、ヤツカミズオミヅノ命が新羅や隠岐・北陸地方から国土を引いて、縫い合わせたという神話で、そのなかに現在の北陸地方から国土の一部を島根半島の美保郷の部分に引いてきたとする。また、同風土記の美保郷の条に、出雲のオオクニヌシ神が、越のヌナカワヒメ命のもとに通って結婚し、生まれたミホススミ命が鎮座しているので、この地を「三保」と称するという神話がある。美保郷の地主神としてミホススミ命は三保社に祀られていて、その三保社は美保の浜にある。ここから、出雲の美保郷が海を媒介として越と深い関係を持っていたことがうかがえる。

次に、越の八口平定にかかわる神話がある。オオクニヌシ神が出雲の意宇郡の拝志郷か

出雲のなかの越伝承分布

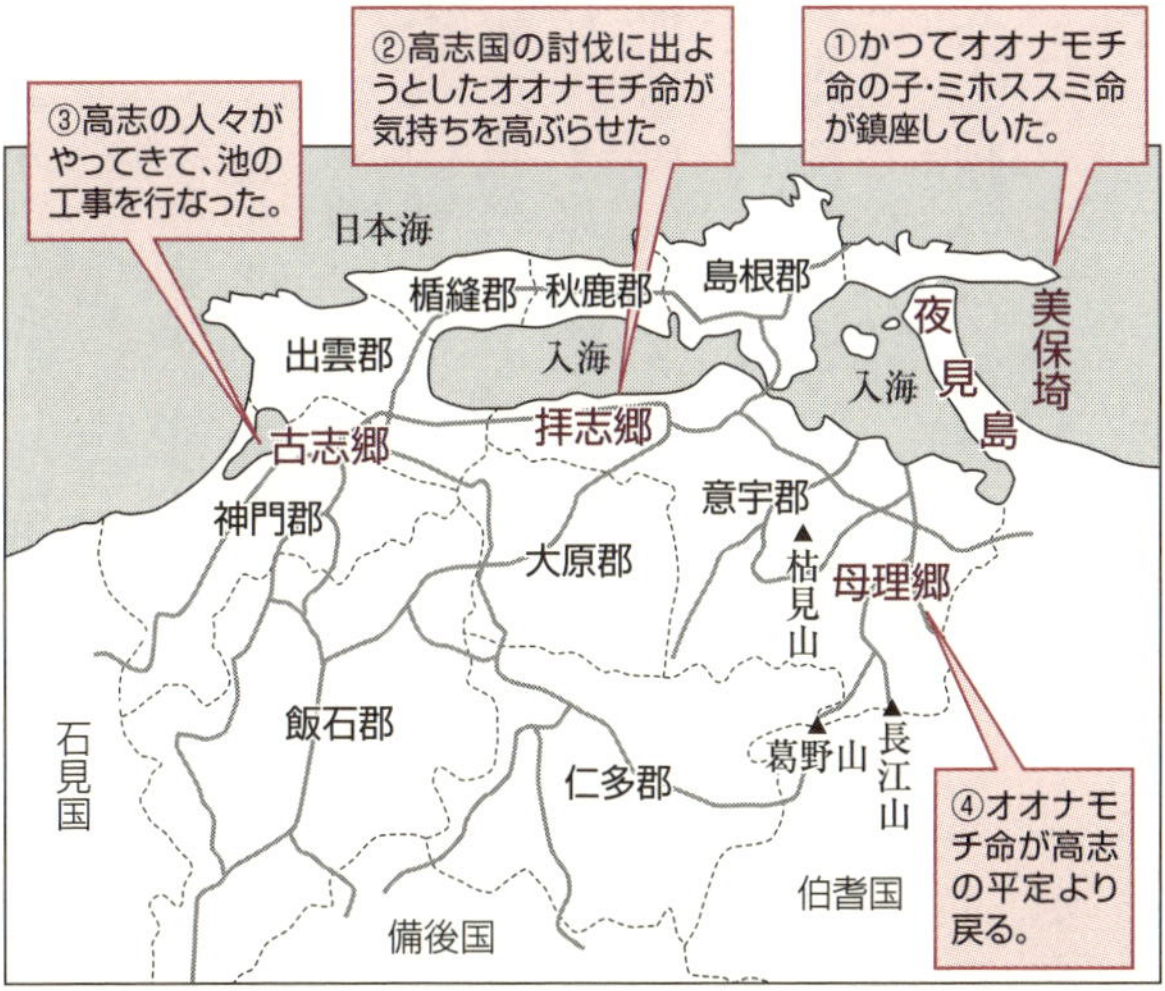

越産の土器

越産の土器は、出雲のほか、大和でも出土しており、幅広い交易圏が浮かび上がる。（糸魚川市教育委員会提供）

ら、越の八口を平定しに出かけたとき、木々が茂って林となっていたのを見て、心が高揚したという。拝志郷は、宍道湖の南岸、現在の玉湯町の林、大谷地区と宍道町の来待地区一帯をさす。この一帯で、出雲と越に交流があったことを伝えている。

次に、出雲の神門郡をみると、古志郷の記事で、イザナミ命の時代に、日淵川の水を引いてきて池をつくった。そのとき、工事に従事したのが古志、すなわち越からやってきた人々で、彼らがこの地に住み着いたので「古志」という地名がついたとある。さらに狭結駅の条に、古志国の佐代布という人物が住み着いたので、狭結駅という地名がついたという。これらの伝承は、越から土木工事の技術者がやってきたことを暗示している。古志郡は神門川の下流域で、神門川が神門水海（神西湖）に注ぐ直前の地域である。神門水海もかつてはもっと大きく、日本海との船舶の往来も可能であったから、出雲の古志郷は、八世紀以前からすでに、神門川、神門水海、日本海を経て越と交流していたと考えられる。

大和と越の関係を築いた人物

さらに、大和と越も、北陸地方の土器が大和で見られることから、弥生時代から交流があったことがわかるが、両者の密接な関係を示すのが、継体天皇の即位といえよう。

『日本書紀』によると、継体天皇は応神天皇の五世の孫で、近江に住んでいた父と、越前出身の母との間に生まれた。幼い頃に父を亡くし、母の実家の越前で養育されたという。五十七歳のとき、武烈天皇が皇子を残さずして没したため、越前にいた継体天皇が擁立されたのである。

継体天皇は大王家とは血縁関係のない、地方豪族の出身だとの説もある。しかし、近年の研究で、継体天皇の勢力は近江、越前から摂津、河内、尾張という広範囲に及んでいたことが明らかで、継体天皇は、傍系ながら大王家の血を引く有力な皇位継承者だったという説も出されている。

継体の即位は、まさに越と大和の密接な関係を示しているともいえるのだ。

継体天皇の勢力圏

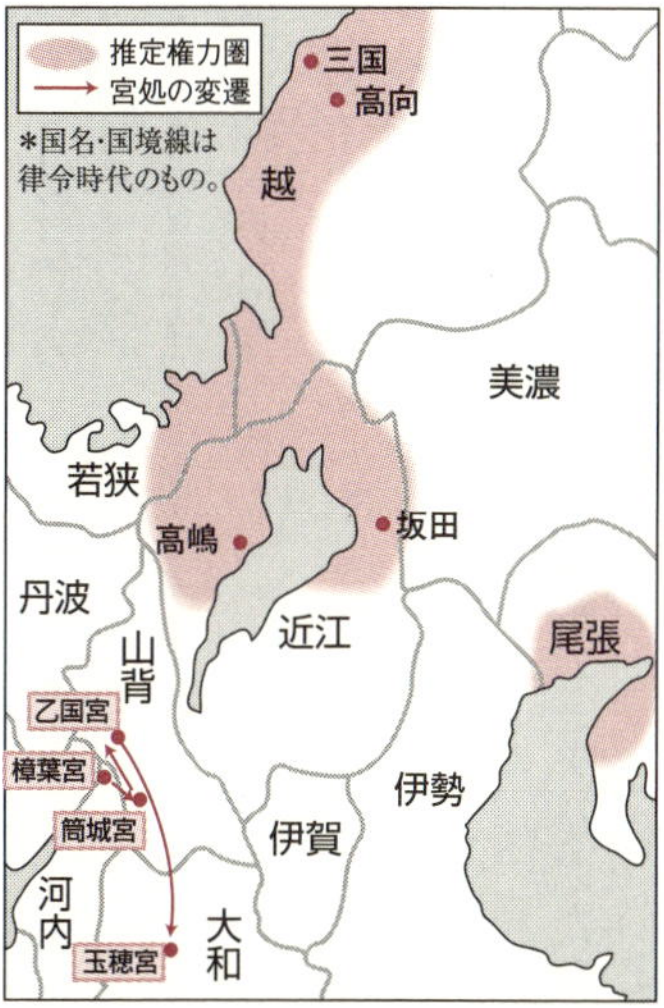

継体天皇はその出自からか、近江周辺に即位前は強力な権力基盤を要していた。

九州地域

大王位継承を左右する影響力を持った諸勢力

後漢王朝への遣使を行なった奴国に代表されるように、北部九州には弥生時代から小国家群が存在した。古墳時代に入ると、九州の諸勢力は積極的にヤマト政権と関わるようになる。なかでも日向の勢力は、ヤマト政権と密接な関係を築き上げ、大王位継承を左右するほどの影響力を持つに至ったという。『日本書紀』によれば、天皇の妃となった日向出身の女性が四人もいて、日向勢力と天皇がたびたび婚姻関係を結んだことがわかる。

このなかで実在性の高い仁徳天皇の妃となった髪長媛の父、諸県君牛諸井は古代日向の中央平野部、西都原古代文化圏に君臨した豪族であった。この西都原一帯には、総数三一一基にも及ぶ大古墳群があり、日向の首長たちの強大な権勢を物語っている。

一方で、ヤマト政権と北部九州の豪族たちとの間では、激しい抗争も起こっている。四世紀以降、ヤマト政権は古代から北部九州を介して朝鮮半島経営に乗り出していたが、遠征のたびに兵力や輸送、食糧の調達などを強いられる筑紫地方の負担は重くなるばかりだった。そこで、五二七（継体二十一）年、朝鮮半島に出兵しようとしていたヤマト政権の

古代の海の道

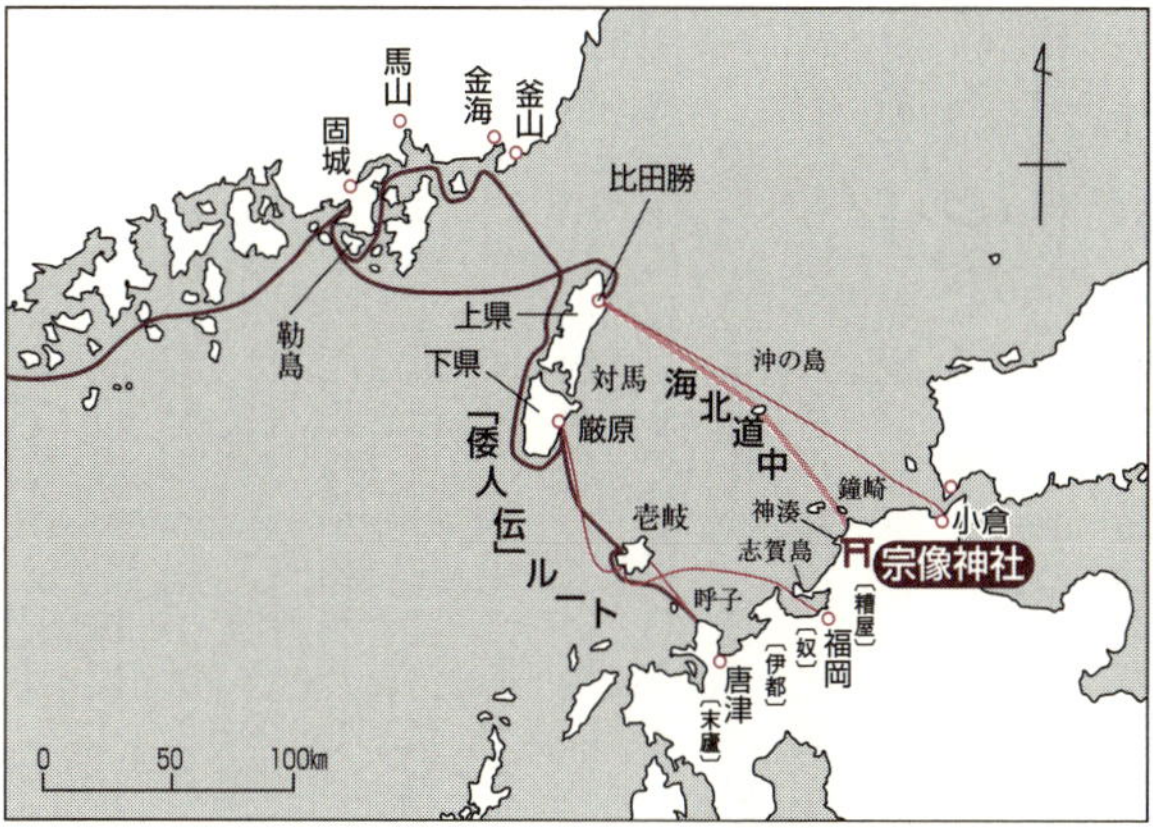

出雲の勢力が深く結びついた当時の宗像は、朝鮮半島と日本列島を結ぶ重要な役割を担っていた。

河内王権の系図

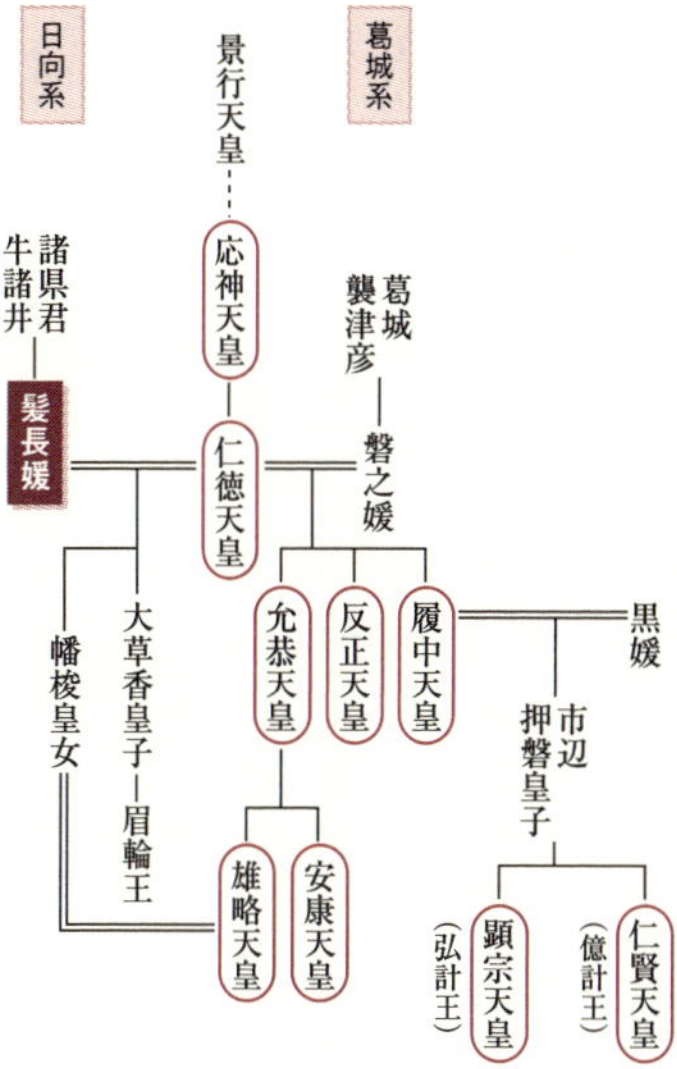

日向の勢力は、4世紀のヤマト政権に大きな影響力を持ったと見られる。

近江毛野（おうみのけぬ）の軍を筑紫君磐井（いわい）が阻み、翌年まで抵抗を続けた。この磐井の乱は、ヤマト政権の勝利に終わり、北部九州全域にその支配が広がる。

出雲が盛んに交流を持ったのはこれら北部九州の小国家群であった。古代の住居の形や土器、集落の形状などから、出雲の人々は、越同様、日本海を介して縄文時代から九州との交流を持っていたことがわかっている。また、出雲の神庭荒神谷（かんばこうじんだに）遺跡から出土した銅鉾十六本は、すべて北部九州産で、これも両地域の関係を物語る。

なかでも出雲と密接な関係にあったと考えられるのが、宗像（むなかた）の勢力である。崇神紀六十年の記事で出雲振根が赴いていたのも、宗像であったと思われる。

出雲と宗像にはとかく共通点が多く見られる。まず、ともに海人たちが活躍する地域であった。彼らが日本海を介して両地域の交流に寄与したと考えられる。さらに出雲と宗像は神話的にも結びつきが強い。出雲にはオオクニヌシ神を祀る出雲大社が、宗像にはタキリビメ命、イチキシマヒメ命、タキツヒメ命の宗像三女神を祀る宗像大社がそれぞれ鎮座している。しかも、タキリビメ命は出雲に鎮座するスサノオ神の御子神（みこがみ）であり、オオクニヌシ神の后神となるのである。このような出雲と北部九州の関係は、両者がヤマト政権下に組み込まれる以前に、政治的な連合関係があったのではないかと推定されるのである。

東国地域

辺境の地・東国に根を張った出雲の文化

古墳時代の東国では毛野の勢力が、現在の群馬県と栃木県域にまたがって一大文化圏を築いていた。そんな東国にヤマト政権が進出してきたのは、五世紀に入ってからのこと。『日本書紀』では、景行(けいこう)天皇の時代に日本武尊(やまとたけるのみこと)の東国遠征記事が見られるものの、史実としてより信憑性が高いのは、雄略(ゆうりゃく)天皇の時代に行なわれたという東国遠征である。『宋書(そうじょ)』に記載された四七八年の倭王武(わおうぶ)の上奏文(じょうそうぶん)に、東国の毛人(えみし)五十五国を制圧したとの記述がみられる。武は雄略天皇に比定されるから、この頃までに、五世紀の歴代天皇は、全国統一を目指してしばしば遠征軍を派遣していたことがうかがえる。

次に東国に大きな動きが見られるのは五三四年。安閑(あんかん)天皇即位の年に、武蔵国造(むさしのくにのみやつこ)一族の内乱が起きた。武蔵の笠原直使主(かさはらのあたいおみ)が、同族の小杵(おき)と支配権争いを起こし、小杵は毛野の首長・上毛野君小熊(かみつけぬのきみおくま)と組んだので、使主はヤマト政権と結び、その援助を得て小杵・小熊の連合を破り、武蔵を統一。ヤマト政権から武蔵国造に任命されたという。ヤマト政権はこれを契機に東国進出を進め、五三五（安閑二）年には、早くも毛野を手中に収めた。

こうして七世紀前半までには、毛野は完全にヤマト政権下に編入されたのである。

ここに登場した使主の笠原直が埼玉県の笠原郡に関連するとすれば、埼玉古墳群と関係がある人物と推測されている。『国造本紀(こくぞうほんぎ)』によると、成務(せいむ)天皇の時代、武蔵を治める国造となったエタモヒ命は、じつは出雲臣と出自が同じで、出雲と深い関係があったとされる。

また、現在のさいたま市に鎮座する氷川(ひかわ)神社は、この武蔵国造の氏神であるとともに、武蔵の総鎮守の神として信仰を集めてきた。祭神は、スサノオ命、イナダヒメ命、オオナムチ命の三神。出雲族の祖神を祀り、古くから出雲との密接な関係が伝えられてきたのだ。

そのほか、武蔵と出雲の関わりを示すものとして、古墳の形があげられる。出雲に多い前方後方墳が、下野(しもつけ)、上野(こうずけ)の毛野にも多く見られ、常陸のものと合わせると、十一基が北関東に集中している。これにたいして、大和には前方後方墳はわずかしかない。

出雲においては、前方後方墳は古墳時代の前期、中期、後期の全期間を通して見られるが、北関東の前方後方墳は中期以降のものである。このことは、出雲の前方後方墳が、東国に広まっていったことを意味していると考えられる。

このように、古代においては、辺境とされた東国と出雲は、じつは密接な関係にあったのである。

諸勢力と出雲

	日向（宮崎県）	出雲（島根県）	吉備（岡山・広島県）	毛野（群馬・栃木県）
最大級古墳	男狭穂塚（219m） 女狭穂塚（178m）	大規模なものは存在しないが、前方後方墳の発達が顕著（全国約130基中17基）	岡山市造山古墳（350m） 総社市作山古墳（270m）	太田市天神山古墳（210m） 小山市琵琶塚古墳（120m）
100m以上の古墳	西都原古墳群329基中前方後円墳は32基		前方後円墳だけでも18基	15基

出雲文化の東漸

武蔵国造家に代表されるように、出雲の人々は東へと文化圏を広げていった。一方でヤマト政権の全国への進出が進んでいったが、その勢力範囲は、稲荷山古墳出土の銘入り鉄剣などから、5世紀には関東まで及んでいたと考えられている。

朝鮮半島

出雲の神社に残る知られざる交流の跡

日本と朝鮮半島との関係は、縄文時代の頃から連綿と続いてきた。四世紀末から五世紀にかけての古墳時代には、文物や技術、思想など、じつに多くの文化が持ち込まれた。

とくに出雲は、島根半島が日本海に面し、朝鮮半島との距離も近く、有史以前から交流があった。孔列(こうれつ)土器という甕(かめ)の口縁部(こうえんぶ)に連続した刺突(しとつ)を持つ土器、銅剣、鉄鋌(てってい)、新羅(しらぎ)製太刀などが島根県の遺跡から出土している。また、神話においても高天原(たかまのはら)を追放されて出雲に降るスサノオが、まず新羅に天下ったという別伝が記されている。そこから出雲に渡ってヤマタノオロチを退治するのだが、同じく別伝ではそのときに使った剣を「韓鋤(からさび)の剣」と記すように、文献にも朝鮮と出雲の関係が示されている。『出雲国風土記』の国引き神話では、四箇所から土地を引いてくるが、そのひとつが新羅である。

さらに、『出雲国風土記』に、古代の出雲に朝鮮半島と深い関係がある韓銍社(からかましゃ)と加夜社(かやしゃ)のふたつの神社が記されている。韓銍社は、『延喜式(えんぎしき)』には韓竈(からかま)神社と記載されているが、「韓」は韓国、「銍」は稲穂を刈る鎌のこと。祭神はスサノオとされ、スサノオは渡来系の

北つ海と出雲の位置

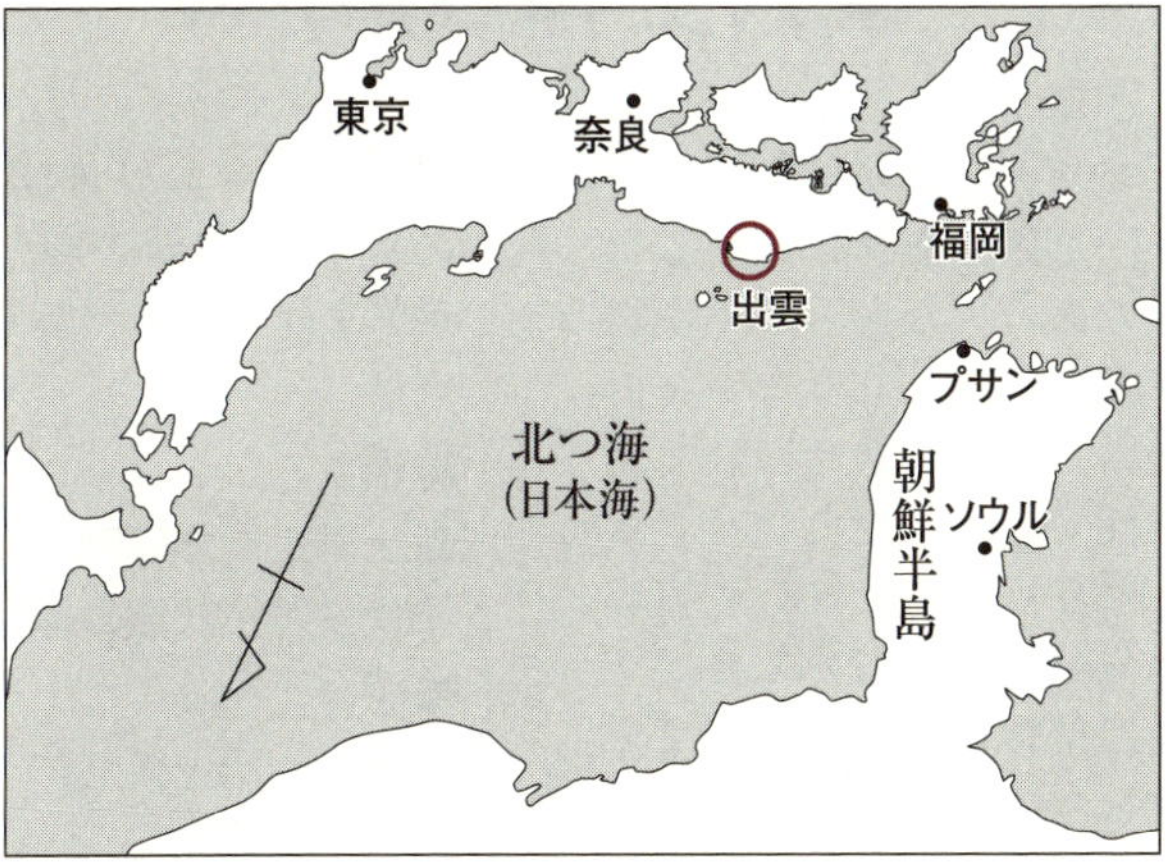

製鉄に関係する神であるので、この神社が渡来系神社であることは明らかである。

また、朝鮮半島との関係を想起させる神社として、韓国伊太氏（からくにいたて）神社がある。この神社は『延喜式』に六社あり、すべて出雲に鎮座する。社名の韓国は朝鮮半島をさしているので、渡来系の神社と考えられる。

八世紀から一〇世紀前半にかけて、日本と新羅の関係は悪化し、七七九（宝亀（ほうき）一〇）年には国交は断絶。その後は新羅の海賊が九州をたびたび襲撃した。そこで、政府は出雲を対新羅防衛の最前線とした。伊太氏は「射盾」、弓矢の盾を意味し、韓国伊太氏神社を創建して日本の守護としたのではないかと思われる。

コラム　知っておきたい伊勢・出雲の神さま⑤

事代主神（ことしろぬしのかみ）・蛭子神（ひるこのかみ）

・祭神とする主な神社
蛭子神：西宮神社ほか
事代主神：美保神社ほか
・神格
蛭子神：商売の神
事代主神：託宣の神
・神徳
蛭子神：商売繁盛、家内安全ほか
事代主神：商売繁盛、海上安全、大漁満足ほか

ヒルコ神は、イザナキ命とイザナミ命が国生みを行なった際、最初に誕生した神である。だが、3年が過ぎても足腰が立たなかったため、葦船（あしふね）に乗せられて流されてしまったという。もう一方のコトシロヌシ神は、記・紀神話においてオオクニヌシ神の御子神として登場し、国譲りの承諾を行なった。その際、美保埼で釣りをしていたといわれることから、釣り好きの神とされる。また、「言を司る神」ともされ、宣託を司る神だったともいわれる。さらに、『日本書紀（にほんしょき）』においては神武（じんむ）天皇の皇后となる姫蹈鞴五十鈴姫（ひめたたらいすずひめ）の父としても記されている。

一見まったく関係のない2柱の神であるが、じつは両神には恵比寿（えびす）信仰と結びついたという共通点がある。

前述のヒルコは海に流し捨てられたのち、流れ着いたという伝説が各地に残っている。

なかでも摂津国に流れ着き、当地の人々が夷三郎（えびすさぶろう）の名を与え、西宮神社に祀ったという伝説が有名だ。当初は航海安全、豊漁の神として祀られたが、やがて商売繁盛の神とされるようになった。コトシロヌシ神も海にゆかりが深いことから恵比寿神と同一神とされるようになった。コトシロヌシ神は美保神社などに祀られ、ヒルコ神同様、商売繁盛の神として崇敬を集めている。

六章

信仰を育んだその風土

地形

日本海と太平洋に面したふたつの豊穣な地域

出雲大社が鎮座し、オオクニヌシ神を中心とする神話の舞台となった出雲は、現在の島根県東部に当たる。東西に伸びる島根半島は日本海に接し、半島と出雲南部を東西に走る中国山地の間を流れる斐伊川と神戸川の堆積物によって形成された、広い出雲平野、安来平野が広がる。斐伊川の流域には花崗岩類が広く分布しているが、この花崗岩には、良質の鋼の原料になる磁鉄鉱（砂鉄）が含まれているため、古くから砂鉄採取と製鉄が盛んに行なわれた。一方、神戸川流域は、三瓶火山の噴出物が積もって扇状地が形成された。堆積物は小高い段丘を作ったため、神戸川は氾濫することがなく、出雲平野は豊かで穏やかな自然に恵まれた土地になり、古くから農耕が発達した。また、日本海に面した地域や、出雲平野にある宍道湖、中海という潟湖では漁業も盛んになった。

『出雲国風土記』の「国引き神話」には、島根半島は、現在の北陸や新羅から引いてきたとされているが、出雲は日本のなかで、朝鮮半島を含む大陸に最も近い国で、古代より朝鮮半島との交流が盛んだった。また、北陸地方とも弥生時代末頃から密接な交流があり、

島根半島の変遷

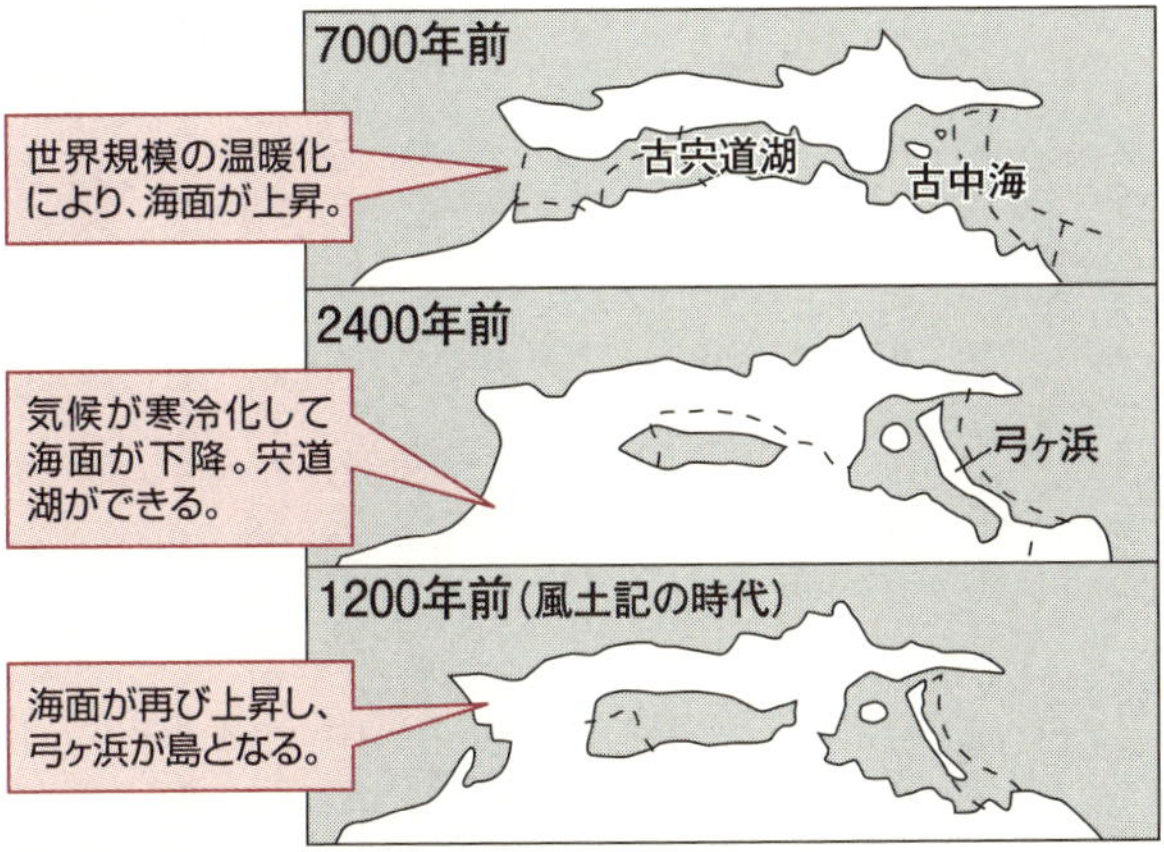

現在の島根半島は、中海と宍道湖の東西が堆積されて出来上がった。

出雲を中心にみられる特殊な形の四隅突出型墓が北陸にも見られる。

一方、出雲を支配下へと組み込んだ大和も、三世紀の纏向に「王権」が成立していたといわれるほど古くから栄えた土地である。周囲を丘陵や山地に囲まれた奈良盆地にあり、穏やかな谷あいに作られた古道と河川が重要な交通網となって、隣接する諸国と交流した。

そのヤマト政権がのちに聖地と崇め、伊勢神宮が鎮座する伊勢は、現在の三重県のほぼ中央域に当たる。

日本海に面した出雲に対して、太平洋に東面し、温暖な気候と海山の恵みにあふれた土地である。出雲同様に豊かな海産物に恵まれ、海人たちが活躍した。

漁業

恵まれた地形により山陰地方一の漁業国となった出雲

※出雲は漁場に恵まれた漁業国だった

出雲内陸部に位置する宍道湖、中海、神西湖の三つの湖は、砂洲によって外海と切り離されてできた入海で、淡水に海水が混じった汽水であるため、魚介類の宝庫である。また、島根半島が接する海域は、日本海を南下する寒流がこのあたりで方向を変えて暖流の対馬海流とぶつかり、じつに多彩な魚類に恵まれた漁場であったから、弥生時代から漁業が盛んな土地であった。『出雲国風土記』によると、漁獲物は、内陸部と島根半島のふたつの地域に分かれる。内陸部の奥出雲は川魚のアユをはじめ淡水魚が中心であるのに対して、島根半島に位置する出雲、島根、楯縫、秋鹿の四郡は日本海と入海での漁業が盛んで、とくに島根郡、出雲郡は海産物の漁獲量が多かった。

『出雲国風土記』に挙げられている宍道湖ほか三つの湖と日本海の水産物は、イルカ、サメ、ボラ、スズキ、コノシロ、クロダイ、白魚、エビ、巻貝の螺子、海藻の海松、フナ、カキ、マグロ、フグ、アワビ、紫菜……と豊富かつ多彩。いずれの漁場も魚介類の種類

出雲で揚がった海産物分布図

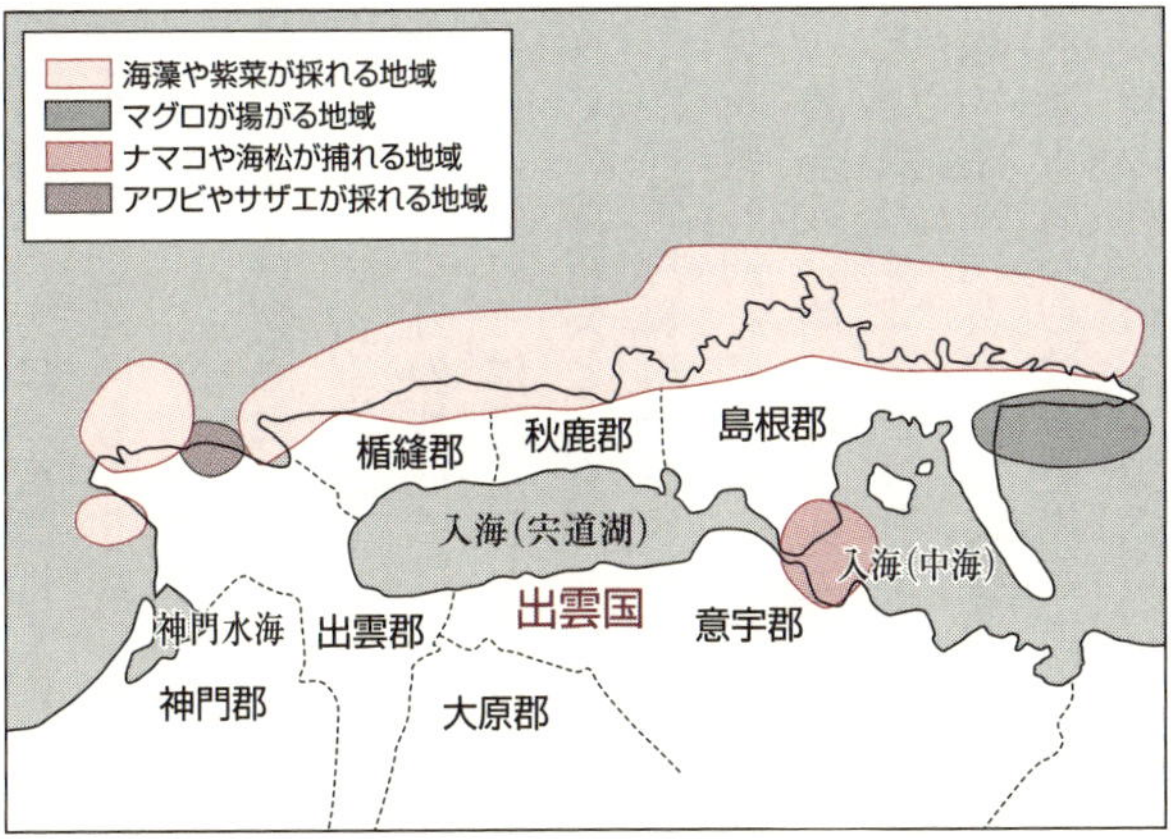

日本海の広い範囲で紫菜などの海藻類が採れたことがわかる。

が多すぎて、書ききれないとの記載もある。

これらの多種の魚介類のなかでも、楯縫郡の紫菜と出雲郡のアワビは特産品であったと思われる。紫菜は、現在でも出雲市の特産品「十六島海苔（ウップルイのり）」として知られるが、風土記の頃から出雲のなかでも楯縫郡の紫菜が最も良質だとされており、興味深い。同じくアワビも御埼（現・日御碕）の海人が獲るアワビが一番だとされ、古代は貢上品、神饌（しんせん）として珍重されたという。さらに、食用や調庸物としてだけでなく、アワビの体内でつくられる真珠を海人が採取して貢納していたことが知られる。『万葉集（まんようしゅう）』の大伴家持（おおとものやかもち）の歌にも、真珠を「あわびたま」といい、海人が採取していたことが謡（うた）われている。

出雲の海人たちは、海岸近くに居住しており、島根郡に最も多く居住していたとみられる。また、出雲郡にも大きなコミュニティを築いており、神社も多く創建している。

骨角製から鉄製漁具へ

このように、『出雲国風土記』から、出雲が漁業で繁栄したことは、明らかである。

一方、出雲以外の地域では、弥生時代前半までは、稲作農耕と漁業は密接な関係にあった。古代においては安定した農耕が、漁業も繁栄させるからだ。海浜部の低湿地遺跡からは、多くの農耕具とともにさまざまな漁具が出土している。

とくに、骨角製釣針が多く出土し、日本海沿岸で漁業が盛んだったことがわかる。出土した骨角製の釣針によって、大型のタイやブリ、マグロ、サワラ、シイラなどの猟が行なわれ、複数人で船に乗り込み一本釣りをしていたと考えられる。弥生時代後期になると、骨角器に変わって鉄製の漁具が登場した。鉄製のヤスが多く出土しているが、漁具に限らず各種の生産用具が鉄製に変わった。さらに、海藻を刈る鉄製のメカリ鎌も用いられ、松江市の津古墳からは鉄製鎌が出土している。このように、出雲では魚具をはじめ様々な鉄製品が使われ始めて、製鉄業が栄える一因となっていくのである。

『出雲国風土記』記述の海産物一覧

		内水面				海面(大海)				
		入海(中海)	入海(穴道湖)	佐太水海	神門水海(神西湖)	島根郡	秋鹿郡	楯縫郡	出雲郡	神門郡
海獣	イルカ	◎								
	アシカ					◎			◎	
大型魚	ワニ	◎								
	サメ					◎	◎	◎	◎	◎
	マグロ				◎	◎				
魚類	ボラ	◎	◎		◎					
	スズキ	◎	◎		◎					
	コノシロ	◎								
	チヌ	◎	◎		◎					
	フグ					◎	◎	◎	◎	◎
	サバ						◎	◎	◎	◎
	シラウオ	◎								
	フナ			◎	◎					
軟体	タコ					◎				
	イカ					◎	◎	◎	◎	◎
	ナマコ	◎								
甲殻	エビ	◎	◎							
棘皮	ウニ					◎	◎	◎	◎	◎
貝類	アワビ					◎	◎	◎	◎	◎
	サザエ					◎	◎	◎	◎	◎
	ハマグリ					◎	◎	◎	◎	◎
	カキ				◎	◎	◎	◎	◎	◎
	ニシ		◎			◎	◎	◎	◎	◎
	バカガイ					◎				
	イガイ						◎	◎	◎	◎
	カメノテ					◎	◎	◎	◎	◎
海藻類	海藻					◎	◎	◎	◎	◎
	海松	◎	◎			◎	◎	◎	◎	◎
	紫(若)菜					◎	◎	◎	◎	
	凝海菜					◎	◎	◎	◎	◎

当時から日本では、鉄器などの漁具を整え、多種多様な海産物を得ていたようだ。

参考:『古代日本海の漁撈民』内田律雄(同成社)

製鉄

日本の古代産業を支えた出雲の鉄生産

※中国・朝鮮を経て山陰地方に伝わった製鉄

紀元前三世紀頃、弥生時代に入ると日本で鉄器が使われ始めた。漁具や農耕具も骨製から鉄製へ変化したが、鉄製品は漁具や農耕具に留まらず、生活用具全般にわたった。

これらの鉄製品は、弥生時代前期に中国・朝鮮半島よりもたらされた。

弥生時代中・後期になると、国内でも鉄製品の製作が始まった。福岡県の遺跡から発見された鉄戈（てっか）は、中国・朝鮮半島から輸入した鋼を素材にして国内で製作されたものだ。

この頃から五世紀の古墳時代にかけては、鉄材は、運搬・保管がしやすいように「鉄鋌（てってい）」という、半加工状態で入ってきた。この鉄鋌は奈良、大分、広島、岡山、兵庫など各地の古墳や遺跡からも発掘されているが、山陰沿岸から丹後（たんご）半島にかけて、点々と鍛冶（かじ）の遺跡が残されており、九州、山陰地方からの出土が圧倒的に多いという。したがって、山陰地方には、九州を経由せずに、朝鮮半島からも直（じか）に鉄が入ってきたと考えられる。丹後地方にも鉄製品は多く出土し、大和地方は丹後経由で鉄製品が入ってきたと考えられている。

古代の砂鉄産地と鉄輸入ルート

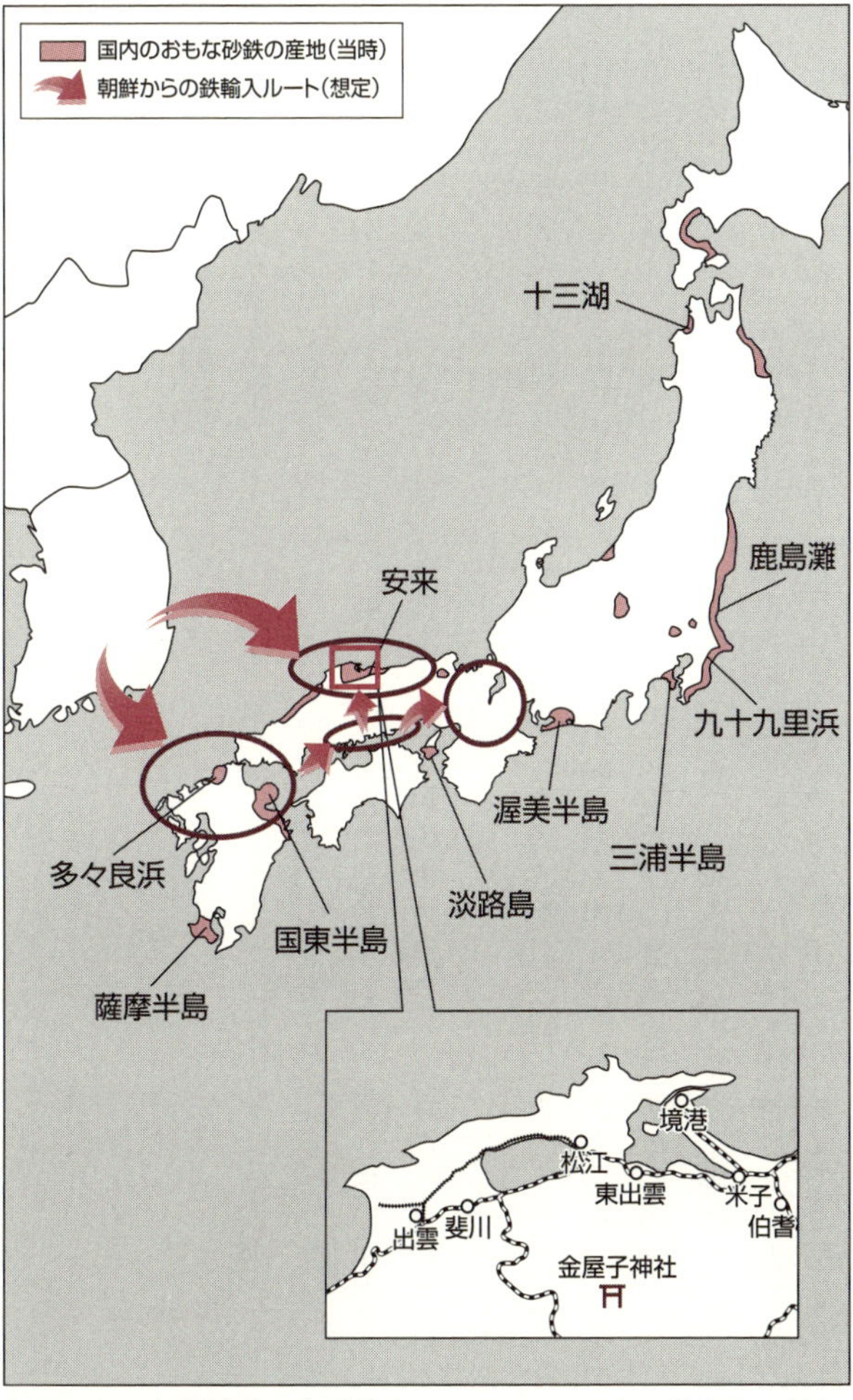

朝鮮からは九州地方と山陰地方のふたつのルートに分かれて輸入されたと考えられている。

これらの鉄鋌は、五世紀に集中して見られるが、その後、鍛冶の技術の進歩に伴って、鉄鋌は様々に加工されて刀剣や鉾、斧などが盛んに作られていくのである。

出雲で栄えた「たたら製鉄」

こうした古代製鉄業が最も栄えたのが、良質の砂鉄を豊富に産出した出雲地方であった。『出雲国風土記』には、奥出雲の仁多(にた)郡では良質な砂鉄が採取され、「たたら製鉄」が盛んだったことがうかがわれる。さらに、飯石(いいし)郡にも鉄の記載があり、製鉄集団が存在したと考えられている。たたら製鉄とは、砂鉄と木炭を炉の中で燃やして鉄を精錬する日本古来の製鉄法である。近世には大きな高殿(たかどの)という建物を建て、そのなかに粘土で炉を築き、ふいごを踏んで炉のなかの温度を上げて行なった。たたら製鉄には、豊富な砂鉄と木炭、炭を焼く山林、炉をつくる粘土、豊かな米、鉄製品を積み出す港、優れた技術者が必要だといわれる。出雲は、これらの条件をみな揃えた、製鉄業の最適地であったのだ。

そのため出雲では古代から中世、近世に至るまで、国内有数のたたら製鉄による産鉄地であった。近世では、たたら経営者が現われて、自分が所有する山林に、たたら師たちを定住させる施設「永代鈩(えいたいたたら)」を設けて生産を行なった。また、たたら製鉄は危険を伴う作

たたら師たちが信仰した金屋子神社

危険を伴う「たたら製鉄」に従事した人々は、独自の神を信仰した。
（和鋼博物館提供）

業であったため、たたら師たちには、独自の神と信仰が生まれた。それが古代では「天目一箇神（あめのまひとつのかみ）」、中世以降は「金屋神（かなやがみ）」「金屋子神」と呼ばれる守護神である。古くから日本には、農民には田の神、船乗りには船玉さま、狩人には山の神というように、信仰する職業神がいたが、たたら製鉄に携わる人々も、同様に金屋子神を守護神としたのである。

彼らは高殿の正面に金屋子神を祀って仕事の開始と終わりには必ず祈った。作業はたたら師の経験にもとづく勘に頼って行なわれ、目に見えない力が介在した。そのため、金屋子神への信仰も強かった。作業がうまくいかないときは、水ごりをとって参籠したり、お百度参りをしたりすることもあったという。

神名火信仰

三輪山信仰とカムナビ信仰の意外な共通点

❋出雲のカムナビ信仰とは

古代出雲で製鉄業に従事した人々は天目一箇神を信仰したが、より大勢の人々の信仰を集めたのが、「神名火信仰」である。「神名火」とは、「神名備、神奈備、神南備」とも表記し、「かむなび・かんなび・かんなみ」などとも発音する。

神が隠れ住まう山や森などの神域をさす。神が住まう山を「神名火山」といい、『出雲国風土記』によると、出雲国内には「カムナビ」と呼ばれる山が、意宇・出雲・秋鹿・楯縫の四つの郡にひとつずつ、計四山存在する。

まず、意宇郡のカムナビは、現在の松江市山代町の西北にそびえる茶臼山である。茶臼山の麓には、真名井神社などの古社があり、出雲国庁もこの山を仰ぎ見る意宇平野に置かれていた。

この山に籠る神はオオナモチ命（オオクニヌシ神）の子であるヤマシロヒコ命とされ、山中にある「真名井の滝」は、蛇神が宿る滝として信仰されている。

出雲国庁跡と茶臼山

『出雲国風土記』に記される神奈備山のひとつ茶臼山。古代人は形の美しい山を崇拝の対象とした。

出雲郡のカムナビは仏経山で、麓には曾枳能夜神社が鎮座し、出雲国造の祖とされるキヒサカミタカヒコ命を祀っている。仏経山の近くの神庭荒神谷遺跡や加茂岩倉遺跡からは、弥生時代の銅剣、銅鉾、銅鐸などが大量に発見された。

楯縫郡のカムナビは、島根半島の西寄りにそびえる大船山で、山頂には石神が置かれ、街道沿いには磐座群が残されている。麓に鎮座する多久神社の主祭神はタキツヒコ命で、「多伎都」は「滝つ」の意で、古くから雨乞いの神として信仰されてきた。秋鹿郡のカムナビは朝日山で、麓にサダ大神を祀る佐太神社が鎮座する。この神社では古来より全国の神々が集まるという「神在祭」が出雲大社に連動して行なわれている。

これらの四つの神名火山の位置を地図上で確かめると、あることに気が付く。四つの神名火山は、宍道湖を四方から取り囲むようにしてそびえているのだ。現在の宍道湖は、江戸後期の大洪水や干拓によって湖岸が東方に移動したが、奈良時代前後には湖岸はかなり西方に寄っていた。

したがって、宍道湖は現在よりももっときれいに四つの神名火山に囲まれた中心に収まっていたはずだといわれる。

大場磐雄氏によれば、これらの神が宿る山々を見てみると、ある共通した特徴があることに気付かされるという。それは山の形が笠形または円錐(えんすい)形であること、集落に近い平野部にある低い山であること、古来の大社が麓に鎮座していることの三点。神は人々のそばにあって、その生活を見守ってきたのである。

三輪山信仰の意外なルーツ

ただし、カムナビ山と呼ばれる山やカムナビ信仰は、出雲に限定された信仰ではない。大和においても形の美しい山に対する信仰が存在した。

神が宿る磐座

人々が祈りの場とした磐座は、神が降りる依り代と考えられた。

　なかでも三輪山（みわやま）はその最たる例である。奈良県桜井市の北部にある山で、麓には本殿を持たずこの山を御神体としてオオモノヌシ神を祀る大神（おおみわ）神社が鎮座している。三輪山は、縄文・弥生時代から人々に篤く信仰され、周辺では数々の祭祀が行なわれてきた。古墳時代には、麓には日本最古の都市と目される纏（まき）向（むく）の都市が建設され、次々と大きな古墳が築造されていった。

　そのほか、奈良県内にはオオクニヌシ神の御子神が鎮座する葛木（かつらぎ）の鴨（かも）の神名備（かんなび）、カヤナルミ命が鎮座する飛鳥（あすか）の神奈備（かんなび）、コトシロヌシ命が鎮座する高市郡の宇奈堤（うなづつみ）などがある。これらの祭神を見ると、不思議なことにすべてが出雲出身の神々なのである。

そもそも「カムナビ」という語は、「神隠り」、あるいは「神並び」や「神戸」、「神森」などの語が転訛したものといわれる。

また、「神蛇」の意味だとする説もある。カムナビ信仰の基本にあるのは、水霊を中心とした蛇体神であり、三輪山の神・オオモノヌシ神が蛇の姿になって登場することからも頷ける。箸墓伝説や雷丘の伝説において、三輪山の神が蛇として登場する記・紀の記述は、オオモノヌシ神が蛇神であることを物語っている。

また一方で、出雲の四つの神名火山を見ると、茶臼山の真名井の滝、朝日山の佐太神社の龍蛇さま、大船山の雨乞いの神事と、いずれも水や蛇神と深い関係があることがわかる。

出雲大社と佐太神社で十月に行なわれる神在祭では、龍蛇さまという海蛇が重要な役割を担う。祭場に立てられた神籬に、海の彼方から寄り来たった神が乗り移ると、龍蛇さまを先導役として神籬を大社まで運ぶ。神々は大社に近い海岸の浜で会議を行なうという。出雲地方にはこのような蛇に関する神事は、数多く見受けられ、出雲の人々が蛇を崇拝してきたことがわかる。

出雲と同じく大和にも存在した「神名火信仰」であるが、こうしてみると、出雲を発祥とするようにも考えられるのだ。

全国のおもな霊峰

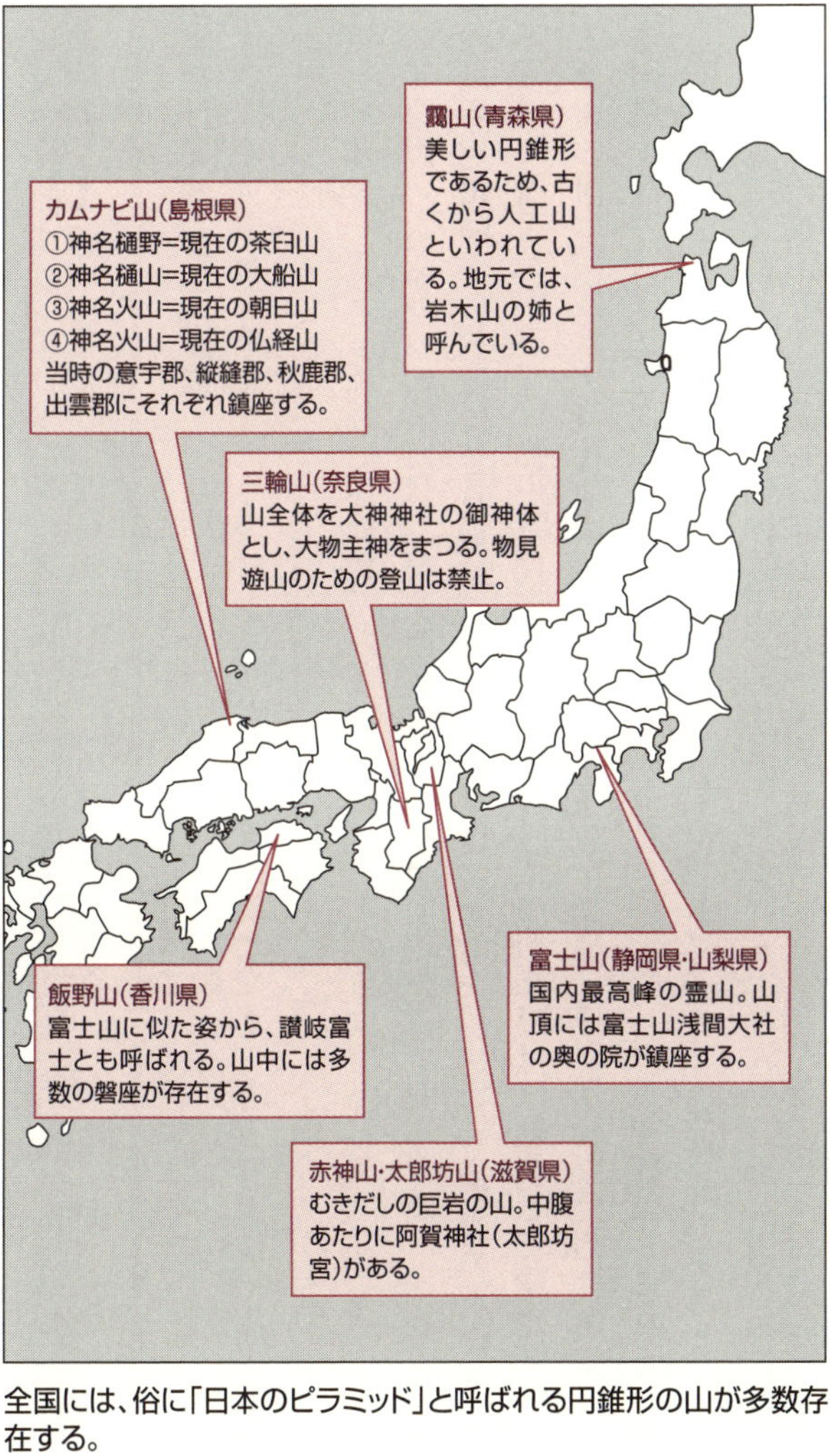

靄山(青森県)
美しい円錐形であるため、古くから人工山といわれている。地元では、岩木山の姉と呼んでいる。
カムナビ山(島根県)
①神名樋野=現在の茶臼山
②神名樋山=現在の大船山
③神名火山=現在の朝日山
④神名火山=現在の仏経山
当時の意宇郡、縦縫郡、秋鹿郡、出雲郡にそれぞれ鎮座する。
三輪山(奈良県)
山全体を大神神社の御神体とし、大物主神をまつる。物見遊山のための登山は禁止。
飯野山(香川県)
富士山に似た姿から、讃岐富士とも呼ばれる。山中には多数の磐座が存在する。
富士山(静岡県・山梨県)
国内最高峰の霊山。山頂には富士山浅間大社の奥の院が鎮座する。
赤神山・太郎坊山(滋賀県)
むきだしの巨岩の山。中腹あたりに阿賀神社(太郎坊宮)がある。

全国には、俗に「日本のピラミッド」と呼ばれる円錐形の山が多数存在する。

玉作り

出雲の繁栄を支えた
玉生産の技術

※出雲だけに残った玉産業

古代出雲の重要な産業にたたら製鉄があったことは前述したが、もうひとつ、出雲で盛んだったのが玉作り（たまつくり）である。玉は、主に碧玉（へきぎょく）、ヒスイ、メノウ、水晶（すいしょう）などが原石で、形には勾玉（まがたま）、丸玉、管玉（くだたま）（細長い円筒状）などがある。

ヒスイを用いた玉作りの痕跡は、縄文時代に、富山・新潟付近で見られる。玉作りは弥生時代以降、山陰から北陸に至る地域、とくに出雲に広まっていった。出雲の玉作りは、八束郡玉湯町周辺が中心で、弥生時代末期から平安時代中期までほぼ継続して受け継がれた。宍道湖の南岸に位置する花仙山（かせんざん）から、良質の原石が豊富に採取されたためである。

『出雲国風土記』には、花仙山は「玉作山」と記され、碧玉やメノウが採れ、これらを原石として用いる玉作りがここに集中した。花仙山産の碧玉は、もっとも良質であるとされ、古代人は緑色で光沢のある花仙山の碧玉を「出雲石」と呼んで尊んだ。そこで出雲は玉作りが栄え、玉作りの遺跡が数多く発見されている。

玉造遺跡より発掘された勾玉や管玉

さらに京都の園部垣内（そのべかいち）古墳、徳島の蓮華谷（れんげだに）遺跡、宮崎の祇園原（ぎおんばる）遺跡など数十箇所の遺跡から花仙山の碧玉が発見されており、出雲の玉が日本列島各地に流通していたことがわかる。これは、当時のヤマト政権が、出雲の玉類をいったん大和に集めて、それを全国各地へ流通させたのであろうと考えられている。

こうして各地に広がった玉作りだが、弥生時代から数百年にわたって続けてきたのは、出雲のみである。とくに奈良時代以降の玉作りは出雲だけでしか行なわれていない。

出雲でも中心地となったのが、花仙山の麓で、ここでは古墳前期から平安時代にかけての玉作りの集落が五十箇所近くも発見され、このうち玉湯町の玉造（たまつくり）温泉にある集落は「史跡出雲玉作跡」として国の指定史跡になった、全国で最大級の玉作り遺跡である。広大な敷地から、三十棟近い工房跡や玉の原石、未完成品、鉄製工具などが出土した。

このように、古墳時代後期から奈良時代になると、玉作りは花仙山周辺のみの独占産業となり、出雲は、列島内でも玉作りを行なう唯一の地域となったのである。

玉は何に用いられたのか

古代人は、これらの玉を何のために作ったのか。玉類は、古代人の装身具であったが、それだけにとどまらず、呪力を持つ祭祀用具で権威の象徴であった。まず、古墳時代には古墳の副葬品として、碧玉製の勾玉や管玉がつくられた。古墳からいわゆる「三種の神器」といわれる鏡、勾玉、剣が出土する例が多くなってくるように、勾玉は当時の国家の王の権威や神威を示すものであった。『出雲国風土記』によると、花仙山地域は「忌部神戸」と呼ばれ、新任の出雲国造が神賀詞奏上のための潔斎に用いる忌玉が作られたと記されている。

このように、奈良時代以降は、玉は装身具としてよりも、朝廷に献上され、宮廷祭祀に用いる特殊な性格を持つものとして重要視されたのである。

島根県内の玉作り関連遺跡分布図

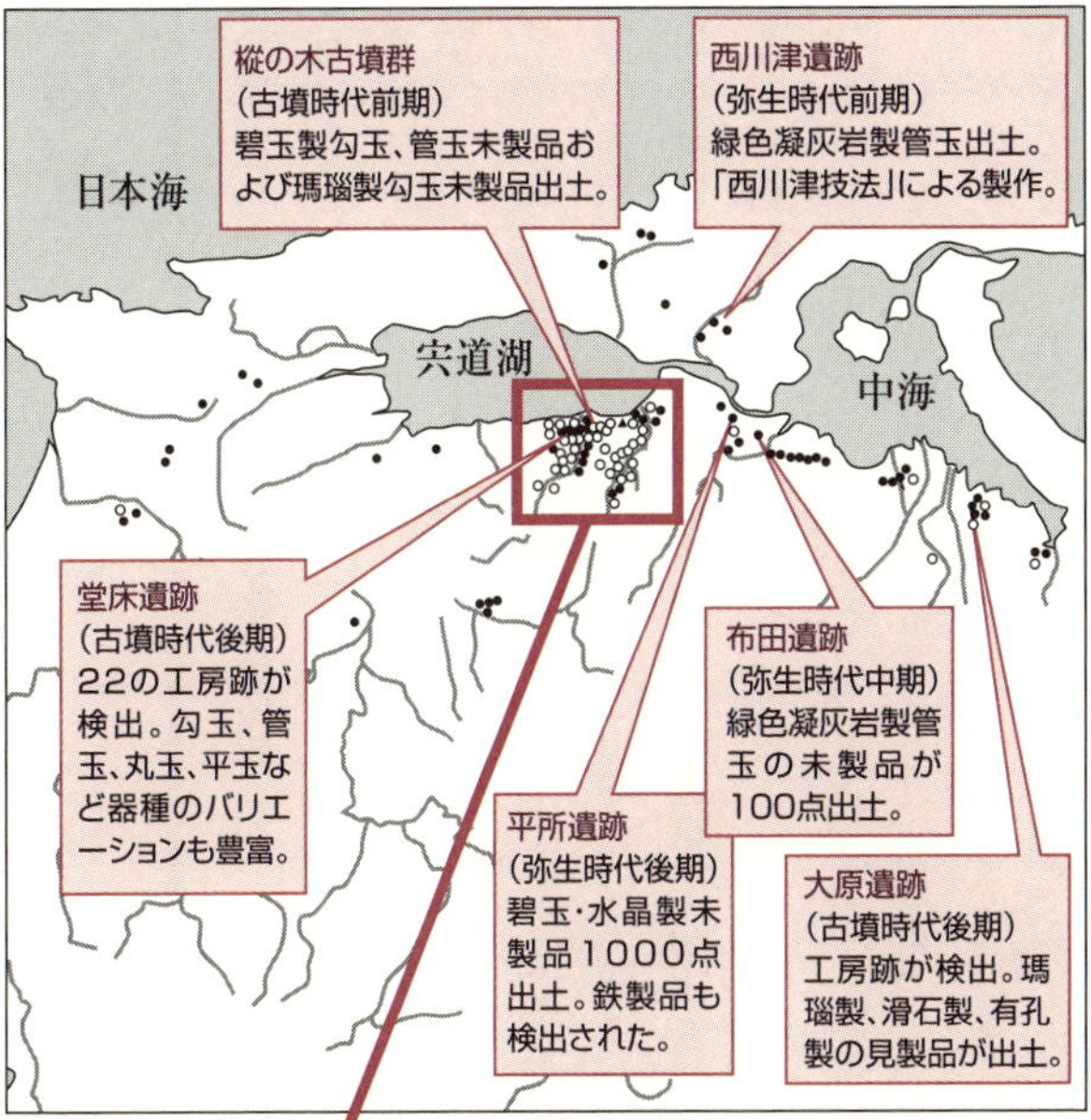
日本海
宍道湖
中海
糀の木古墳群
(古墳時代前期)
碧玉製勾玉、管玉未製品および瑪瑙製勾玉未製品出土。
西川津遺跡
(弥生時代前期)
緑色凝灰岩製管玉出土。「西川津技法」による製作。
堂床遺跡
(古墳時代後期)
22の工房跡が検出。勾玉、管玉、丸玉、平玉など器種のバリエーションも豊富。
布田遺跡
(弥生時代中期)
緑色凝灰岩製管玉の未製品が100点出土。
平所遺跡
(弥生時代後期)
碧玉・水晶製未製品1000点出土。鉄製品も検出された。
大原遺跡
(古墳時代後期)
工房跡が検出。瑪瑙製、滑石製、有孔製の見製品が出土。

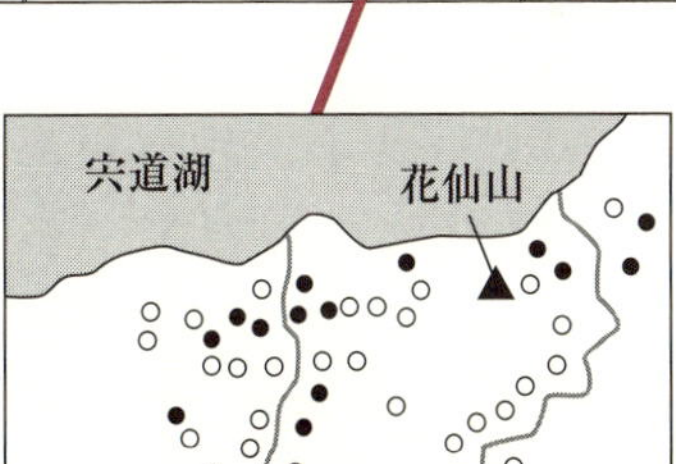
宍道湖
花仙山
史跡出雲玉作跡玉ノ宮地区
玉湯川
忌部川

時代によって使用される玉の種類が変化し、加工技術が発展したのがわかる。

参考:島根県教育庁文化財課古代文化センター所蔵資料

温泉

天皇から庶民までを癒した
神の湯

※神の湯として大人気だった玉造温泉

古代有数の玉作りの地として、名を馳せた出雲。その中心である意宇郡の玉造の地は、現在も松江市玉湯町玉造にある温泉地としても人気が高く、それはじつに奈良時代から栄えてきた。古代の玉造温泉は、美容健康におおいに薬効があり、大勢の人々で連日、大賑わいだった。『出雲国風土記』にはその様子が次のように記されている。

「忌部の神戸。……（略）……即ち川の辺に出湯(いでゆ)あり。出湯の在る所、海陸(うみくが)を兼ぬ。仍(よ)りて、男も女(をみな)も老いたるも少(わか)きも、或は道路に駱駅(つらな)り、或は海中を洲に沿ひて、日に集ひ市を成し、繽紛(さかり)に燕楽(うたげ)す……」

つまり、「忌部神戸を流れている川のほとりに温泉が流れ出している。老若男女が時には道に行列をつくり、時には出湯の付近に集まって、毎日大勢が集い市が立つほどの賑わいで、宴会を開いて楽しんでいた」というのだ。薬効もひじょうに優れ、「神の湯」とまで絶賛されたという。『出雲国風土記』には、「一度この温泉を浴びればたちまち姿も麗し

島根県内の主な温泉地

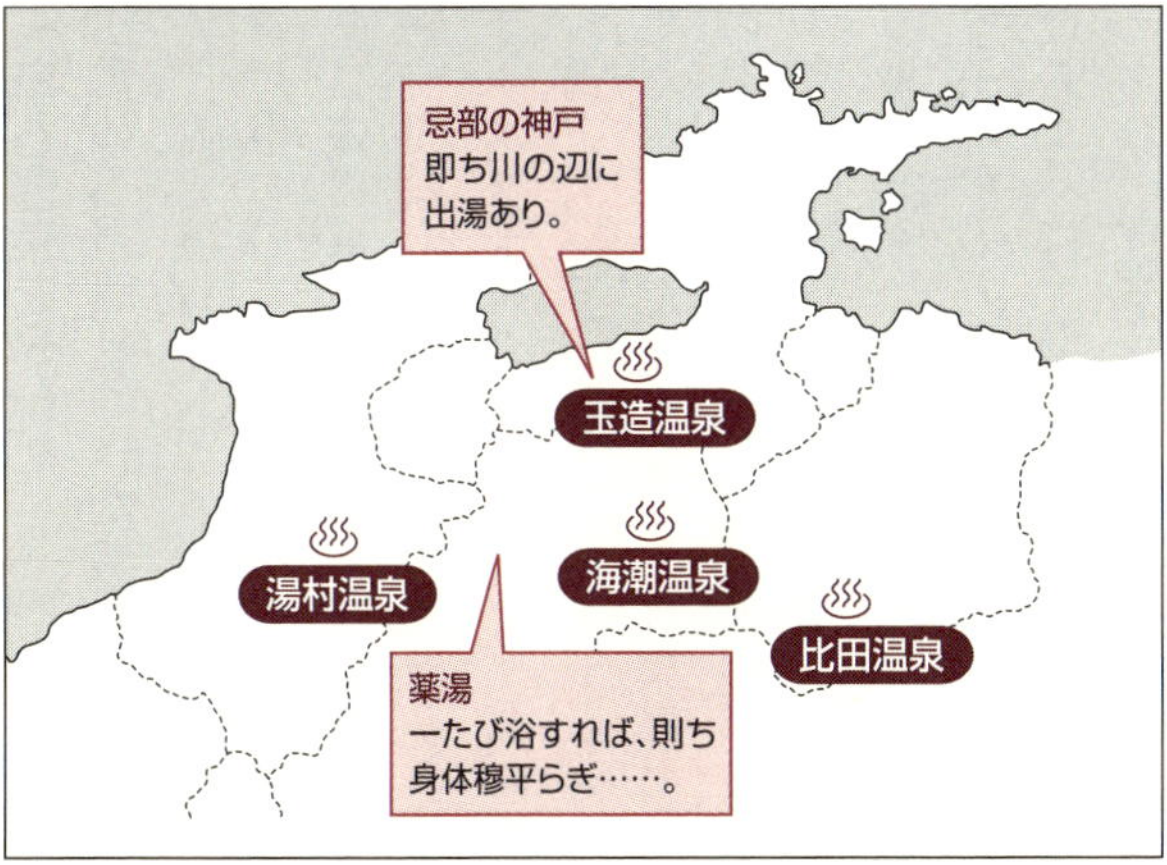

出雲の玉作りで名を馳せた玉造は、温泉地としても有名。

くなり、再び浴びれば、たちまち、どんな病気もすべて治る。昔から今まで効き目がなかったことはない。だから、地元の人々は神の湯といっている」と記されている。

この忌部神戸の様子とよく似た記述が『出雲国風土記』の「仁多郡」の条にもある。漆仁川のほとりに湯が湧いていて、「一たび浴すれば、則ち身体穆平らぎ、再び濯げば、則ち万病消除ゆ」という効能があり、老若男女問わず列を作っている、と記載されている。

さらに、『出雲国風土記』の「大原郡」の条には、「湯淵村と毛間村に名もない温泉がある」と記されている。この大原郡の温泉は忌部神戸や仁多郡に比べれば小規模だが、土地の人々の癒しと楽しみの場であったようだ。

※天皇も温泉を好んだ

出雲の玉造温泉のほかにも、古代から温泉は薬効のある休養の場、遊楽の場として賑わった。たとえば、「日本三古湯」という、日本で最も歴史ある温泉は、摂津国（現・兵庫県神戸市）の有馬温泉、伊予国（現在の愛媛県）の道後温泉、紀伊国（現在の和歌山と三重県）の白浜温泉があげられ、古墳時代より貴族から庶民まで大勢の人が温泉を楽しんだ。

『肥前国風土記』には、峰の湯（雲仙温泉）に関する記載があり、『伊予国風土記』には、オオクニヌシ神が重病のスクナビコナ命を助けようとして、大分の速見の湯（別府温泉）から湯を引いて、湯浴みさせたというのが伊予の湯（道後温泉）の始まりだと伝えている。

また、庶民だけでなく、皇族も温泉を好んだ。『日本書紀』によると、歴代の天皇が各地の温泉に行幸されたことが記されている。天皇の温泉行は、療養のほか、「湯垢離」という宗教的行事が主な目的だったといわれ、もっとも古い例では舒明天皇が有馬温泉と道後温泉に行幸した記録が残っている。また、『日本書紀』に、有間皇子が斉明天皇と中大兄皇子に牟婁の湯（白浜温泉）への行幸を薦めたと記載されている。

このように、温泉は、古代からすでに美肌、疲労回復、万病の治療などに抜群の効果を認められ、静養と娯楽の対象として、天皇から庶民まで人気であったことは明らかである。

風土記などの古典に登場するおもな温泉地

道後温泉の「伊予の湯」と白浜温泉の「牟婁の湯」、そして有馬温泉の「有馬の湯」が日本三大古湯とされる。

歌垣

『万葉集』にも記された
古代人の社交の場

※古代人が心待ちにした年に二度のイベント

出雲の玉造温泉が栄えたように、温泉は古代の人々に大人気の娯楽であったが、ほかにも娯楽として親しまれたのが「歌垣（うたがき）」である。「歌垣」とは、男女が春と秋に飲食物を持ち寄って、歌を掛け合い、恋の相手を求める出会いの場であった。集まった男女はごちそうを食べ、酒を飲んで歌い踊る。たいへんに賑やかで陽気な宴会だった。

この歌垣が、どんな場所でどのように行なわれたのかは、各国の風土記や『万葉集（まんようしゅう）』に詳しい。『常陸（ひたち）国風土記』の筑波（つくば）郡の記事には、筑波山が歌垣の格好の場で、楽しく遊んだ様子が記されている。同風土記の香島（かしま）郡の記事によると、恋の相手が見つかった男女は、密かに歌垣の場から脱け出して、ふたりだけの夜を過ごすが、夜明けまでには、また歌垣の場に戻らなければならないという、ルールがあったことがうかがえる。『肥前（ひぜん）国風土記』にも、やはり杵島山（きしまやま）で男女が相手を求めて歌を掛け合った様子が記されている。

古代の人々にとって歌垣は、年に二回のこの上ない楽しみであったが、歌垣のほかにも、

◎現在の玉造温泉

玉湯町の玉造温泉は、古代から憩いの場として人々に愛されてきた名湯である。

小さな宴会はあちこちで開かれていた。『古事記（こじき）』においても、顕宗（けんぞう）天皇が皇子時代に大臣（おおおみ）の息子と女性を巡って歌垣で争う場面が登場する。

『出雲国風土記』によると、島根半島の「邑美（おうみ）の冷水（しみず）」という場所に老若男女が集まって、いつも宴会が行なわれていたとある。この場所は、三方を山に囲まれ、前方に中海が広がる絶好の景勝地だ。

また、前原埼（さきはらのさき）という場にも男女が集まって頻繁に宴会を催していたとある。ここも山と海の間で、水辺の植物や松並木が茂る景勝地であった。このように歌垣は、主に筑波山のような山の上や、景勝地で行なわれていたことがわかる。

❋歌垣と市は、村落どうしが触れ合う情報交換の場

歌垣は、単に村落の農耕儀礼なのではなく、「市（いち）」と深い関係があったと主張するのは、国文学者の西郷信綱氏である。氏は、村という各共同体が、外部の村と接触し交換関係を築くために市が開かれたように、歌垣もほかの共同体の男女が触れ合う集会であったと記している。

市が始まったとみられる早い例は、三世紀の邪馬台国（やまたいこく）の時代。市は物資の交易の場であるので、運搬が便利で人々が多数集まる場所に市が立った。したがって、そこに集まる人々を背景に、歌垣や罪人の公開処刑、外国使節を迎える儀式なども行なわれていたという。

『出雲国風土記』には、出雲の市がふたつ記載されている。そのひとつが島根郡の朝酌（あさくみの）促戸渡（せとのわたり）で開かれた市だ。ここは中海と宍道湖を結ぶ狭い水路の渡し場で、意宇郡と島根郡の境界でもあり、漁場でもあった。交通の要衝地で、市人が集まって店ができ、浜は活気に満ちていたという。この近くに、先にふれた邑美の冷水と前原埼があり、いつも男女が集まって宴会を楽しんでいたのだ。もうひとつが忌部神戸で、前項でもふれたように、玉造温泉に大勢の人が集まり、市が立って宴会が開かれ賑わっていたという。交通の要地にあって、風光明媚な景勝地を控えた場所で、古代の人々は歌垣を楽しんだのであった。

歌垣の記録が残る地域

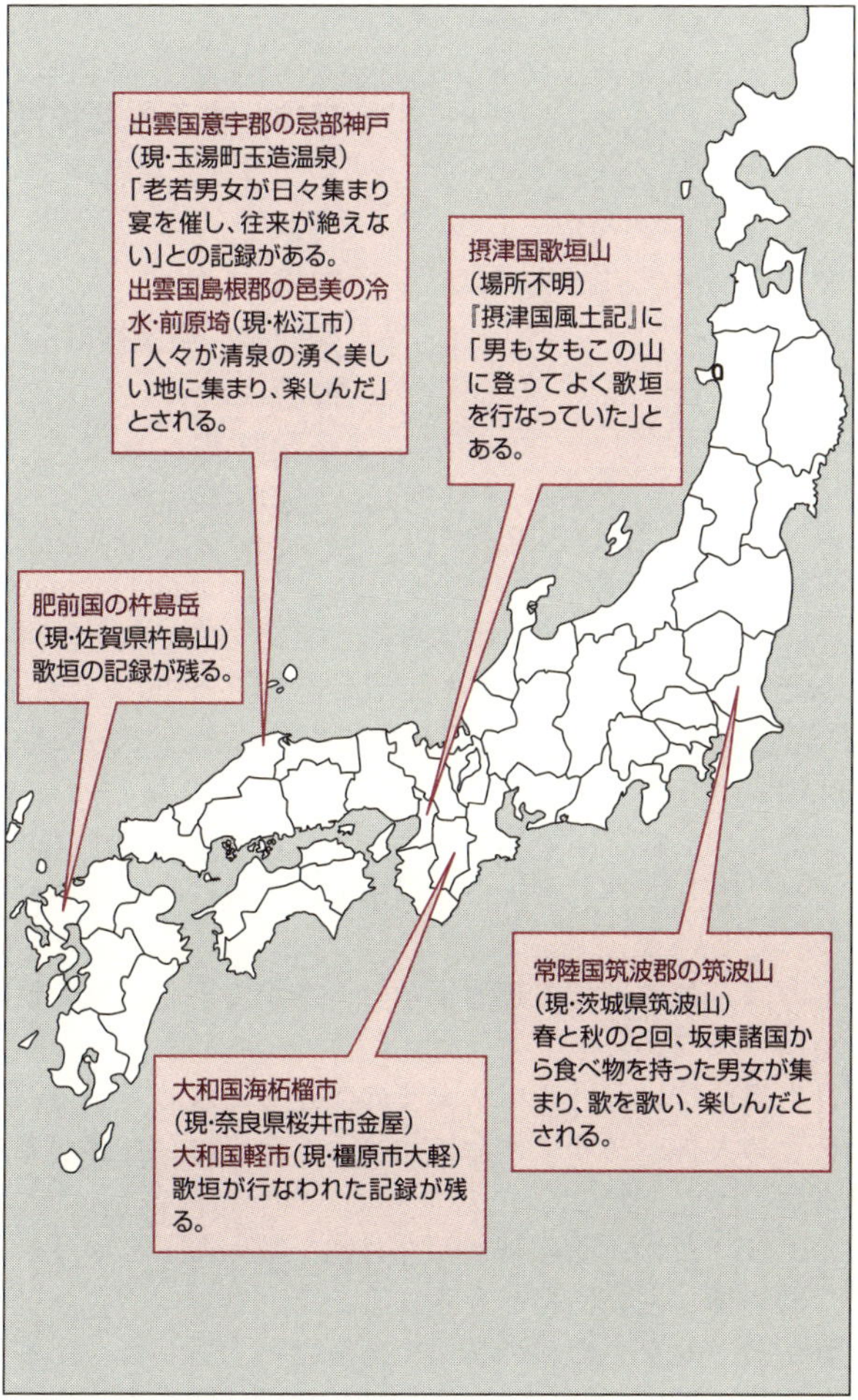
出雲国意宇郡の忌部神戸
（現・玉湯町玉造温泉）
「老若男女が日々集まり宴を催し、往来が絶えない」との記録がある。
出雲国島根郡の邑美の冷水・前原埼（現・松江市）
「人々が清泉の湧く美しい地に集まり、楽しんだ」とされる。
摂津国歌垣山
（場所不明）
『摂津国風土記』に「男も女もこの山に登ってよく歌垣を行なっていた」とある。
肥前国の杵島岳
（現・佐賀県杵島山）
歌垣の記録が残る。
常陸国筑波郡の筑波山
（現・茨城県筑波山）
春と秋の2回、坂東諸国から食べ物を持った男女が集まり、歌を歌い、楽しんだとされる。
大和国海柘榴市
（現・奈良県桜井市金屋）
大和国軽市（現・橿原市大軽）
歌垣が行なわれた記録が残る。

自然に恵まれた景勝地が、歌垣の舞台として好んで使われた。賑やかな場所には自然に市が立ったという。

コラム　知っておきたい伊勢・出雲の神さま⑥

月夜見命（つくよみのみこと）

- **祭神とする主な神社**
  月山神社、月読宮ほか
- **神格**
  農耕神、漁業神
- **神徳**
  五穀豊穣、大漁祈願など

　アマテラス大神、スサノオ命と同様、『古事記』においては黄泉国（よみのくに）の穢（けが）れを落とすべく禊（みそぎ）を行なったイザナキ命の右目から生まれたと記される。

　その後、イザナキ命より夜の国の統治を命じられたとされるが、『古事記』での出番はこれだけに限られる。『日本書紀』一書においては、口から米の飯や魚、動物を出してツクヨミ命を歓待しようとした保食神（うけもちのかみ）を殺害して五穀の誕生を担っており、『古事記』のスサノオ命と同様の役割を果たしている点は興味深い。

　ただし、これを聞いたアマテラス大神は激怒し、ツクヨミ命を「悪しき神」と嫌い、以来太陽と月は顔を合わせなくなったという。

　月の満ち欠けは死の起源を示し、やがて不老不死の信仰と結びついていった。
『日本書紀』におけるツクヨミの記述もこれくらいで、アマテラス大神、スサノオ命に比べると余りに存在感が希薄である。

　ツクヨミ命は、その神名が「月齢を数える」ということで、暦の神、占いの神ともされる。

　暦が欠かせない農耕の神格であったとも言われ、出雲神話と関係の深いスサノオ命が神話の中で活躍することによってその存在が希薄になっていったのかもしれない。

終章

ヤマト政権から見た伊勢神宮と出雲大社

大和と伊勢・出雲

日本人の源流をたどる二大聖地の位置づけ

※大和の敵役として引き出された出雲

古代史の担い手となった大和から見た伊勢と出雲はどのような位置づけにあったのか。

まず、出雲大社と大和の関係については、出雲の神が大和に禍をもたらすなどして大和の人々に恐れられる存在であった点が見逃せない。これに関連して、出雲大社の注連縄が逆向きにかけられていることを指摘し、これはオオクニヌシ神を封じ込める意を持つもので、ヤマト政権は出雲を征服したものの、恐れ続けた証であるという人もいる。

西郷信綱氏は、大和にとっての出雲とは、東の伊勢に対置する暗黒の世界であると唱えた。太陽の沈む地とみなされたのだろう。『日本書紀』において、オオクニヌシ神を祀る杵築大社は天日隅宮と記され、これは太陽の沈む聖地に祀られる宮という意味を持つ。

また、これまで見てきたように古代人が西北に黄泉国があると考えていたことを踏まえ、大和は西北にあたる出雲に黄泉国（死者の国）があると考えていたのではないだろうか。

一方、大和の政治的な権威に対し、宗教的な霊力を持つ世界として出雲を想定したと唱

伊勢神宮と出雲大社の比較

	伊勢神宮	出雲大社
祭神	天照大神(内宮)	大国主神
祭祀担当者	祭主・斎宮	出雲国造
創建	前5(垂仁25)年?	神代 or 659(斉明5)年?
立地	太平洋	日本海
社殿建築	唯一神明造	大社造
遷宮	20年に1度の式年遷宮	60年に1度の式年遷宮
大和からの方位	南東	西北
主な祭祀・神事	・神嘗祭 ・祈年祭 ・新嘗祭 ・月次祭 ・風日祈祭	・古伝新嘗祭 ・大祭礼 ・神在祭 ・吉兆・番内

えたのが松前健氏である。たしかに昨今、出雲から銅鐸(どうたく)などが大量に発見されていることを考えれば、出雲には一大宗教勢力が築かれていた可能性も否定できない。この巨大な宗教勢力、文化を保持していた出雲の平定は大和の念願であり、それをなしえたとき、ヤマト政権の王権が確立したと考えられていたという意見もある。

そんな出雲を大和の政権が重んじていたことは様々な点からうかがえる。

ヤマト政権は、出雲のオオクニヌシ神の分身、オオモノヌシ神を三輪山(みわやま)に祀った。出雲を平定したのちも、出雲固有の祭祀を重んじたともいわれ、出雲国造(いずものくにのみやつこ)就任の際の、火継(ひつぎ)式にそれをみることができるともいわれる。

ヤマト政権が出雲を重視する姿勢は、国家主導で作成された記・紀神話にもはっきり見える。記・紀神話でも『古事記』では、ヤマタノオロチ伝説や国譲りなど、出雲に関する神話が数多く語られるのに対し、『日本書紀』では『古事記』ほどではない。その理由は『古事記』がことさら天皇の神格を示そうと努めたことが大きいとされている。

三浦佑之氏は、天皇大権を説く『古事記』が出雲をヤマト政権の巨大な対立者とみなし、それを打ち倒すことでゆるぎのないヤマト政権が成立したことを語るため、出雲の神々の物語が必要だったとしている。つまり、『日本書紀』に対し、ヤマト政権の偉大性を誇示したい『古事記』では、ことさらアンチテーゼとして出雲に関連する神話を書き立てたということになる。

一方、出雲人にとっての大和とはどのような位置づけだったのだろうか。『出雲国風土記』を見てみると、天皇に関する伝承がほとんどなく、在地性の強さがいわれている。一方、三浦氏は出雲にとって朝廷とは自分たちの上に立ち、自分たちを支配する国という認識を持っていたとも指摘している。実際、『日本書紀』の一書にはオオクニヌシの国譲りの記事のなかで、「政治は天孫に、神事はオオナモチ命（オオクニヌシ神）が司る」と分担を示している。

宍道湖に沈む夕陽

三宮の関係

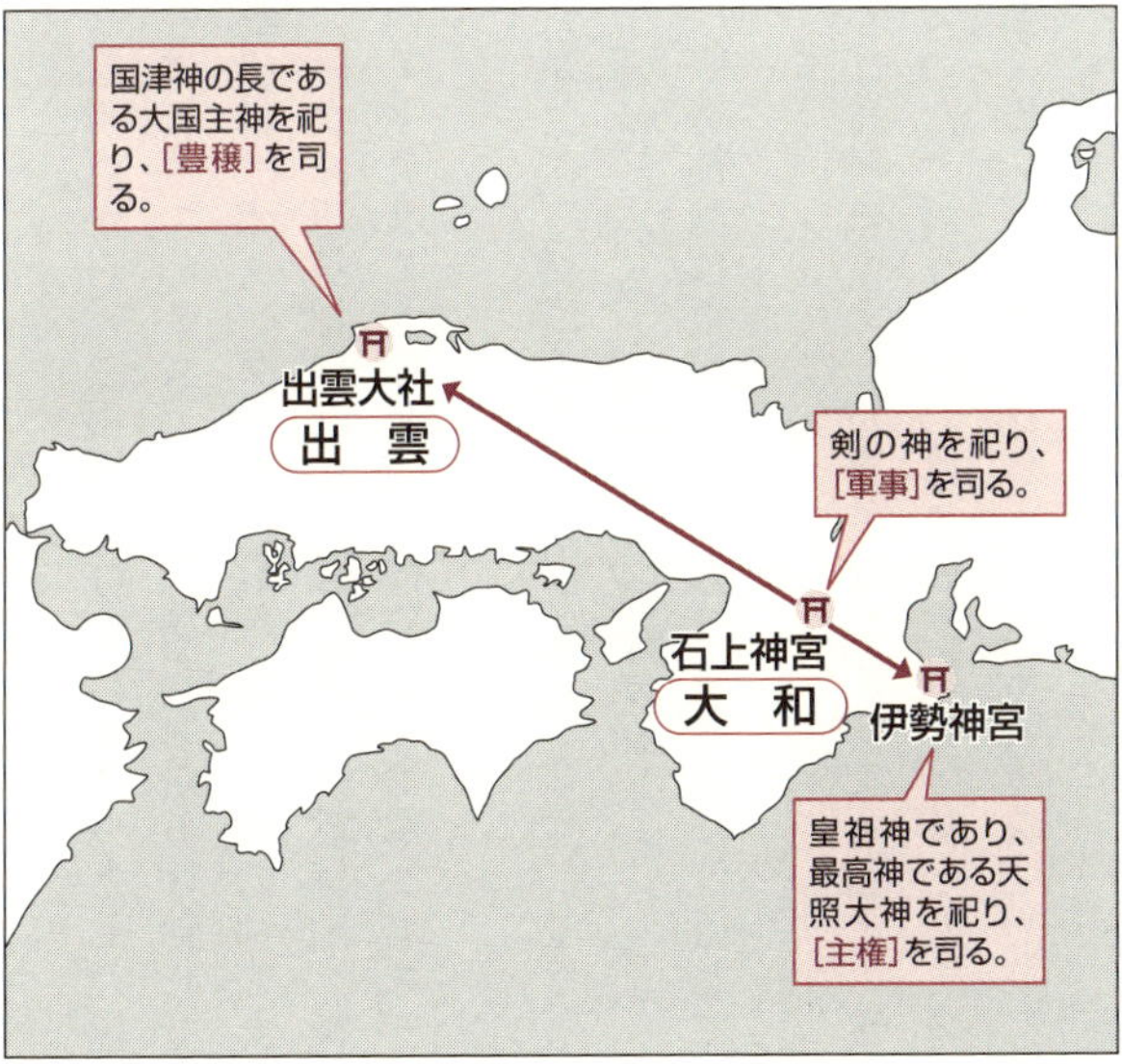

国津神の長である大国主神を祀り、［豊穣］を司る。
出雲大社
出雲
剣の神を祀り、［軍事］を司る。
石上神宮
大和
伊勢神宮
皇祖神であり、最高神である天照大神を祀り、［主権］を司る。

❋三機能体制から見た出雲

一方、伊勢と出雲の関係に関しては、様々な視点から、この関係性を捉えようとした論議がなされてきた。古くからいわれてきたのは、アマテラス大神は、高天原(たかまのはら)から移動して伊勢にたどりついた神であるのに対し、出雲の神オオクニヌシ神はもともと出雲の神であり、地の神であるという対称の構図である。確かに伊勢神宮は高天原の神、出雲は国津神の統合の象徴でもある。いわば天津神の主神アマテラス大神と国津神の主神オオクニヌシ神は一対として考えられる神でもあった。

また、ヤマト政権を中心として、三機能の分担という説を唱えたのが大林太良氏である。記・紀には出雲大社、伊勢神宮、そして石上(いそのかみ)神宮にのみ「神宮」の文字を使っているが、この三つは大和の三輪山の石上神宮に対し、伊勢神宮は東南、出雲大社は西北に位置している。

そして、アマテラス大神を王の職分である主権神にすえ、軍事的な集団が祀る石上の軍事、出雲の豊穣との三機能体制で考えられていたという。いわばこの三神は一体として考えられており、主権、軍事、豊穣の神がうまく働いてこそ、国家と万民の安寧をもたらしてくれると考えられていたというのである。

参考文献

※左記の文献等を参考とさせていただきました。

『古代を考える　山辺の道―古墳・氏族・寺社』和田萃、『古代を考える　出雲』上田正昭編、『伊勢神宮の成立』田村圓澄、『古代出雲』前田晴人、『古代の武蔵―稲荷山古墳の時代とその後』森田悌（以上、吉川弘文館）／『島根県の歴史（県史）』松尾寿・渡辺貞幸・井上寛司・田中義昭・大日方克己・竹永三男、『出雲国風土記と古代遺跡』勝部昭（以上、山川出版社）／『出雲大社』千家尊統、『伊勢神宮』櫻井勝之進、『勾玉』水野祐（以上、学生社）／『出雲国風土記』荻原千鶴訳、『全現代語訳　日本書紀』宇治谷孟、『出雲神話の誕生』鳥越憲三郎、『伊勢神宮と出雲大社―「日本」と「天皇」の誕生―』新谷尚紀、『歴史発掘―祭りのカネ銅鐸』佐原真（以上、講談社）／『伊勢神宮―知られざる杜のうち』『伊勢神宮の衣食住』矢野憲一、『古代史の基礎知識』吉村武彦、『考古学の基礎知識』広瀬和雄（以上、角川学芸出版）／『日本神話事典』青木周平・西条勉・寺田恵子・神田典城・佐佐木隆編、大林太良・吉田敦彦監修、『風土記の世界と日本の古代』永藤靖、『古代日本人の生活の謎』武光誠（以上、大和書房）／『古代史を知る事典』武光誠、『風土記探訪事典』中村啓信・飯泉健司・谷口雅博・大島敏史、『考古学を知る事典』熊野正也・堀越正行（以上、東京堂出版）／『神道入門―日本人にとって神とは何か』井上順孝、『飛鳥―古代への旅』門脇禎二監修、『風土記』吉野裕訳（以上、平凡社）／『伊勢神宮―東アジアのアマテラス』千田稔、『歴代天皇総覧―皇位はどう継承されたか』笠原英彦、『考古学と古代日本』森浩一、『古代の日本海文化―海人文化の伝統と交流』藤田富士夫（以上、中央公論新社）／『出雲の古代史』門脇禎二、『古代日向の国』日高正晴（以上、日本放送出版協会）／『風土記の考古学(3)出雲国風土記巻』山本清、『古代日本海の漁撈民』内田律雄（以上、同成社）／『住まいからみた人と神の生活―シンポジウム・古代日本海域の謎』森浩一（新人物往来社）／『日本人なら知っておきたい神道』武光誠（河出書房新社）／『日本神祇由来事典』川口謙二（柏書房）／『語っておきたい古代史―倭人・クマソ・天皇をめぐって』森浩一（新潮社）／『伊勢神宮の謎―なぜ日本文化の故郷なのか』高野澄（祥伝社）／『古代出雲と斐伊川―日本神話のふるさと』和久利康一（新泉社）／『神社の系譜―なぜそこにあるのか』宮元健次（光文社）／『面白いほどよくわかる日本の神社―その発祥と日本の神々、名社・古社百社がよくわかる』渋谷申博・鎌田東二、『日本の神社がわかる本―有名神社95社の縁起・祭神・御神徳』『面白いほどよくわかる神道のすべて―日常の暮らしに生きる神道の教えと行事』菅田正昭（以上、日本文芸社）／『日本神社100選』鈴木貞一・円谷真護（秋田書店）／『いま解き明かす出雲大社の謎』山崎謙（DHC）／『伊勢の大神―神宮の展開』上田正昭（筑摩書房）／『日本史小百科　神社』岡田米夫（近藤出版社）／『古代史の謎　知れば知るほど―ロマンと抗争の古代王権盛衰劇』前之園亮一・大山誠一・星野良作・関幸彦・星野良史・松尾光・川崎晃・黛弘道（実業之日本社）／『三種の神器―謎めく天皇家の秘宝』稲田智宏（学習研究社）／『古代出雲を歩く』前島己基（山陰中央新報社）／『読む・知る・愉しむ　古事記がわかる事典』青木周平（日本実業出版社）／『古事記講義』三浦佑之（文藝春秋）／『関東の古代社会』遠藤元男（名著出版）／『日本の神々―神社と聖地6―伊勢・志摩・伊賀・紀伊』『日本の神々―神社と聖地7―山陰』谷川健一編（以上、白水社）／『論究・古代史と東アジア』上田正昭（岩波書店）／『鉄をつくる』大竹三郎（大日本図書）／『古代刀と鉄の科学』石井昌國・佐々木稔（雄山閣）／『古代・中世くらしの文化―日本生活文化史』森田恭二（和泉書院）／『大和の食文化―日本の食のルーツをたずねて』冨岡典子（奈良新聞社）

いまを生きる

〝青春新書〟は昭和三一年に——若い日に常にあなたの心の友として、その糧となり実になる多様な知恵が、生きる指標として勇気と力になり、すぐに役立つ——をモットーに創刊された。

そして昭和三八年、新しい時代の気運の中で、新書〝プレイブックス〟にその役目のバトンを渡した。「人生を自由自在に活動する」のキャッチコピーのもと——すべてのうっ積を吹きとばし、自由闊達な活動力を培養し、勇気と自信を生み出す最も楽しいシリーズ——となった。

いまや、私たちはバブル経済崩壊後の混沌とした価値観のただ中にいる。その価値観は常に未曾有の変貌を見せ、社会は少子高齢化し、地球規模の環境問題等は解決の兆しを見せない。私たちはあらゆる不安と懐疑に対峙している。

本シリーズ〝青春新書インテリジェンス〟はまさに、この時代の欲求によってプレイブックスから分化・刊行された。それは即ち、「心の中に自らの青春の輝きを失わない旺盛な知力、活力への欲求」に他ならない。応えるべきキャッチコピーは「こころ涌き立つ〝知〟の冒険」である。

予測のつかない時代にあって、一人ひとりの足元を照らし出すシリーズでありたいと願う。青春出版社は本年創業五〇周年を迎えた。これはひとえに長年に亘る多くの読者の熱いご支持の賜物である。社員一同深く感謝し、より一層世の中に希望と勇気の明るい光を放つ書籍を出版すべく、鋭意志すものである。

平成一七年　　刊行者　小澤源太郎

監修者

瀧音能之〈たきおと　よしゆき〉

1953年生まれ。現在、駒澤大学教授、島根県古代文化センター客員研究員。日本古代史、特に『風土記』を基本史料とした地域史の研究を進めている。著書に『古代出雲の社会と交流』(おうふう)『「流れ」がどんどん頭に入る一気読み！日本史』『図説　出雲の神々と古代日本の謎』『神々と古代史の謎を解く古事記と日本書紀』、監修に『2つの流れが1つになる！日本史と世界史』(いずれも小社刊)ほか多数。

図説(ずせつ)　日本人(にほんじん)の源流(げんりゅう)をたどる！

伊勢神宮(いせじんぐう)と出雲大社(いずもたいしゃ)

青春新書
INTELLIGENCE

2010年3月15日　第1刷
2013年8月5日　第4刷

監修者　瀧(たき)音(おと)能(よし)之(ゆき)

発行者　小澤源太郎

責任編集　株式会社プライム涌光

電話　編集部　03(3203)2850

発行所　東京都新宿区若松町12番1号 〒162-0056　株式会社青春出版社

電話　営業部　03(3207)1916　振替番号　00190-7-98602

印刷・共同印刷　製本・ナショナル製本

ISBN978-4-413-04267-3

©Yoshiyuki Takioto 2010 Printed in Japan

本書の内容の一部あるいは全部を無断で複写(コピー)することは著作権法上認められている場合を除き、禁じられています。

万一、落丁、乱丁がありました時は、お取りかえします。

こころ涌き立つ「知」の冒険！

青春新書
INTELLIGENCE

大好評！青春新書の（2色刷り）図説シリーズ

図説

地図とあらすじでわかる！

古事記と日本書紀

坂本 勝［監修］

天岩屋、ヤマタノヲロチ伝説、天孫降臨、
神武東征、倭の五王、
継体天皇の即位、乙巳の変
…なるほど、そういう話だったのか！
「記紀」の違いから、日本人の原点を探る。

ISBN978-4-413-04222-2 930円

図説

神々との心の交流をたどる！

神　道

武光 誠

初詣で、厄年、厄除け、厄落とし、
御利益、開運、合格祈願
…なるほど、そういう謂われがあったのか！

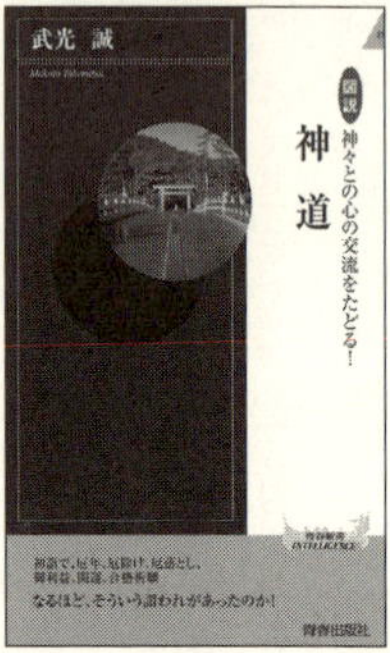

ISBN978-4-413-04260-4 990円

お願い ページわりの関係からここでは一部の既刊本しか掲載してありません。折り込みの出版案内もご参考にご覧ください。

※上記は本体価格です。（消費税が別途加算されます）
※書名コード（ISBN）は、書店へのご注文にご利用ください。書店にない場合、電話または
Fax（書名・冊数・氏名・住所・電話番号を明記）でもご注文いただけます（代金引替宅急便）。

商品到着時に定価＋手数料をお支払いください。

〔直販係　電話03-3203-5121　Fax03-3207-0982〕
※青春出版社のホームページでも、オンラインで書籍をお買い求めいただけます。
ぜひご利用ください。〔http://www.seishun.co.jp/〕